2018 年度教育部人文社会科学研究规划基金项目（项目批准号 18YJA880085）资助

# 坚守与自信

## 民国时期大学对
## 中华优秀传统文化的传承与发展研究

王文杰　等◎著

光明日报出版社

**图书在版编目（CIP）数据**

坚守与自信：民国时期大学对中华优秀传统文化的传承与发展研究 / 王文杰等著 . -- 北京：光明日报出版社，2024.7. -- ISBN 978 - 7 - 5194 - 8122 - 3

Ⅰ. K203

中国国家版本馆 CIP 数据核字第 2024BQ7678 号

坚守与自信：民国时期大学对中华优秀传统文化的传承与发展研究
JIANSHOU YU ZIXIN：MINGUO SHIQI DAXUE DUI ZHONGHUA YOUXIU
CHUANTONG WENHUA DE CHUANCHENG YU FAZHAN YANJIU

| | |
|---|---|
| 著　　者：王文杰　等 | |
| 责任编辑：李　倩 | 责任校对：李壬杰　李学敏 |
| 封面设计：中联华文 | 责任印制：曹　净 |

出版发行：光明日报出版社

地　　址：北京市西城区永安路 106 号，100050

电　　话：010-63169890（咨询），010-63131930（邮购）

传　　真：010-63131930

网　　址：http：//book.gmw.cn

E - mail：gmrbcbs@ gmw.cn

法律顾问：北京市兰台律师事务所龚柳方律师

印　　刷：三河市华东印刷有限公司

装　　订：三河市华东印刷有限公司

本书如有破损、缺页、装订错误，请与本社联系调换，电话：010-63131930

| | | |
|---|---|---|
| 开　　本：170mm×240mm | | |
| 字　　数：260 千字 | 印　　张：13.5 | |
| 版　　次：2024 年 7 月第 1 版 | 印　　次：2024 年 7 月第 1 次印刷 | |
| 书　　号：ISBN 978 - 7 - 5194 - 8122 - 3 | | |

定　　价：85.00 元

# 撰稿人

李 焱　　邹加倪　　赵 方

刘伟光　　徐 娟

# 书　评

　　民国时期我国近现代高等教育体系得以创建，与民国时局混乱、积贫积弱的形象形成鲜明对比，民国时期的大学取得了非常显著的成就，我们可以从多个视角去讨论和研究那段高等教育的历史。王文杰等所著《坚守与自信：民国时期大学对中华优秀传统文化的传承与发展研究》一书，从多个维度考察民国时期大学对中华优秀传统文化的传承、发展和创新，呈现当时大学所彰显的文化坚守与自信，视角独特，对今天的大学进一步推动中华优秀传统文化育人，推动实现其创造性转化、创新性发展有较好的借鉴意义。

　　　　　　　　　　——张斌贤（北京师范大学教授、教育部"长江学者"特聘教授）

# 自　序

近年来，我国高等教育的理论研究者和实践者掀起了一场民国时期大学的研究热，目前仍在持续。诚然，民国时期大学无论从其所处的历史环境，还是其数量及师生规模等，与当今相比都有天壤之别。在研究热当中，也有批评者认为"民国大学没有那么好"，要注意和防止对民国大学的"集体迷思"，我也深以为然。但相比其他领域，民国时期的大学，在剧烈的社会历史转型期，在极为困难的历史环境条件下，确实取得了非凡的成就，让今天我国的高等教育研究者和实践者有了可以自豪、引以为傲的本土叙事。

思想是行动的先导，民国不是一个好时代，在那个特殊的历史时期，在西方列强对华欺凌的同时，中华传统文化也面临着空前的"浩劫"，被质疑、被"清算"、被否定，西方文化逐渐成为当时社会的主流，国人的文化自信几乎丧失殆尽。

民国大学之所以被今天回望、研究，并从中学习借鉴，一个很重要的原因是民国大学在那个困难时代所展示出来的中华气韵、气节和风骨，散发着令人敬仰的中华传统文化气息。在中国与西方、传统与现代、守旧与创新之间，民国时期大学的知识分子群体，面对复杂的历史环境，保持清醒的头脑、冷静的思考，在中国现代大学的创立和办学实践中，坚守本土立场，对中华传统文化进行摒弃和传承、创新和转化，建构了中国现代大学初创时期的中华文化底色，彰显了极为珍贵的文化坚守与自信。

本研究聚焦民国时期大学对中华优秀传统文化的传承和发展状况。我们思考的逻辑是，先从中国教育历史溯源，尤其是分析西周时期教育所蕴含的中华优秀传统文化因素，将此作为考察民国时期大学传承和发展中华优秀传统文化的"参照"（客体），之后梳理民国时期大学的概貌，界定传承发展中华优秀传统文化的"主体"是怎样的。梳理"主体"和"客体"之后，分析民国时期大学所处时代的历史文化背景，即弄清楚民国时期大学传承和发展中华优秀传统文化所处的境遇或宏大背景是什么样子的，只有如此，才能深刻地理解民国时期大学对中华优秀传统文化传承、发展、转化的历史实践。

分析历史文化背景之后，考察民国时期大学传承与发展中华优秀传统文化的具体体现。我们的观点是，思想是行动的先导、制度是思想的具体呈现、实践是在思想和制度指引下的行动，而"人"是一切思想、制度和行动所依附的主体。因此，我们从民国时期教育思想、教育制度（包括政府法令、规章、大学章程等）、教学与研究实践、精神标识与建筑、大学新知识分子群体的实践等维度来挖掘民国时期大学对中华优秀传统文化的传承与发展状况。

本研究为 2018 年教育部人文社会科学研究规划基金项目《民国时期大学对中华优秀传统文化的传承和发展研究》（项目编号：18YJA880085）的研究成果，由我和项目组成员邹加倪副教授、李焱老师、赵方老师、刘伟光博士、徐娟老师共同完成。具体分工是，王文杰负责绪论部分以及第一章、第二章的撰写，对我国教育中的中华优秀传统文化进行因素探源，并研究民国时期大学的建构与文化选择；刘伟光负责第三章的撰写，研究民国时期高等教育的思想、教育制度对中华优秀传统文化的传承发展情况；邹加倪负责第四章的撰写，研究民国时期大学在教学、科学研究中对中华优秀传统文化的传承发展；第五章由李焱、徐娟撰写，研究民国时期大学校园文化对中华优秀传统文化的传承发展；第六章由赵方撰写，研究民国时期大学知识分子群体的构成、主要活动，分析其彰显的优秀品质。在撰写过程中，我们既有章节的分工，同时也相互"介入"彼此研究内容的讨论，全书由我统稿。

现有研究中，针对民国时期大学对中华优秀传统文化的传承和发展相对系统的论著并不多见，可借鉴的资料有限，加之我们的研究基础和能力所限，该书的疏漏、不足甚至谬误之处难免有之，敬请各位专家、同行批评斧正。

2023 年 10 月

# 目　录
## CONTENTS

绪　论 ………………………………………………………… 1

  第一节　研究缘起 ……………………………………………… 1

  第二节　概念界定 ……………………………………………… 6

  第三节　文献综述 ……………………………………………… 9

  第四节　研究方法 ……………………………………………… 18

第一章　回望与溯源：我国传统教育中的中华优秀传统文化因素探源 … 20

  第一节　为什么是西周 ……………………………………… 20

  第二节　西周时期教育的主要内容 ………………………… 25

  第三节　西周时期教育蕴含的中华优秀传统文化内涵 ……… 31

第二章　大学与传统：民国时期中华传统文化的时代境遇与大学的文化
      选择 ……………………………………………………… 37

  第一节　民国时期大学的基本情况概述 …………………… 37

  第二节　民国时期大学的主体特征 ………………………… 42

  第三节　民国时期中华传统文化的时代境遇与大学的文化选择 ……… 49

第三章　思想与制度：制度建构与中华优秀传统文化的传承和发展 …… 57

  第一节　民国时期高等教育法令与制度建构的历史基础 …… 57

  第二节　民国初年在大学制度建构中的中华优秀传统文化 … 61

  第三节　新文化运动与传统文化在制度中的沉浮 ………… 65

  第四节　国民政府时期两种教育对传统文化的传承与发展 … 73

**第四章　教学与研究：教育活动与中华优秀传统文化的传承与发展** ……… **86**

　　第一节　民国时期大学课程中的传统文化内容设置 ……………………… 86

　　第二节　民国时期大学在教学中的传统文化内容融入 ………………… 92

　　第三节　民国时期大学对传统文化的研究 ………………………… 105

**第五章　精神标识与建筑：校园文化与中华优秀传统文化的传承和发展** … **118**

　　第一节　民国时期大学的校训、校歌 ………………………………… 118

　　第二节　民国时期大学的校园建筑 …………………………………… 143

**第六章　教员与学生：大学新知识分子群体传承发展中华优秀传统文化**
**　　　　　的实践** ……………………………………………………… **155**

　　第一节　民国时期大学新知识分子群体的构成 ………………… 155

　　第二节　民国时期大学新知识分子群体的主要活动 …………… 168

　　第三节　民国时期大学新知识分子群体的优秀品质 …………… 183

**结　语** …………………………………………………………………… **190**

**参考文献** ………………………………………………………………… **193**

**后　记** …………………………………………………………………… **203**

# 绪　论

民国时期的大学在中国社会急剧转型、震荡的特殊历史时期，在西方文化强力东渐、本土文化遭到强烈冲击、饱受质疑之时，并没有摒弃本土立场，而是在教育思想、制度和实践上对中华优秀传统文化进行了创造性转化、创新性发展，显示了极为珍贵的文化自省和自信，彰显了中华气韵。本书拟对民国时期大学的教育思想、教育制度和教育实践中体现的中华优秀传统文化因素进行研究，分析民国时期大学对中华优秀传统文化的传承、转化和发展的实践路径，为习近平新时代中国特色社会主义思想指引下的大学，在校园生活的各环节体现、传承和发展中华优秀传统文化提供启示，为加强大学生中华传统文化教育的针对性和有效性、落实立德树人根本任务提供借鉴。

## 第一节　研究缘起

### 一、研究背景

本研究聚焦于民国时期大学对中华优秀传统文化的传承与发展，主要基于以下几个背景。

一是党的十八大以来，对中华优秀传统文化的传承和发展成为习近平新时代中国特色社会主义思想的重要组成部分。

2013 年以来，习近平总书记提出了一系列关于文化建设的新思想、新观点、新论断，传承和发展中华优秀传统文化已经成为习近平新时代中国特色社会主义思想的重要组成部分。在党的三次全国代表大会报告中，都对传承和发展中华优秀传统文化进行了论述。党的十八大报告提出"建设优秀传统文化传承体系，弘扬中华优秀传统文化"①。党的十九大报告系统阐述了习近平新时代中国特色社会主义思想，指出要"坚持社会主义核心价值体系。文化自信是一个国家、一个民族发展中更基本、更深沉、更持久的力量。必须坚持马克思主义，牢固树立共产主义远大理想和中国特色社会主义共同理想，培育和践行社会主义核心价值观，不断增强意识形态领域主导权和话语权，推动中华优秀传统文化创造性转化、创新性发展，继承革命文化，发展社会主义先进文化，不忘本来、吸收外来、面向未来，更好构筑中国精神、中国价值、中国力量，为人民提供精神指引""坚定文化自信，推动社会主义文化繁荣兴盛""深入挖掘中华优秀传统文化蕴含的思想观念、人文精神、道德规范，结合时代要求继承创新，让中华文化展现出永久魅力和时代风采"②。党的二十大报告指出："坚持和发展马克思主义，必须同中华优秀传统文化相结合。只有植根本国、本民族历史文化沃土，马克思主义真理之树才能根深叶茂。中华优秀传统文化源远流长、博大精深，是中华文明的智慧结晶，其中蕴含的天下为公、民为邦本、为政以德、革故鼎新、任人唯贤、天人合一、自强不息、厚德载物、讲信修睦、亲仁善邻等，是中国人民在长期生产生活中积累的宇宙观、天下观、社会观、道德观的重要体现，同社会主义核心价值观主张具有高度契合性。我们必须坚定历史自信、文化自信，坚持古为今用、推陈出新，把马克思主义思想精髓同中华优秀传统文化精华贯通起来、同人民群众日用而不觉的共同价值观念融通起来，不断赋予科学理论鲜明的中国特色，不断夯实马克思主义中国化时代化的历史基础和群众基础，让马克思主义在中国牢牢扎根。"③

2023 年 6 月 2 日，习近平总书记在北京出席文化传承发展座谈会并发表重要讲话。他强调，在新的起点上继续推动文化繁荣、建设文化强国、建设中华民族现代文明，是我们在新时代新的文化使命。要坚定文化自信、担当使命、奋发有为，共同努力创造属于我们这个时代的新文化，建设中华民族现代文明。习近平指出，中华优秀传统文化有很多重要元素，共同塑造出中华文明的突出特性。在五千多年中华文明深厚基础上开辟和发展中国特色社会主义，把马克思主义基本原理同中国具体实际、同中华优秀传统文化相结合是必由之路。党

---

① 胡锦涛在中国共产党第十八次全国代表大会上的报告 [R/OL].人民网，2012-11-18.

② 习近平：决胜全面建成小康社会 夺取新时代中国特色社会主义伟大胜利——在中国共产党第十九次全国代表大会上的报告 [R/OL].中国政府网，2017-10-27.

③ 习近平：高举中国特色社会主义伟大旗帜 为全面建设社会主义现代化国家而团结奋斗——在中国共产党第二十次全国代表大会上的报告 [R/OL].中国政府网，2022-10-25.

的十八大以来，党中央在领导党和人民推进治国理政的实践中，把文化建设摆在全局工作的重要位置，不断深化对文化建设的规律性认识，提出一系列新思想、新观点、新论断。在新的历史起点上继续推动文化繁荣、建设文化强国、建设中华民族现代文明，要坚定文化自信，坚持走自己的路，立足中华民族伟大历史实践和当代实践，用中国道理总结好中国经验，把中国经验提升为中国理论，实现精神上的独立自主。

习近平总书记关于文化建设的重要论述，明确了新时代对待中华优秀传统文化的基本方针、基本态度和基本方法。他指出要坚守中华文化立场，坚持创造性转化、创新性发展的文化方针，铸就中华文化新辉煌的文化任务和文化目标，把中国共产党对待中华优秀传统文化的思想提高到一个新的高度。习近平总书记强调马克思主义基本原理必须同中国具体实际结合起来，科学对待民族传统文化，指出要坚持古为今用、推陈出新，有鉴别地加以对待、有扬弃地予以继承，努力用中华民族创造的一切精神财富育人，进而阐述了实现中华优秀传统文化创造性转化、创新性发展的基本方法。

二是当代高校承担着文化传承创新功能与光荣的历史使命。

据统计，2022 年我国共有高等学校 3013 所，其中，普通本科学校 1239 所（含独立学院 164 所），本科层次职业学校 32 所，高职（专科）学校 1489 所，成人高等学校 253 所。各种形式的高等教育在学总规模 4655 万人。[①] 大学承担着人才培养、科学研究、社会服务的重要职能，作为重要的社会组织，高校必须贯彻国家的教育方针，为社会主义现代化建设服务、为人民服务，与生产劳动和社会实践相结合，使受教育者成为德、智、体、美等全面发展的社会主义建设者和接班人。

教育受社会制约，也反作用于社会，通过促进个体的发展功能，实现引领社会发展的功能。中国高校的任务是培养具有社会责任感、创新精神和实践能力的高级专门人才，发展科学技术文化，促进社会主义现代化建设。文化传承发展贯穿国民教育始终，文化传承创新已成为当代中国高校的一项重要职能。

十八届三中全会提出完善中华优秀传统文化教育。教育部于 2014 年颁布了《完善中华优秀传统文化教育指导纲要》，从爱国、处世、修身三个层次概括凝练中华优秀传统文化教育的主要内容：一是开展以天下兴亡、匹夫有责为重点的家国情怀教育，二是开展以仁爱共济、立己达人为重点的社会关爱教育，三

---

① 中华人民共和国教育部. 2022 年全国教育事业发展统计公报［R/OL］. 中华人民共和国教育部网站，2023-07-05.

是开展以正心笃志、崇德弘毅为重点的人格修养教育。2017 年 1 月 25 日，中共中央办公厅、国务院办公厅发布《关于实施中华优秀传统文化传承发展工程的意见》（以下简称《意见》），对如何实施中华优秀传统文化传承发展工程做出了具体要求，是指导性文件，《意见》指出："推动高校开设中华优秀传统文化必修课，在哲学社会科学及相关学科专业和课程中增加中华优秀传统文化的内容。加强中华优秀传统文化相关学科建设，重视保护和发展具有重要文化价值和传承意义的'绝学'、冷门学科。"① 各高校积极组织实施，推动中华优秀传统文化进教材、进校园文化活动，积累了很多很好的经验和做法，但在传承与发展中华优秀传统文化的理念、路径、方法、效果等方面仍存在着诸多理论和实践问题，需要对本土高等教育的历史进行回望，从中汲取营养。

三是民国时期大学对中华优秀传统文化的传承和发展对今天有着珍贵的启示。

清末民国时期（尤其是民国初期）是我国历史上一个重要转折时期，延续几千年的封建时代终结。新的社会秩序如何构建，在思想、政治、经济、文化等各个领域都出现各种各样的声音，各种思潮交汇，形成了"百家争鸣"的类似"文化复兴"的时期。民国初期内忧外患不绝，社会动荡不安，国弱民穷，绝不是一个好时代。但民国初期的大学却"意外地"取得了辉煌成就，创建了一批成就斐然的高水平的大学，造就了一批极具时代精神和家国情怀的教育家群体，形成了潜心学术、令人仰止的学术大师群体，更有学人群体浓烈的爱国情怀和改变中国历史进程的爱国壮举，展示了中国现代大学充满活力的"童年"时代，显示出了其独特的气质和魅力。民国时期的大学，在"西学"全面袭来、传统文化几近"崩盘"，国家及民族面临危亡的特殊时代，展现了强烈的爱国主义精神、深沉的家国和民族情怀，彰显着对中华优秀传统文化的坚守与自信，体现了中华气韵、中华风骨。研究其对中华优秀传统文化的态度、传承与发展的思想、路径等，对今天有非常珍贵的理论和应用价值。

## 二、研究问题

本书研究的核心问题是在民国那个"传统"几乎崩盘的特殊历史时期，大学是如何看待以及传承和发展中华优秀传统文化的？在这一研究问题之下，本研究关注如下具体问题。

---

① 中共中央办公厅，国务院办公厅. 关于实施中华优秀传统文化传承发展工程的意见：国务院公报〔2017〕6 号［R/OL］. 中华人民共和国中央人民政府网站，2017-01-25.

1. 清末民国时期中华传统文化处于什么样的境况？这一问题是分析民国时期大学传承和发展中华优秀传统文化所面临的境遇。主要研究清末民国时期"西学"对中国传统文化的冲击及其影响，分析那个时代大学对中华传统文化的摒弃与坚守的宏观历史背景。

2. 民国时期高等教育思想、教育制度中对中华传统文化的传承、转化和发展情况是怎样的？研究中央政府及教育部颁布的教育方针、宗旨和法令等蕴含的中华传统文化元素；研究大学内部治理制度（章程、师资聘用、学生管理等）构建中对中华优秀传统文化的传承、转化与创新。

3. 民国时期大学教育实践过程中对中华优秀传统文化的传承和创新情况是怎样的？考察民国时期大学在课程设置、教学内容、科学研究等具体办学实践活动中对中华优秀传统文化的传承和发展。

4. 民国时期大学在校园文化建设等方面对中华优秀传统文化的传承和发展情况是怎样的？研究民国时期大学校园建筑、文化标识中的中华优秀传统文化因素。

5. 民国时期大学的学术人员群体的中华文化素养及其对中华优秀传统文化的传承和发展有怎样的贡献？研究校长、教师群体的个性结构，从其成长经历、知识结构、办学实践等，分析他们的中华传统文化素养。

在上述研究的基础上，分析民国时期大学对中华优秀传统文化传承、转化和发展的思想理念、实施路径等，从今昔比较中获得启示。

### 三、研究意义

#### （一）理论价值

丰富教育学与历史学交叉领域研究成果，充实研究的薄弱领域。当前学者对中华优秀传统文化和民国时期大学的研究较多，但对民国时期大学与中华优秀传统文化之间联系的研究还十分薄弱，成果很少，没形成系统的理论观点，对民国时期大学对中华优秀传统文化的传承、转化和发展做出的贡献还没有给予充分的评价。本研究通过对民国时期大学的教育思想、教育制度、教育实践，以及学人群体的中华传统文化素养及实践情况的研究，系统展现民国时期大学对中华优秀传统文化的传承、转化和发展情况，在历史学与教育学的交叉领域丰富研究成果，进一步充实我国近现代高等教育初创时期的学术研究。

#### （二）应用价值

一是有利于新时代的大学师生读者，在当前复杂环境中进一步理解和运用中华优秀传统文化，增加民族自豪感。当今的大学承担着文化传承创新的历史使命，是中华优秀传统文化的传承者、弘扬者。随着我国经济社会深刻变革、对外开放日益扩大、互联网技术和新媒体快速发展，各种思想文化交流、交融、交锋更加频繁，迫切需要深化对中华优秀传统文化重要性的认识，进一步增强文化自觉和文化自信。

二是坚持问题导向，察古鉴今，为新时代的大学开展中华优秀传统文化教育的针对性和实效性提供参考路径，为健全立德树人系统化落实机制提供借鉴。当今大学实施中华优秀传统文化教育的方法、路径和效果还不理想。回望民国时期的大学，在"西学东渐"强力影响中国社会方方面面的社会历史背景下，实际践行了对中华优秀传统文化的传承、创新和时代性转化，诠释了中华优秀传统文化的核心思想理念、传统美德和人文精神，彰显了民族气韵和民族性。借鉴民国实践，对当前大学传承和弘扬中华优秀传统文化，落实立德树人根本任务的路径和方法等提供启示。

## 第二节　概念界定

本研究主要涉及两个概念，即作为传承与发展这一行动主体的"民国时期大学"，以及作为客体的"中华优秀传统文化"，本节主要对这两个概念进行界定。

### 一、民国时期大学

民国时期是中国现代高校教育的初创时期，本文所指"民国时期大学"主要指"中华民国"在大陆存续期间（1912—1949），在民国政府备案，得到官方认可的高等教育机构。民国时期大学可以从多个方面进行阐释，此处仅就其来源、类型、规模等进行描述，其他方面的内容则在书中其他章节进行交代。

民国时期大学有三个主要来源，一是由清末时期洋务派和维新派建立的新式学堂转变而来，二是中华民国成立后由政府或社会力量新创办，三是由教会大学本土化、国有化转变而来。具体包括由中央政府和地方政府设立并管理的公立大学、独立学院和专门学校，由社会力量创办的私立大学和专门学校。清末民初列强曾在华建立了20多所教会大学，中华民国成立后，随着中国民族主义和自办高等教育兴起，民国政府对教会大学的管理趋于积极和主动，教会大学渐渐丧失了各方面的优势，1927年，辅仁大学第一个向政府申请立案，在后来的南京国民政府时期，教会大学逐渐实现了本土化、国有化。

民国时期大学的数量、在校生的规模、教职员的数量呈现持续增长的态势。根据民国教育部公布的全国大学概况，1918 年有国立大学 3 所、私立大学 5 所、直辖高等专门学校 5 所，各省公立高等专门学校 47 所、私立高等专门学校 28 所。1926 年 7 月，有国立高等专门以上学校 20 所，公立高等专门以上学校 48 所，私立高等专门以上学校 24 所。① 1936 年有高校 108 所，教员 7560 人，学生 41922 人。1947 年全国有专科以上学校 207 所，教职员 33496 人，学生 155036 人。②

### 二、中华优秀传统文化

"中华优秀传统文化"是由"中华""优秀""传统""文化"四组各有其特定含义的词构成的限定性名词，最终指向"文化"。关于"文化"的定义很多，不同学科对"文化"的定义存在很大的差异，即使同一学科范围内不同的学者之间观点也不尽相同。在中文中，"文化"出于《易经》贲卦象辞："刚柔交错，天文也。文明以止，人文也。观乎天文，以察时变；观乎人文，以化成天下。"③ "人文"与"化成天下"紧密联系，"以文教化"的思想已十分明确。1871 年，英国著名人类学家泰勒在《原始文化》一书中认为"所谓文化或文明乃是包括知识、信仰、艺术、道德、法律、习俗，以及包括作为社会成员的个人而获得的其他任何能力、习惯在内的一种综合体"④。后来学者们从不同视角对"文化"进行研究，出现了众多文化学派，美国学者埃德加·沙因（Edgar H. Schein）在其《组织文化与领导力》（*Organizational Culture and Leadership*）中，将文化定义为"一个群体中解决其外部适应性问题以及内部整合问题时习得的一种共享的基本假设模式，它在解决此类问题时被证明很有效，因此对于新成员来说，在涉及此类问题时这种假设模式是一种正确的感知、思考和感受的方式"。认为文化分为人工成分、信奉的信念和价值观、潜在的基本假设三个层次。⑤

关于中华传统文化（也有学者称之为中国传统文化），张岱年认为："中国

① 中国第二历史档案馆. 中华民国史档案资料汇编（第三辑）·教育 [M]. 南京：凤凰出版社，2012：199-203.
② 霍益萍. 近代中国的高等教育 [M]. 上海：华东师范大学出版社，1999：286-288.
③ 杨天才，张善文，译注. 周易 [M]. 北京：中华书局，2011：207.
④ 泰勒. 原始文化 [M]. 蔡江浓，译. 杭州：浙江人民出版社，1988：1.
⑤ 埃德加·沙因. 组织文化与领导力 [M]. 章凯，罗文豪，朱超威，等译. 北京：中国人民大学出版社，2014：16.

文化的优秀传统有丰富的内容，其中最主要的是两个基本思想观点：一是人际和谐，二是天人协调""这类优秀传统文化在今天应该得到进一步的阐扬"①"中国文化的优秀传统的核心是关于人生意义、人生价值、人生理想的基本观点，可以称为人本观点"②。程为民博士综合国内学术界的研究，认为可以将中国传统文化做如下三种定义：一是中国传统文化是由古代起源，继而一直流传至今的精神物质等成果的总和；二是中国传统文化是近三千年秦汉以来发展过程中逐渐积累起来的物质精神表现和成就；三是中国传统文化是深植于中华民族，甚至是每一个中国人的思想、言语、行动、生活方式等日常行为中一种价值追求、精神信仰和行为习惯。③程为民认为，"中华优秀传统文化""是中华民族经过长期积累、积淀形成的全民族共同认可、认同的具有传承价值、时代价值的生活方式及价值观念"④。

教育部《完善中华优秀传统文化教育指导纲要》指出，中华优秀传统文化是"中华民族语言习惯、文化传统、思想观念、情感认同的集中体现，凝聚着中华民族普遍认同和广泛接受的道德规范、思想品格和价值取向，具有极为丰富的思想内涵"。具体内容包括三个方面，"一是天下兴亡、匹夫有责为重点的家国情怀；二是仁爱共济、立己达人为重点的社会关爱；三是正心笃志、崇德弘毅为重点的人格修养"⑤。中共中央办公厅、国务院办公厅《关于实施中华优秀传统文化传承发展工程的意见》则将"中华优秀传统文化"的主要内容概括为"核心思想理念""中华传统美德""中华人文精神"三个方面，可以看出，"中华优秀传统文化"是一个不断丰富的、动态的概念。

本研究认为，"中华优秀传统文化"包括了区域性、民族性、历史性、差异性和价值性的限定，中华优秀传统文化概念界定的前提和基础是厘清其与中华文化、中华传统文化的关系，笔者认为三者是包含关系（图1）。

---

① 张岱年. 传统文化的发展与转变［N］. 光明日报，1996-5-4（2）.
② 张岱年. 中国文化优秀传统的生命力［J］. 中国文化研究，1993（01）：1.
③ 程为民. 当代大学生中华优秀传统文化认同研究［D］. 武汉：武汉大学，2017：12.
④ 程为民. 当代大学生中华优秀传统文化认同研究［D］. 武汉：武汉大学，2017：13.
⑤ 中华人民共和国教育部. 完善中华优秀传统文化教育指导纲要［N］. 中国教育报，2014-4-2（3）.

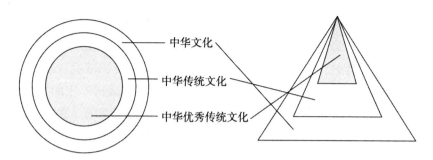

**图1 中华优秀传统文化、中华传统文化、中华文化的关系**

文化的表现形式呈现出物质形态的以及精神形态的差异，所以对这一概念进行定义，现在没有，将来几乎也不可能有一个被普遍公认的精确的定义。本书试图综合其不同维度，结合当前学者观点中被多数人认可的成分，形成一个概念模型（表1），在此基础上对此概念进行厘定。本研究将中华优秀传统文化定义为：由中华民族所创造的、有明显民族特征的、经过长期历史传承并被民族普遍认可和推崇的，得以持续发展至今仍具有显著积极意义的各种核心思想理念、人文精神和传统美德，既表现为物质的形态，也表现为精神及意识的形态。

**表1 中华优秀传统文化多维定义模型**

| 维度 | 表现形式 |
| --- | --- |
| 区域性和民族性特征 | 中国区域，中华民族特色，共同推崇和认可 |
| 历史特征 | 不间断传承的 |
| 差异性、价值性特征 | 被普遍认可、具有积极价值的 |
| 物质形态 | 文字、文学、艺术、建筑、技艺…… |
| 精神形态 | 核心思想理念，人文精神，传统美德，意识形态 |

## 第三节 文献综述

本研究针对选题，对当前关于民国时期大学、中华优秀传统文化，以及民国时期大学对中华优秀传统文化的传承与发展的研究进行文献回顾。

### 一、对民国时期大学的研究

对民国时期大学的研究是近代中国教育史研究的重要内容。从已有研究成果关注的内容维度出发，本研究将已有的研究成果分为两种类型：一类是对民国教育的专门史研究，以及对民国教育档案资料的整理，这类研究属于历史学领域的基础研究；另一类则是近年来兴起的"民国大学"研究热，主要是基于近年来对我国高等教育领域出现的问题和国家对高等教育领域综合改革目标的讨论，在寻求破解之道时，有的学者乃至官方开始回望我国本土的历史经验，进而掀起了一股民国大学研究热，且仍在持续，时代特征显著，这些研究涉及的内容有很多，但更倾向于针对当今高等教育领域的实际问题，从历史中寻求启示，属于应用研究的范畴。

（一）关于民国时期教育的专门史和档案资料编辑

一是关于民国教育史档案资料的整理。梁启超认为："凡有当时、当地、当局之人所留下之史料，吾侪应认为第一等史料。"① 目前关于民国教育研究不得不提到的两本（套）书，其一是由中国第二历史档案馆编，凤凰出版社（江苏古籍出版社）出版的《中华民国史档案资料汇编》，共92册，是馆藏历史档案中具有重要史料价值的资料编辑而成的一套综合性资料汇编，汇集了南京临时政府、北平国民政府、广州国民政府、武汉国民政府、南京国民政府时期的重要档案，有"教育"专编或"教育"专辑，从而为民国史研究提供了具有参考价值的第一手材料。其二是舒新城编《中国近代教育史资料》，所选资料自1840年鸦片战争起，到1919年五四运动前后止，所梳理的资料多反映当时政府的教育意见、教育措施、教育政策等。除档案资料汇编之外，还有一些专门的著作，如高平叔著《蔡元培传》、江苏教育出版社《中华民国教育法规选编》等。

二是关于民国（或近代）教育的专门史研究。影响比较大的有：李国钧、王炳照先生所统编的大型丛书《中国教育制度通史》，其中第7卷对民国时期高等教育的思想、制度和实践进行了专门系统的梳理和研究。李华兴教授著《民国教育史》，从学制、思想、管理、办学四个维度对1912—1949年民国时期的教育进行研究。霍益萍教授著《近代中国的高等教育》，"作者在比较详尽地占有资料的基础上，对中国近代高等教育的发展脉络作了较深入的分析和较清晰的勾画"。另外还对"近代关于高等师范大学应否单独设置，关于大学设置标准，大学地理分布，大学文实科调整，大学培养通才还是专才，大学课程设置，关于私立大学的兴起和管理，关于高等师范学校是否应该单独设置等问题的讨论，这些以往史书没有触及的内容，作者在书中用了一定的篇幅作了介绍"。上述两部专门史，已经成为当前关于民国大学研究的核心文献。

_____

① 梁启超. 中国历史研究方法 [M]. 北京：中华书局，2009：76.

三是"老大学"的校史研究中涉及民国时期的部分。近年来，一些始建于民国时期（或源于晚清时期）的百年老校着手校史研究，陆续出版了研究成果，如天津大学出版了《北洋大学—天津大学校史》，北京大学出版了《北京大学史料》，上海交通大学出版了《上海交通大学校史》等，各"老大学"从个案视角还原其在民国时期的历史，也成为研究民国时期大学的重要资料来源。

（二）当前学界的"民国大学"研究热

鉴于当前我国高等教育领域综合改革的推进，在思考大学治理结构、建立现代大学制度、反思大学本质与精神等问题时，回首并研究民国时期的大学，已成为近些年高等教育学界研究的一个热门领域。2010 年《国家中长期教育改革和发展规划纲要（2010—2020 年）》颁布实施以后，这一趋势更为明显。既有大量的学术论文成果，也有众多著作问世。从目前的研究成果看，其研究内容主要聚焦以下方面。

1. 关于大学治理的研究

在讨论完善大学治理结构的话题下，学者们对民国大学治理开展了较为深入的研究，主要内容包括现代大学制度的确立与演进，政府与大学的关系，大学内部制度构建，等等。

张建奇等的《民国前期中国现代大学制度的确立》一文，分析了民国政府颁布的一系列高等教育的法令，结合一些大学的具体实践，回顾了现代大学制度初步确立的历史;[1] 刘超基于对民国大学史的观察，认为民国期间，在短期内中国的大学格局实现了重大突破，形成了覆盖南北的大学群和知识共同体，出现了一批具有国际前沿水平的一线学者，建成了世界名校群，今天中国大学在取得了巨大进步的同时，要向历史借鉴，并对中国大学未来发展提出了十点建议;[2] 李海萍、上官剑《教授治校与董事会制——民国初期大学内部职权体系之比较》一文，以蔡元培时期的北京大学和郭秉文时期的东南大学为例，较为详尽地考察了两所大学的内部职权运行体系;[3] 夏兰《民国时期现代大学制度演变研究》一文，以今天中国特色现代大学制度为视角和认识前提，以民国时

[1] 张建奇, 杜驰. 民国前期中国现代大学制度的确立 [J]. 大学教育科学, 2005 (06): 63-65.
[2] 刘超. 中国大学的去向——基于民国大学史的观察 [J]. 开放时代. 2009 (01): 47-68.
[3] 李海萍, 上官剑. 教授治校与董事会制: 民国初期大学内部职权体系之比较 [J]. 自然辩证法研究, 2011, 27 (01): 45-54.

期的大学为考察对象，对中国现代大学制度在民国大学的萌芽和发展演进做了回顾①；闻万春等的《大学与政府之间教育权力的平衡——基于民国教育的考察》一文则回顾了大学与政府之间教育权力的平衡与博弈；② 王文杰认为："民国初期，在复杂纷乱的时局下，北洋政府教育部通过立法、任命校长等方式对高校进行宏观管理，并拨款支持高校办学。高校的内部事务则由高校'自治'，政府'松控'，从而在政府与高校之间形成了一种默契的互动关系，中国的现代大学制度得以形成和确立，高校也取得了辉煌的成就。"③ 王文杰等对民国初期的部分公立大学、私立大学内部治理制度及实践进行了历史考察，分析了其特征，并提出对今天的大学治理的启示性建议。④

学者们的研究，呈现了民国时期大学治理的实践框架，即民国教育部通过立法、拨款、任命校长、规划布局等形式对大学进行宏观治理，大学内部的具体办学事务则交由大学"自治"。大学在内部治理中，校长是最高管理者，统辖全部校务，通过建立评议会、教授会等，对学校内部的重要事务进行集体决策。从整体上看，民国时期的大学"学术共同体"的本质特征显著，围绕大学组织功能的实现设计了大学与政府的关系以及大学的内部治理结构，同时学者们也认为，这一治理结构与当时中国的政治环境紧密相关。

2. 关于大学校长及学人群体的研究

研究校长办学治校、学人治学研究的思想、理念、实践和贡献。既有论文成果，也有不少著作。

桑兵对"民国学界的老辈"们理解旧籍之道进行了系统的梳理和研究，为今天回到历史现场去认识中国历史文化提供了珍贵的视角；⑤ 张晓唯《旧时的大学和学人》还原了民国时期大学的校长群体和那个时代有重要代表性的学人群体在当时社会环境中的生活、研究、工作以及精神；⑥ 张意忠《民国大学校长》通过对 13 位大学校长的治学理念、实践等进行梳理和研究，再现了他们优

① 夏兰. 民国时期现代大学制度演变研究 [D]. 上海：复旦大学，2012.
② 闻万春，张宁宁. 大学与政府之间教育权力的平衡——基于民国教育的考察 [J]. 现代教育科学，2013（02）：107–110.
③ 王文杰. "松控"与"自治"：论民国初期（1912—1927 年）大学与政府的关系 [J]. 北京联合大学学报（人文社会科学版），2015，13（01）：104–111.
④ 王文杰，孟静怡. 简析民国初期（1912—1927）大学内部治理 [J]. 北京联合大学学报（人文社会科学版），2016，14（04）：117–124.
⑤ 桑兵. 民国学界的老辈 [J]. 历史研究，2005（06）：3–24.
⑥ 张晓唯. 旧时的大学和学人 [M]. 北京：中国工人出版社，2006.

秀的才华、卓越的贡献和非凡的人格魅力;① 秦俊巧则重点研究了南京国民政府统治的特殊历史时期,大学校长们励精图治,办"中国的大学"的思想和实践,并总结了教育家办大学的共同特点;② 马建强《民国先生》再现了近代教育家和知识分子不为人知的风采、情意、抱负与挣扎,呈现了民国文化人的人生百态和民国新教育各方面的图景;③ 李燕莉考察了民国时期(1912—1937 年)大学教师的日常生活,并按照大学教师的日常文化生活、日常经济生活、日常消费生活、日常交往生活以及爱情、婚姻、家庭生活等模块进行了研究,围绕前述几个方面,勾勒了这一时期大学教师日常生活的图景,并对此进行深入思考和评价,最终为我国当前大学教师的不断发展提供历史借鉴。④

学者们的研究,让今人看到了民国时期大学校长这一教育家群体的眼界、思想和实践,展示了他们高超的管理才华;让今人领略了民国时期大学以教授为代表的学人群体的学识和气度,呈现了深厚的学术造诣;让今人看到了民国时期大学校长及学人群体极为强烈的家国情怀。

3. 关于具体办学实践的研究以及关于民国时期大学精神的讨论

目前也有相当部分的研究聚焦于民国时期大学的教学、研究、教师聘任、学生管理等具体的办学实践,以及研究民国大学在乱世中的坚守和非凡成就,进而讨论民国大学精神等。比如,金以林的《近代中国大学研究(1895—1949)》(2000 年)、李子迟的《晚清民国大学之旅》(2010 年)、李沐紫等的《大学史记》(2010 年)、陈平原的《民国大学:遥想当年大学》(2013 年)等。

## 二、对中华优秀传统文化的研究

中华优秀传统文化博大精深,对其研究的维度和内容也必然是无比宽泛的,既包括对传统文化典籍的研究,也包括对文化人物的研究,以及对传统文化思想的研究,等等。基于本书的研究问题,此处"对中华优秀传统文化研究"的文献综述,在内容方面,主要针对中华优秀传统文化的精神内涵、地位作用、传承发展路径的研究做回顾。同时,早在民国时期就有大量学者从各个角度对中华优秀传统文化进行深入研究并著书立说,比如,冯友兰、梁漱溟、刘师培等,他们是对传统文化进行创造性转化和创新性发展的大师,他们本身也是本

---

① 张意忠 . 民国大学校长 [M]. 北京:北京师范大学出版社,2012.
② 秦俊巧 . 南京国民政府时期教育家办大学研究 [D]. 保定:河北大学,2013.
③ 马建强 . 民国先生 [M]. 南宁:广西师范大学出版社,2013.
④ 李燕莉 . 崇高与平凡——民国时期大学教师日常生活研究(1912—1937)[D]. 武汉:华中师范大学,2015.

文研究的对象和重点内容，因此，在时间维度上，重点是对近 20 年来关于中华优秀传统文化的研究进行综述。

（一）党的十八大以来党和国家针对中华优秀传统文化做了深刻的阐释

如前文"研究背景"所述，党的十八大以来，习近平总书记以及党和国家针对中华优秀传统文化精神内涵以及在民族复兴与强国建设中的地位作用、传承发展策略等有一系列的新理念、新论断。同时党和国家以及相关行政管理部门颁布了一系列旨在促进新时代传承和发展中华优秀传统文化的政策及文件，这些内容本身就是关于中华优秀传统文化研究的重大理论成果，在此不再赘述。

（二）学界对中华优秀传统文化的研究

党的十八大以来，学界关于中华优秀传统文化的研究成果增长极为迅猛，是当前学界研究的一个热点问题，从已有研究成果看，关于中华优秀传统文化的研究呈现出明显的时代特征和问题导向，研究内容主要聚焦在以下几方面。

一是对习近平总书记关于中华优秀传统文化重要论述及中华优秀传统文化与当前党和国家治理中一些重大问题关系的研究。当前在这一方面的研究成果很多，包括中华优秀传统文化与社会主义核心价值观关系研究、中华优秀传统文化与中华民族伟大复兴（中国梦）关系研究、中华优秀传统文化与中国特色社会主义理论体系的关系研究、中华优秀传统文化与党的建设的关系研究、中华优秀传统文化与提升国家文化软实力和建设文化强国的关系研究等。

二是对中华优秀传统文化概念、精神及思想内涵的阐释。学者们从多个角度来研究中华优秀传统文化的精神内涵，这一方面的研究成果可谓汗牛充栋，或研究古人的思想，或研究物质文化，或研究经典，或研究传统文化的当代传承与构建等。本文在此仅就中华优秀传统文化的内涵研究进行引述。当前学者代表性的观点有：李宗桂认为："所谓中华优秀传统文化，是指中国传统文化的精华所在、精神所在、气魄所在，是体现民族精神的价值内涵。她在中华民族发展历程中，在中国思想文化发展历史上，曾经起过积极的作用，迄今仍有合理价值，能够为中华文化的现代传承和创新发展起到积极作用，能够促进社会进步和民族发展，主要体现于思想文化的层面。质言之，所谓中华优秀传统文化，就是中华民族长期发展过程中形成的、有着积极的历史作用、至今具有重要价值的思想文化。"① 邵佳德认为，新时代中华优秀传统文化的科学内涵包括三个层面问题：其一，关于中华优秀传统文化的价值尺度和评价标准问题。中华优秀传统文化至少要达到提供精神力量、促进社会发展和推动文明互动三个

---

① 李宗桂. 试论中国优秀传统文化的内涵［J］. 学习研究，2013（11）：35-39.

层次的标准，并且在中国思想发展的历史上能为各家推崇并长期发挥作用。其二，中华优秀传统文化的核心理念问题。认同张岱年先生所说的自强不息和厚德载物是中国人的个人生命进程和民族发展历史中最核心的精神支撑，也是推动和维持国家社会进步的重要思想资源。其三，中华优秀传统文化的当代弘扬和阐释问题。传统文化在新时期的弘传需要创造性转化和创新性发展。①

如前文所述，作为官方文件，《关于实施中华优秀传统文化传承发展工程的意见》将传承发展中华优秀传统文化的主要内容概括为：核心思想理念、中华传统美德和中华人文精神，即要大力弘扬讲仁爱、重民本、守诚信、崇正义、尚和合、求大同等核心思想理念；大力弘扬自强不息、敬业乐群、扶危济困、见义勇为、孝老爱亲等中华传统美德；大力弘扬有利于促进社会和谐、鼓励人们向上向善的思想文化内容。②

三是对中华优秀传统文化与当今学校教育（本书指涉及高等教育部分）的相关研究。研究者围绕中华优秀传统文化在大学生培养中的作用、现状、问题、传承与发展路径等开展了多方面的研究。郭海军、张旭东认为："我国高校开设的思想政治理论必修课在课程目标、内容等层面的专指性，使其对中华优秀传统文化的涵盖带有断面化和潜隐性的特点；'中国文化概论'则是对传统文化进行宏观、综合的梳理和把握，这两类课程内容突出的是中华传统文化的'面'和'骨骼'。因此，有必要以'大学语文'课程来完善传统文化的'点'和'肌肉'，使中华优秀传统文化成为有机鲜活的生命体，在高等学校人才培养的过程中发挥导引和塑形的作用。"③ 程为民等通过对国内十余所高校的当代大学生中华优秀传统文化认同状况进行实地调查，研究发现：当代大学生基本认同中华优秀传统文化价值内涵，但对中华优秀传统文化的整体认知较为欠缺，对中华优秀传统文化的类别认知存在较大的差异，其了解中华优秀传统文化的主要途径是课堂学习。④ 陈永福等采用随机抽样问卷调查方式，对福州大学城 10 所高校的全日制在校生（包括研究生、本科生、专科生）开展了中华优秀传统文化教育状况的调查，结果显示：大学生对中华优秀传统文化有一定认知，成

---

① 邵佳德. 新时代的中华优秀传统文化：历史定位、理论内涵及价值维度 [J]. 江西社会科学，2018（06）：11-17.

② 中共中央办公厅 国务院办公厅. 关于实施中华优秀传统文化传承发展工程的意见 [EB/OL]. 中国政府网，2017-01-25.

③ 郭海军，张旭东. 中华优秀传统文化教育与大学语文课程建设 [J]. 东北师大学报（哲学社会科学版），2015（02）：181-184.

④ 程为民，熊建生. 当代大学生中华优秀传统文化认同状况分析——基于国内十余所高校700 名大学生的问卷调查 [J]. 教育研究与实验，2016（04）：68-71.

长中受其影响深刻，高度认同其当代意义和传承价值，并普遍支持大力弘扬中华优秀传统文化，同时也能理性认识弘扬中华优秀传统文化过程中存在的问题。① 有学者则采取问卷调查的形式，以 H 大学的本科生为例，了解并掌握优秀传统文化在融入大学生素质教育方面的积极影响，通过调查现状，总结目前中华优秀传统文化融入大学生素质教育存在的问题，主要论述了学校层面、社会层面、家庭层面以及学生层面对大学生学习中华优秀传统文化的影响，并针对存在的问题提出了相应的解决对策和保障措施。②

### 三、对民国时期大学传承和发展中华优秀传统文化的研究

#### （一）已有研究聚焦的主要问题

一是关于民国时期大学体现的民族性、本土性问题。陈康的《民国时期高等教育的本土化表现及主要动因探析》，研究了研究和讲授国学、教科书编写、传统士人文化的续存；③ 李来容的《欧化至本土化——清末民国时期学术独立观念的萌发与深化》，研究了学人秉持传统士大夫天下使命观与忧患意识，保持民族特性、重塑学术自尊的文化自觉；④ 陈国峰的《高等教育的民族传统——三个维度的思考》，从历史、哲学和现实三个维度，对中国高等教育的民族传统进行了梳理。⑤

二是关于民国大学标识符号中体现的中华优秀传统文化因素问题。黄林等的《诠释古典传统文化，张扬大学独特个性——解析民国时期大学校训》，分析了民国时期的大学校训对传统古典文化的诠释和自身独特魅力的展示，以供当代大学校训缺乏感召力和精神灵魂的现状借鉴思考；⑥ 向黎等的《论民国时期大学校徽的文化诉求》认为中国早期的大学是仿西学产生的，西方文化的渗透

① 陈永福，陈少平，陈桂香. 大学生中华优秀传统文化教育状况调查研究——以福州大学城 10 所高校为例 [J]. 思想教育研究，2016（01）：120-123.
② 王丹. 中华优秀传统文化融入大学生素质教育的现状及对策研究——以 H 大学为例 [D]. 保定：河北大学，2018.
③ 陈康. 民国时期高等教育的本土化表现及主要动因探析 [J]. 河南师范大学学报（哲学社会科学版），2011，38（06）：260-263.
④ 李来容. 欧化至本土化——清末民国时期学术独立观念的萌发与深化 [J]. 学术研究，2011（11）：120-127.
⑤ 陈国峰. 高等教育的民族传统——三个维度的思考 [J]. 高等教育研究，2014，35（07）：1-8.
⑥ 黄林，李卯. 诠释古典传统文化，张扬大学独特个性——解析民国时期大学校训 [J]. 哈尔滨学院学报，2010（09）：122-126.

较为明显，但是通过中国传统文化的不断滋养和浸润，民国时期大学校园文化的各方面展现出传统文化的气息。作为大学文化载体的民国大学校徽就体现出这种变化，折射出丰厚的中华传统文化底蕴。①

三是关于学人的中华文化情节及其实践问题。熊贤君认为民国时期国学教育运动在内忧外患中形成，表征着教育界、学术界的深刻忧患意识和社会责任感。为拯救中国文化，他们通过成立国学教育机构、开展国学研究、中学教育渗透国学、中小学读经等方式推进国学教育。国学教育运动推进了国学的研究，培养了众多国学教学与研究的人才，有助于弘扬中华文化，提高民族自尊心、自信心。② 付艳的《民国时期北京大学传承与创新中国传统文化研究（1922—1927）》，通过"解剖麻雀"，深入研究了民国时期北京大学传承与创新传统文化的内容。③ 陈国安的《中国文化教育传统的百年回响——唐文治和"无锡国专"论略》，回顾了集工业教育先驱和国学大师于一身的唐文治的经学教育思想，以及其在无锡国专 30 多年的探索所取得的辉煌。④ 贺根民的《陈寅恪的中古文化情结》，论述了陈寅恪拳拳服膺中华文化传统，毅然以发扬中国文化为职志，接续学脉而不懈奉献，借以中古文史研究，振兴传统文化，唤起国人对民族文化传统的关注，彰显了文化救国的巨大能量，他的中古文化书写开一代学术风气，拓宽了民国文人重新体认历史、感悟传统的文化途径。他坚持独立精神和自由思想，不受世务干扰，为民国文化重建提供一个重要向度，推动了民国学术的现代转型。⑤

（二）已有研究的不足或薄弱之处

综合前述，当前在民国大学对中华优秀传统文化的传承与发展方面的研究还比较薄弱，具体体现在以下几方面。

一是研究成果还缺乏系统性、具体性，与学界期待还有很大差距。

二是未能充分展示民国时期大学和学人做中华优秀传统文化的"守护者""传承者"和"发展者"的家国情怀、文化自觉、文化自信，未能全面深入地反映民国时期大学在中华优秀传统文化坚守传承、创新转化中的历史贡献。

① 向黎，李卯．论民国时期大学校徽的文化诉求［J］．哈尔滨学院学报，2010（08）：106-109.
② 熊贤君．民国时期的国学教育及价值解读［J］．民国档案，2006（1）：99-104.
③ 付艳．民国时期北京大学传承与创新中国传统文化研究（1922—1927）［D］．沈阳：沈阳师范大学，2014.
④ 陈国安．中国文化教育传统的百年回响——唐文治和"无锡国专"论略［J］．苏州大学学报，2017（01）：114-128.
⑤ 贺根民．陈寅恪的中古文化情结［J］．广东技术师范学院学报，2016（07）：10-16.

三是研究对今天的启示分析还不十分明确和具体，成果运用于现今高校指导具体工作实践等的针对性不强、可操作性不强。

## 第四节 研究方法

### 一、研究技术路线

本书的研究思路是利用前期基础和材料，采用相应的研究方法，针对研究内容开展研究，从而实现目标（图2）。

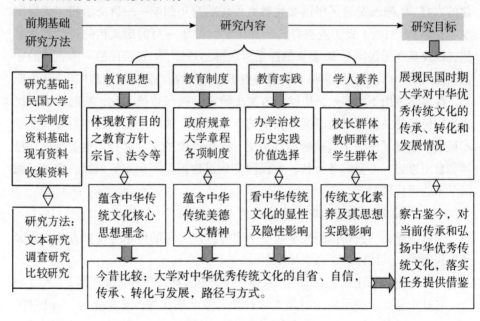

**图2 本研究技术路线**

### 二、研究方法

本研究主要采用的研究方法包括历史文献研究、调查研究和比较研究。

（一）历史文献研究

最大限度掌握与此研究相关的图书及电子资料，重点是民国时政府颁布的教育方针、法令、法规，大学颁布的章程、各项管理规章，以及有关大学实际办学活动的历史资料，对所掌握的文献资料进行深入分析和研究。

（二）调查研究

在部分高校选取管理者、教师（含辅导员）、学生为调研对象，设计访谈提纲，对当前大学开展中华优秀传统文化教育的认识、形式、内容、方法等进行调研，调研今天大学开展相关教育的主要方式及存在的问题。

（三）比较研究

对民国时期大学传承、转化和发展中华优秀传统文化，从思想、制度、实践等方面与今天进行对比，找到个性与共性，从中获得启示。

# 第一章

## 回望与溯源：
## 我国传统教育中的中华优秀传统文化因素探源①

　　研究民国时期大学对中华优秀传统文化的传承与发展，有必要对我国传统教育的历史进行回望，以溯源中华传统文化是如何在教育中"渗透"的，其中的"优秀"特质体现在哪些方面。本章将回望与溯源聚于西周时期。

　　西周时期是中国古代教育思想、教育体制、教育内容的发源时期，也是中国古代学校系统初步形成并日渐完备的时期。其以"礼"为核心的教育思想、内容和实践，极为重视人的道德伦理教育和内在修为，追求人自身、人与人、人与社会的内外和谐，形成了自身独特的精神气质，在后来数千年的历史长河中，这种精神内涵并未随着朝代的更迭而被抛弃，反之，被历朝历代奉为经典。对维护社会秩序的稳定和生成中华民族积极向善、向上的价值追求，以及民族气质和民族性格的形成产生了极为深远的影响。

## 第一节　为什么是西周

　　西周时期是中华传统文化及价值观念形成体系的极为重要的时期，当时社会关系的两大基础：一是宗法制，即根据父系血缘关系的亲疏远近来决定权力、财富等的继承权利，其核心是嫡长子继承制；二是与宗法制密切相关的分封制，即周天子按嫡长子继承制世代相传，大规模分封诸侯，建立诸侯国，天子是"大宗"，其他不能继承王位的庶子、次子是王族，分封为诸侯，他们是从属"大宗"的"小宗"，诸侯也按嫡长子继承的原则世代相传，非嫡长子则由诸侯分封为卿大夫，诸侯对于这些卿大夫来说是"大宗"，卿大夫是从属诸侯的"小

---

　　① 本章内容主要来源于本课题前期已发表的阶段性成果：王文杰，赵方．简析西周时期教育中的中华优秀传统文化内涵——基于《周礼》《仪礼》《礼记》等文献研究的视角[J]．北京联合大学学报（人文社会科学版），2019（17）：55-64.

宗"，卿大夫以下又有士，士是贵族阶级的最底层，不再分封。通过宗法制和分封制，周王在全国范围内形成了以天子为根基的宗法系统，其作为天下共主的权威地位得到加强，王权得到巩固，中央权威得以确立。

西周统治者从"长治久安"出发，设立了完备的官职体系，对全国各地方、各系统、各项事务进行统治，以期建立稳定的社会秩序，在这样的背景下，设"教"职、建学校、推行礼教，逐渐形成了官师一体的教育体制、体系化的教育内容、相对完备的学校系统，这一切构成了中国古代教育思想之源，也成为中华优秀传统文化的重要之源，对中华民族的民族性格、民族气质、价值观念等都产生了极为深远的影响。本节从《周礼》《仪礼》《礼记》等文献研究的视角，结合对中国古代教育历史的考察，研究西周时期的教育体制、教育内容，以及其反映的中华优秀传统文化的内涵。

### 一、建立了官师一体、政教合一的教育体制

西周时期人类社会文明进一步发展，与夏商时期不同，这一时期在社会生活中"人"的作用更加突显，周天子通过设官分职，建立起以官制为核心的定国安邦的社会统治系统并逐步完善，官职设置及其管理制度和规范内容极为丰富，涉及社会生活的各个方面。《周礼》既记载了官职的名称、职权，也记载了与祭祀、朝觐、封国、巡狩、丧葬等有关的国家大典，如用鼎制度、乐悬制度、车骑制度、服饰制度等，还有各种礼器的等级、组合、形制、度数等，这些都构成了"礼"的重要内容。统治者通过"礼"来对国家进行有效统治，对人们的思想行为进行约束和"规范"。根据《周礼》官制，西周时期职官分为六类377种（表1-1），涉及政治、经济、民政、军事、法律、宗教、制造等方方面面，涵盖了政治统治、社会管理的各个领域。各类职官爵位有卿、大夫、士，不同级别的职官下有府、史、胥、徒等小吏和衙役若干。

表1-1 《周礼》职官设置表

| 职官类型 | 职官数量 | 所掌事务 |
| --- | --- | --- |
| 天官冢宰 | 大宰及以下共有63种职官 | 宫廷事务 |
| 地官司徒 | 大司徒及以下共78种职官 | 民政事务 |
| 春官宗伯 | 大宗伯及以下共70种职官 | 宗族事务 |
| 夏官司马 | 大司马及以下共70种职官 | 军事事务 |
| 秋官司寇 | 大司寇及以下共66种职官 | 刑罚事务 |
| 冬官百工 | 涉及制作方面共30种职官 | 营造事务 |

天官设"大宰"一职，爵位为卿，"大宰之职，掌建邦之六典，以佐王治邦国：一曰治典，以经邦国，以治官府，以纪万民；二曰教典，以安邦国，以教官府，以扰万民；三曰礼典，以和邦国，以统百官，以谐万民；四曰政典，以平邦国，以正百官，以均万民；五曰刑典，以诘邦国，以刑百官，以纠万民；六曰事典，以富邦国，以任百官，以生万民。"① 其中的教典和礼典与教育的目的、内容等息息相关。

地官司徒中，设"大司徒"一人，爵位为卿，教育在其职责中的权重十分明显："使帅其属而掌邦教，以佐王安扰邦国""司徒修六礼以节民性，明七教以兴民德，齐八政以防淫。""以乡三物教万民而实兴之，一曰六德，知、仁、圣、义、忠、知；二曰六行，孝、友、睦、姻、任、恤；三曰六艺，礼、乐、射、御、书、数。""以乡八刑纠万民……以五礼防万民之伪，而教之中，以六乐防万民之情，而教之和。"②

设"师氏"和"保氏"职官，爵位是大夫，职责主要教国子"三德""三行""六艺""六仪"等以"礼"为主要内容的知识。"师氏，中大夫一人，上士二人，府二人，史二人，胥十有二人，徒百有二十人。"③ 其职责："掌以媺诏王。以三德教国子：一曰至德，以为道本；二曰敏德，以为行本；三曰孝德，以知逆恶。教三行：一曰孝行，以新父母；二曰友行，以尊贤良；三曰顺行，以事师长。"④ "保氏，下大夫一人，中士二人，府二人，史二人，胥六人，徒六十人。"⑤ 其职责："掌谏王恶。而养国子以道，乃教之六艺：一曰五礼，二曰六乐，三曰五射，四曰五驭，五曰六书，六曰九数；乃教之六仪：一曰祭祀之容，二曰宾客之容，三曰朝廷之容，四曰丧纪之容，五曰军旅之容，六曰车马之容。"⑥

西周时期的地方行政组织，五家为比，比长为下士一人；五比为闾，闾胥为中士一人；四闾为族，族师为上士一人；五族为党，党正为下大夫一人；五党为州，州长为中大夫一人；五州为乡，每乡卿一人。这些地方行政组织的行政长官都有教化职责，集官师于一身。

在春官宗伯里，设置了众多教授舞蹈、音乐的职官。设两名"大司乐"，爵

① 佚名. 周礼 礼记 仪礼 [M]. 扬州：广陵书社，2007：3.
② 佚名. 周礼 礼记 仪礼 [M]. 扬州：广陵书社，2007：14-15.
③ 佚名. 周礼 礼记 仪礼 [M]. 扬州：广陵书社，2007：12.
④ 佚名. 周礼 礼记 仪礼 [M]. 扬州：广陵书社，2007：18.
⑤ 佚名. 周礼 礼记 仪礼 [M]. 扬州：广陵书社，2007：12.
⑥ 佚名. 周礼 礼记 仪礼 [M]. 扬州：广陵书社，2007：18.

位为中大夫，其职责包括："掌成钧之法，以治建国之学政，而合国之子弟焉。凡有道有德者，使教焉……以乐德教国子：中、和、祗、庸、孝、友。以乐语教国子：兴、道、讽、诵、言、语。以乐舞教国子……以六律、六同、五声、八音、六舞大合乐，以致鬼神示，以和邦国，以谐万民，以安宾客，以说远人，以作动物。"①

另有乐师、大胥、小胥、大师、小师、鼓人、舞师、瞽师、视瞭、典同、磬师、钟师、笙师等10多种教授舞乐的职官（表1-2）。

**表1-2 西周时期部分职官教育职责**

| 职官 | | 教育职责 |
|---|---|---|
| 天官 | 大宰 | 掌教典、礼典 |
| 地官 | 大司徒 | 乡三物：六德；六行；六艺 |
| | 师氏 | 三德；三行 |
| | 保氏 | 六艺；六仪 |
| | 比长（下士） | 掌其比之治 |
| | 闾胥（中士） | 掌其闾之徵令 |
| | 族师（上士） | 掌其族之戒令政事 |
| | 党正（下大夫） | 掌其党之政令教治 |
| | 州长（中大夫） | 掌其州之教治政令之法 |
| | 乡大夫（卿） | 掌其乡之政教禁令 |
| 春官 | 大司乐（中大夫） | 乐德、乐语、乐舞 |
| | 乐师 | 掌国学之政，以教国子小舞 |
| | 大胥 | 掌学士之版，以待致诸子 |
| | 小胥 | 掌学士之徵令而比之 |
| | 大师 | 掌六律六同，以合阴阳之声 |
| | 小师 | 掌教乐器 |
| | 鼓人、舞师、瞽师、视瞭、典同、磬师、钟师、笙师等职官 | 各种乐器、舞蹈 |

在西周官制中，很多职官既是官，同时也是"专业技术人员"，他们的一项重要职责就是向王室子弟、国子（公卿大臣之子）、地方官员之子弟传授礼、乐

---

① 佚名. 周礼 礼记 仪礼 [M]. 扬州：广陵书社，2007：30.

等知识、技能，他们是大夫或士，衣食无忧，足以养家。教育之"书"之"器"皆为官府所独有，受教育者也是官员之弟，学在官府、民间无学，官师一体、政教合一，是这一时期教育体制的显著特征。

### 二、形成了从中央到地方的形式完备的学校系统

在官师一体、政教合一的体制下，统治阶级为维护其统治和宗法制度，特别重视对贵族子弟的教育，尤其重视维护等级制的礼制教育，在国都和各诸侯国建立了相应的教育场所，中国的教育在西周时期初步形成了相对完备的官学体系。

关于学校场所，在夏商时期已出现学校萌芽，夏商周时期，社会集体养老，50岁养于乡，60岁养于国，70岁养于学，给予衣食，上至王与诸侯，下至庶民，常问与老人，听老人讲授"礼"等知识，给予其极高的尊敬，老人养老的地方即成为学校的萌芽之一。《礼记·王制》记载："有虞氏养国老于上庠，养庶老于下庠。夏后氏养国老于东序，养庶老于西序。殷人养国老于右学，养庶老于左学。周人养国老于东胶，养庶老于虞庠，虞庠在国之西郊。"① 文中所提"庠""序"即是学校场所。

西周时期，已有大学与小学之分，《礼记·王制》有"天子命之教，然后为学。小学在公宫南之左，大学在郊。天子曰辟雍，诸侯曰泮宫。"② 之记载，"辟雍"即指学校的建筑四面环水，是天子所辖之学校；"泮宫"之"泮"是半圆形之水，是诸侯建立的大学。天子建的大学四面环水，诸侯建立的大学三面环水，在形制上，表明了天子与诸侯的尊卑之分。

从古书籍文献看，西周国都大学有"东胶""东序""成均""上庠""瞽宗""辟雍""太学""学宫""大池""射庐"等多种称谓，有些称谓是指同一地点。目前学者研究认为，当时大学有五学之分。《大戴礼记·保傅》记载："帝入东学，上亲而贵仁，则亲疏有序。帝入南学，上齿而贵信，则长幼有差，始民不诬矣。帝入西学，上贤而贵德，则圣智在位而功不匮矣。帝入北学，上贵而尊爵，则贵贱有等而始不下逾矣。帝入太学，承师问道，退习则端于太傅，太傅罚其不则而达其不及，则德智长而理道得矣。"③ 东学即东序，南学即成

① 佚名.周礼 礼记 仪礼 [M].扬州：广陵书社，2007：27.
② 佚名.周礼 礼记 仪礼 [M].扬州：广陵书社，2007：25.
③ 李国钧，王炳照.中国教育制度通史：第1卷 [M].济南：山东教育出版社，2000：67.

均，西学即瞽宗，北学即上庠，太学即辟雍，不同的学其学习内容各有侧重，这样东南西北围绕着辟雍，合在一起，成为五学。

如前文所述，西周时期的地方行政组织有比、闾、族、党、州、乡，在不同的区域内设有相应的教育场所，据《礼记·学记》记载："古之教者，家有塾，党有庠，术有序，国有学。"① 根据上述文献，我们大致可以勾画出西周时期的官学体系表（表1-3）。

此时期对学制也有比较清晰的描述："比年入学，中年考校。一年，视离经辨志。三年，视敬业乐群。五年，视博习亲师。七年，视论学取友，谓之小成。九年，知类通达，强立而不反，谓之大成。"② 据此推断达到"大成"则相当于古代的高等教育。

**表1-3　西周时期官学体系**

| 类型 | 层次 | 设立者 | 场所名称 |
|---|---|---|---|
| 国学 | 大学 | 天子设立 | 成均（南学） |
| | | | 上庠（北学） |
| | | | 辟雍（太学） |
| | | | 东序（东学） |
| | | | 瞽宗（西学） |
| | 小学 | 诸侯设立 | 泮宫 |
| 乡学 | | 闾（25 户共住一巷为闾） | 塾 |
| | | 党（500 户） | 庠 |
| | | 州（2500 户） | 序 |
| | | 乡（12500 户） | 校 |

## 第二节　西周时期教育的主要内容

教育是为统治阶级服务的，政治统治的需要直接规制了教育目标，教育目标直接影响了教育内容。西周官制对各个职官的爵位、职责和工作遵循都做了

---

① 佚名. 周礼 礼记 仪礼 [M]. 扬州：广陵书社，2007：69.
② 佚名. 周礼 礼记 仪礼 [M]. 扬州：广陵书社，2007：69.

详尽的表述，通过百官对国家政治、经济、社会、文化、军事、宗教等各个领域进行统治，其内容广泛、博大精深，但都围绕着维护宗法制而展开，其管理的核心思想是确立各个方面的"礼"，即立规矩，强调等级贵贱、长幼尊卑，强调伦理道德、社会和谐有序、个人自我和谐。

《周礼》对执掌教育职责的主要职官——大司徒、师氏、保氏、大司乐等的教育内容及目的都有明确的表述。如前文所述，大司徒以乡三物即"六德""六行""六艺"教万民，师氏以"三德"和"三行"教国子，保氏以"六艺"和"六仪"教国子，大司乐以"乐德""乐语""乐舞"教国子，还有各地的行政长官及"专业技术人员"都有教化职责，这些职官教授的每一项"专业"里都有若干门"课程"，共同构成了西周时期教育的主要内容。

西周时期的教育内容涉及方方面面，归纳起来包括德、行、艺、仪四个方面，既有道德伦理、个性修为、行为规范，也有知识技能，具体以礼、乐、射、御、书、数为基本内容，称为"六艺"。


## 一、"礼"教

西周统治者在继承前朝的基础上显示了超常的智慧，极大地丰富了"礼"。《礼记·曲礼》载："夫礼者，所以定亲疏、决嫌疑、别同异、明是非也……道德仁义，非礼不成，教训正俗，非礼不备。分争辨讼，非礼不决。君臣、上下、父子、兄弟，非礼不定。宦学事师，非礼不亲。班朝治军，莅官行法，非礼威严不行。祷祠祭祀，供给鬼神，非礼不诚不庄。是以君子恭敬撙节退让以明礼。鹦鹉能言，不离飞鸟。猩猩能言，不离禽兽。今人而无礼，虽能言，不亦禽兽之心乎？夫唯禽兽无礼，故父子聚麀。是故圣人作，为礼以教人，使人以有礼，知自别于禽兽。"① "礼"是维护宗法制度必须遵循的规矩，周礼的内容极为广泛，要求也极为具体，是西周时期教育最重要的内容。

（一）关于政治、民政、军事各方面国家制度之礼

立王威仪，明确君臣上下等级，使百官谋其政，万民守其业。天子对贵族的身份进行划分，确立各官职的人数、爵位等级、随从衙役数量及等级、职权等内容，进而"官之、爵之、禄之"。在官制之礼中，明确了行使职权的遵循，确立了统治阶级内部的尊卑、行为规范，也明确了违礼的刑罚，从根本上为官和"万民"立了"规矩"，形成了国家的法定制度，这是根本的礼，只有学此礼、知此礼、践行此礼，才能保障国家统治有章可循、社会运行有序，因此关

---

① 佚名. 周礼 礼记 仪礼［M］. 扬州：广陵书社，2007：1.

于国家统治各方面的制度成为礼学教育的一项重要内容。

以爵称和爵序为例，天子之下，分公、侯、伯、子、男五等。诸侯之下分上大夫卿、下大夫、上士、中士、下士五等。各等级官员的禄田也有严格规定。以祭祀用品为例，规定"天子以牺牛，诸侯以肥牛，大夫以索牛，士以羊豕"。同时规定"支子不祭，祭必告于宗子"① 等，方方面面都潜含着等级上下、嫡庶尊卑之礼。

（二）关于社会关系、伦理道德之礼

除了国家治理之礼外，在西周宗法制下，讲求长幼尊卑、道德伦理，对社会关系中重要的人与人的关系进行规范，也是礼学的一项极为重要的内容。大司徒"明七教以兴民德"，七教即父子、兄弟、夫妇、君臣、长幼、朋友、宾客，教万民以"知、仁、圣、义、忠、知"六德，以"孝、友、睦、姻、任、恤"六行。"师氏以三德、三行教国子：三德一曰至德，以为道本，二曰敏德，以为行本，三曰孝德，以知逆恶；三行一曰孝行，以新父母，二曰友行，以尊贤良，三曰顺行，以事师长。"② 通过教育，在社会生活里的各种关系人群之间，确立了长幼尊卑之规矩，明确了人与人交往应用的遵循和礼仪，追求仁、孝、友、善，进而"明人伦"。

（三）关于行为规范之礼

除却国家制度、社会伦理的礼外，西周还特别注重社会生活中各个方面的行为规范，在各种活动中，通过烦琐的礼仪，形成活动的神秘感、庄重感，在人与人的交往中，形成谦谦君子、彬彬有礼之风。《仪礼》详尽记载了男子成人、士阶层人结婚、士阶层人相见、乡举行举贤饮酒、射箭、臣进京见君、丧葬、祭祀等活动的礼仪，对各项活动的仪式程序、用语、着服等都有十分明确的规定，程序极为复杂、形式十分庄重，既反映了宗法制下的君上臣下的等级尊卑，也反映了道德伦理要求。大司徒以六礼节民性，即冠、婚、丧、祭、飨、相见之礼。保氏教授六仪："一曰祭祀之容，二曰宾客之容，三曰朝廷之容，四曰丧纪之容，五曰军旅之容，六曰车马之容。"③ 统治者通过创建一整套具体可操作的礼仪制度，包括饮食、起居、祭祀、丧葬等，将社会生活的方方面面都纳入"礼"的范畴，通过日常行为之礼，潜移默化地规范人们的行为。

---

① 佚名. 周礼 礼记 仪礼 [M]. 扬州：广陵书社，2007：8.
② 佚名. 周礼 礼记 仪礼 [M]. 扬州：广陵书社，2007：18.
③ 佚名. 周礼 礼记 仪礼 [M]. 扬州：广陵书社，2007：18.

## 二、"乐"教

"乐"教也是西周时期教育的一项极为重要的内容，如果说"礼"教侧重于对人的外部约束，"乐"教则侧重熏陶人的内心精神世界，使"礼"成为人内在的主动追求。《礼记·文王世子》载："凡三王教子，必以礼乐，乐所以修内也，礼所以修外也，礼乐交错于中，发形于外，是故其成也怿，恭敬而温文。"①

西周时期，几乎所有重要活动都离不开"乐"，官方的祭祀、祭祖、王出入、宴射、军队出征、丧葬等，不一而足，都要演奏音乐，且演奏的内容，根据活动内容、人员不同而不同，反映了政治上的等级尊卑。在民间，音乐也十分普及，《诗经》反映了周代劳动与爱情、战争与徭役、压迫与反抗、风俗与婚姻、祭祖与宴会，甚至天象、地貌、动物、植物等方方面面，内容丰富，是周代社会生活的一面镜子，其内容很多都与音乐相关。

教育内容上，大司乐"以乐德教国子：中、和、祇、庸、孝、友。以乐语教国子：兴、道、讽、诵、言、语。以乐舞教国子，舞《云门》《大卷》《大咸》《大磬》《大夏》《大濩》《大武》"②。东汉末年儒家学者、经学大师郑玄有十分精彩的注解：乐德"中，犹忠也；和，刚柔适也；祇，敬也；庸，有常也；善父母曰孝；善兄弟曰友"；乐语，"兴者，以善物喻善事；道读曰导，导者，言古以剀今也；倍文曰讽；以声节之曰诵；发端曰言；答述曰语"；乐舞，"此周所存六代之乐。黄帝曰《云门》《大卷》，黄帝能成名，万物以明，民共财，言其德如云之所出，民得以有族类。《大咸》《咸池》，尧乐也。尧能禅均刑法以仪民，言其德无所不施。《大磬》，舜乐也。言其德能绍尧之道也。《大夏》，禹乐也。禹治水传土，言其德能大中国也。《大濩》，汤乐也。汤以宽治民，而除其邪，言其德能使天下得其所也。《大武》，武王乐也。武王伐纣以除其害，言其德能成武功。"③

从西周的乐教内容可以看出，音乐给人的影响远远不只是音乐本身，其"乐"教既反映了音乐与政治的关系，体现了政教合一的政治内涵，又有着强烈的教化功能，"乐以载道"，强调内化于心，培养人的自然性情，对人的伦理道德产生影响。

---

① 佚名. 周礼 礼记 仪礼 [M]. 扬州：广陵书社，2007：41.
② 佚名. 周礼 礼记 仪礼 [M]. 扬州：广陵书社，2007：29-30.
③ 郑玄. 周礼·注疏：卷二十二 [M]. 上海：上海古籍出版社，2010.

### 三、"射""御"之教

如果说"礼""乐"之教重于修己，"射""御"之教则侧重治人，同为教育之重要内容。"射"指射箭，"御"指驾车，都是军事技能训练，在西周时期，统治者要维护自身统治，就要强兵以抵外侵、以平内乱，所以特别重视贵族子弟的射御之教。

《礼记·内则》记载，妻子生了男孩，要在门左挂弓，第三天要背着孩子，参加射箭仪式，以喻男子要习武，志在保家卫国。成童（15岁）之后，要学射御。国家对贵族男子的射御之能十分重视，并将其作为任爵、选才的一个重要依据，《礼记·射义》载："是故古之天子以射选诸侯、卿、大夫、士。射者，男子之事也，因而饰之以礼乐也。"①《礼记·文王世子》载："凡学世子及学士必时，春夏学干戈，秋冬学羽龠，皆于东序。"②

保氏教六艺，即五礼、六乐、五射、五驭、六书、九数。其中五射指白矢、参连、剡注、襄尺、井仪。白矢，箭穿靶子而箭头发白，表明发矢准确而有力；参连，前放一矢，后三矢连续而去，矢矢相属，若连珠之相衔；剡注，谓矢行之疾；襄尺，臣与君射，臣与君并立，让君一尺而退；井仪，四矢连贯，皆正中目标。五驭指鸣和鸾、逐水曲、过君表、舞交衢、逐禽左，即行车时和鸾之声相应，车随曲岸疾驰而不坠水，经过天子的表位有礼仪，过通道而驱驰自如，行猎时追逐禽兽从左面射获。

"射"与"御"都要讲"礼"，首先是有"乐"伴射御活动，同时射御的顺序、用具、音乐等都有严格的等级划分，彰显等级之别，彰显威仪。《礼记·曲礼》记载："国君抚式，大夫下之。大夫抚式，士下之。礼不下庶人，刑不上大夫。刑人不在君侧。兵车不式，武车绥旌，德车结旌。"③讲了具体的乘车礼仪，两车相遇，要相互表示敬意，上级遇到下级，不用下车，但要扶着车前横木，点头行礼，下级遇到上级，就要下车行礼，庶人没有当官食禄，不必行这套礼数。对于违反乘车礼仪的下级，如果级别是大夫，国君就不能用刑罚羞辱，国君也不能带着行刑者在身边恐吓下级行礼。驾车行军讲"礼"，彰显威仪。《礼记·曲礼》载："史载笔，士载言。前有水，则载青旌；前有尘埃，则载鸣鸢；前有车骑，则载飞鸿；前有士师，则载虎皮；前有挚兽，则载貔貅。行，

---

① 佚名. 周礼 礼记 仪礼 [M]. 扬州：广陵书社，2007：125.
② 佚名. 周礼 礼记 仪礼 [M]. 扬州：广陵书社，2007：40.
③ 佚名. 周礼 礼记 仪礼 [M]. 扬州：广陵书社，2007：5.

前朱鸟而后玄武，左青龙而右白虎，招摇在上，急缮其怒。进退有度，左右有局，各司其局。"①

礼、乐、射、御"四艺"构成了西周时期高等教育的主要内容，从中可以看出，西周时期特别重视道德教育，教育的核心思想是"明人伦"，主要目标是为统治阶级培养造就"修己治人"的治术人才。

### 四、"书""数"之教

"书"指写字，包括书写、识字、文字，西周时期书写的工具是刀笔、竹木，字体是大篆；"数"指简单计算、算法，两者构成西周时期小学教育的主要内容。《礼记·内则》载："六年，教之数与方名……九年，教之数日，十年出外傅，居宿于外，学书计。"②"方名"即东、南、西、北、中五方之名；"数日"即认识、背诵由天干地支组成的六十甲子；"学书"指学习书写六十甲子与方名。

《周礼》提出保氏教六艺，其中包含的"六书"即是书写、识字之学。东汉学者许慎在《说文解字》中记曰："周礼八岁入小学，保氏教国子，先以六书。一曰指事：指事者，视而可识，察而可见，'上''下'是也。二曰象形：象形者，画成其物，随体诘诎，'日''月'是也。三曰形声：形声者，以事为名，取譬相成，'江''河'是也。四曰会意：会意者，比类合谊，以见指㧑，'武''信'是也。五曰转注：转注者，建类一首，同意相受，'考''老'是也。六曰假借：假借者，本无其字，依声托事，'令''长'是也。"③学生通过学习构成汉字的6种方法，来掌握每个汉字的形、义。

西周时6岁儿童开始学数数，从1至10的数目。9岁儿童学"数日"，指学习记日法，先学甲子纪日，然后逐渐加深。10岁儿童开始学"书计"，所谓"计"，指计算能力的培养。保氏教六艺中的"九数"即是算、数之学。《周礼》并没有列出"九数"的细目。郑玄注"九数"包括"方田、粟米、差分、少广、商功、均输、方程、赢不足、旁要"（表1-4）。通过内容可以看出，九数包括了十分完备的数学知识，且对教育者和受教育者都有很高的要求。有学者认为，"在西周时期，是不可能有如此完备的数学知识的，至多也不过是孕育着这些问题的萌芽……'九数'的有关运算在西周可能已经创立，并且流传了下

---

① 佚名. 周礼 礼记 仪礼 [M]. 扬州：广陵书社，2007：5.
② 佚名. 周礼 礼记 仪礼 [M]. 扬州：广陵书社，2007：57.
③ 许慎. 说文解字 [M]. 北京：中华书局，1963：314.

来，经后人不断补充、加工、整理，约到汉末三国时候，才编成《九章算术》。可以说，西周的'九数'奠定了后来的《九章算术》的基础，这表明西周的数学教学内容是比较丰富的"①。

表1-4　"九数"具体内容

| 方田 | 田亩面积计算 |
|---|---|
| 粟米 | 按比例交换 |
| 差分 | 等级，按比例分配 |
| 少广 | 在面积、体积计算中运用开平方和开立方的方法 |
| 商功 | 工程计算尤其是体积计算 |
| 均输 | 按人口、路途等条件，合理安排运输赋粟和分配徭役 |
| 方程 | 联立一次方程以及正负数 |
| 赢不足 | 运用假设的方法解决难题 |
| 旁要 | 勾股定理 |

综上所述，西周时期的教育内容涉及方方面面，但归纳起来看包括德、行、艺、仪四方面，既有道德伦理、个性修为、行为规范，也有知识技能，具体以礼、乐、射、御、书、数为基本内容。


## 第三节　西周时期教育蕴含的中华优秀传统文化内涵


西周时期以"礼"为核心内容的教育，目的是修己治人，使贵族从制度上延续身份的尊贵，从气质、行为上知礼、用礼。同时重视以礼化民，使万民"安分守己"，巩固阶层固化。

西周的"礼"教本质上是维护阶级统治的工具，通过教育影响人的思想和行动，将统治者和被统治者间的不平等现实法定化、神圣化，并且通过各种途径贯彻到万民中去，进而调整人与人的社会关系，维护社会统治，在某种程度上讲是具有欺骗性的。但是西周时期的教育外在约束、内在感化，进而明人伦，极度注重伦理道德教育，重视人的行为规范和内在修养，追求社会和谐、人与人的和谐、人自身的和谐，又具有极为重要的积极意义。其教育内容和思想在

---

① 李国钧，王炳照．中国教育制度通史：第 1 卷［M］．济南：山东教育出版社，2000：85.

之后的数千年被历朝历代继承和发扬，并不断赋予时代内容，形成了中华民族整体民族性格的基本基因，是中华优秀传统文化的重要源泉。具体来讲，这一时期的教育蕴含着人与社会、人与人、人自身和谐统一的内在追求。

## 一、调整人与国家社会的关系，追求社会和谐、天下太平

周取商而代之，使周的统治者思考殷灭亡的原因，即"惟不敬厥德，乃早坠厥命"。其周之所以能灭殷，原因在文王懿德，导致社会矛盾尖锐激化，群起而攻之，因此，西周统治者认为要施仁政（保民）以促社会和谐、天下太平，这一思想在教育上得到了深入体现和贯彻。

教育的"礼"教，使学习者知道并掌握社会之"礼"，对"礼"心生敬畏，并以"礼"参与社会之中，维护统治秩序，实现"天下平"的目标。"礼"首先就是天下四方的治国、治民之道，《周礼》所立六官都以佐王治国、治万民为职责：立天官大宰掌建邦之六典，以佐王治邦国；立地官司徒，帅其属而掌邦教，以佐王安扰邦国；立春官宗伯，帅其属而掌邦礼，以佐王和邦国；立夏官司马，帅其属而掌邦政，以佐王平邦国；立秋官司寇，帅其属而掌邦禁，以佐王刑邦国；冬官根据考证，当为事官，掌"事典"。作为教育的基础性内容，通过法"礼"的教育，让受教育者通晓国家治理、教育、司法、军事、民政等事务，掌握治国、治人之"礼"，进而把所学与个人能力提升联系起来，使得学习者胸怀社会，参与社会治理，通过"修己"以"治人"。"射""御"教人以军事技能，使受教育者可以为国家、社会抵御外侵、平定内乱，维护社会统治秩序；"书""数"教人以识字、计数之能，使受教育者具备为国效力的基本素质。这些与技能或自然科学相关的教育内容之中，都蕴含着丰富的"礼""乐"之教内容。

天子诸侯也经常举行一些活动以示保民惠民，《礼记·月令》记载，每年季春时节"天子布德行惠，命有司发仓廪，赐贫穷，振乏绝。开府库，出币帛，周天下"①。此时的教育虽然是贵族阶层的专利，但统治者以礼化民，"大司徒之职……施十有二教焉：一曰以祀礼教敬，则民不苟。二曰以阳礼教让，则民不争。三曰以阴礼教亲，则民不怨。四曰以乐礼教和，则民不乖。五曰以仪辨等，则民不越。六曰以俗教安，则民不偷。七曰以刑教中，则民不暴。八曰以誓教恤，则民不怠。九曰以度教节，则民知足。十曰以世事教能，则民不失职。

---

① 佚名. 周礼 礼记 仪礼 [M]. 扬州：广陵书社，2007：30.

十有一曰以贤制爵，则民慎德。十有二曰以庸制禄，则民兴功"①。对鳏、寡、孤、独者官府和百姓要给予救济，而聋、跛、躄、断者、侏儒，这些人的生活由商人和手工主照顾，"少而无父者谓之孤，老而无子者谓之独，老而无妻者谓之矜，老而无夫者谓之寡。此四者，天民之穷而无告者也，皆有常饩。瘖、聋、跛躃、断者、侏儒，百工各以其器食之"②。"国不以利为利，以义为利也"③。

西周的教育讲求以身示范，上行下效，即"一家仁，一国兴仁；一家让，一国兴让……其为父子兄弟足法，而后民法之也。此谓治国在齐其家。所谓平天下在治其国者，上老老而民兴孝；上长长而民兴弟；上恤孤而民不倍"④。

西周的教育，将人与社会紧密联系起来，通过礼来调整人与社会的关系，使人知礼、遵从礼，并以"礼"的要求来参与社会活动，以礼来修己，进而以治人，"修、齐、治、平"，从自己做起，把自己修治好、锻炼好，再通过具体实践呈现出来，进而促进整个社会的安宁和太平。

## 二、调整人与人的关系，讲究贵贱长幼尊卑，人与人以礼相待

西周的教育内容有"七教""六德""三德""三行"等，人与人之间以"礼"相待，讲父慈、子孝、兄良、弟悌、夫义、妇德、长惠、幼顺、君仁、臣忠，强调人与人之间的道德伦理关系，讲究长幼尊卑之礼，亲亲友友，恭恭敬敬、和和善善，追求和谐有序。

西周时期，大司徒教万民六德（知、仁、圣、义、忠、和）、六行（教、友、睦、姻、任、恤），礼教中的君臣、上下、父子、兄弟以及夫妻之间的伦理关系规范，成为之后数千年中国社会人与人之间关系的基本形态，是后来"三纲五常"的基础，也是中华被称为"礼仪之邦"的一个重要原因。

西周的教育十分注重"孝"和"德"，而首先就要讲等级尊卑、长幼之"礼"，知行君臣之义、父子之道、长幼之节，进而达到国治之目的。以血缘关系为纽带形成的宗法制家族中，"孝"上溯祖先列祖列宗，横至父系宗亲。且孝已大大突破血缘关系，上至天子诸侯，下至万民百姓对老者、长者都行孝道，敬老、尊长成为社会风气。夏官中的"罗氏"，每年仲春要准备细密的罗网，围捕斑鸠等鸟类加以饲养，作为天子送给"国老"们的礼物。天子一年四次视学，

---

① 佚名.周礼 礼记 仪礼［M］.扬州：广陵书社，2007：14.
② 佚名.周礼 礼记 仪礼［M］.扬州：广陵书社，2007：28.
③ 佚名.周礼 礼记 仪礼［M］.扬州：广陵书社，2007：122.
④ 佚名.周礼 礼记 仪礼［M］.扬州：广陵书社，2007：121.

仪式极为隆重，率公、侯、伯、子、男及群吏，既视察学子们的学习情况，也开展敬老活动，这也是对学子们进行身教的一个重要方式。《礼记·文王世子》曰："天子视学，大昕鼓徵，所以警众也。众至，然后天子至，乃命有司行事，兴秩节，祭先师先圣焉。有司卒事反命，始之养也。适东序，释奠于先老，遂设三老、五更、群老之席位焉。适馈省醴，养老之珍具，遂发咏焉。退修之，以孝养也。反，登歌《清庙》，既歌而语，以成之也。言父子、君臣、长幼之道，合德音之致，礼之大者也。"①

西周的教育注重选用贤良，学生入学考察"德"和"艺"，管理上"明德慎罚"。乡每年要举行燕（宴）礼，为国家选贤举能，根据人的才德任其官、给其爵、定其禄。

人与人之间的关系也通过特定的礼仪来约束，《仪礼》记载了周代士大夫阶层的冠、婚、丧、祭、乡、射、朝、聘等各种礼仪，每个礼仪都蕴含着人与人之间的相处之道，带有极其明显的阶级烙印，规定了相应环节，多而繁杂，注重仪式感，潜移默化，用礼仪、制度形式来约束世道人心，形成人与人之间的特定关系。

比如，诸侯要定期向天子进行朝觐，以尽臣子之德，许多重要的政治问题都是在朝觐时解决的。朝觐礼是西周的大礼，有着全面的、细致的礼仪要求，以表明天子与诸侯的尊卑之别。《觐礼》记载了诸侯到王城见天子的仪式。真正体现了"礼仪三百，威仪三千"。诸侯到达王城的近郊，天子派人穿着皮弁服，用玉去慰劳，诸侯随使者到朝，天子赐给诸侯馆舍居住，之后天子派大夫通知诸侯具体觐见的日期，这些环节之中诸侯都要对天子派的使者施特定的礼节。觐见当日，诸侯穿着特定的服饰，乘坐特定的车，带着有丝垫的圭玉去朝觐天子，天子在室的门、窗中间摆设绣有斧状图案的屏风，屏风左右是玉几，天子穿着衮衣，戴着冕冠，背向屏风站立，诸侯从门的右边进入，跪着放置圭玉，再拜稽首，上摈向天子报告，诸侯跪下拿取圭玉，登堂表述来意，并向天子三次进献礼物。觐见之后，天子赐给诸侯礼物，派使者送达，诸侯要到大门外迎接，再拜稽首，天子与诸侯间行过飨礼、食礼、燕礼后，诸侯才归国。

士阶层之间的拜会相见，同样显示人与人之间的谦虚、客气，今天看似"不可理喻"。《士相见礼》记载，士与尊者相见，为表示敬意必须携带礼物，礼物为雉，即野鸡，称为"执挚"，是取雉"交有时，别有伦"之义，士也应该像雉那样守信义。士与士初次相见，主人要辞见，表示不敢屈尊大驾前来拜

① 佚名.周礼 礼记 仪礼［M］.扬州：广陵书社，2007：42.

会。经来宾一再恳请，主人才迎出大门，互行拜礼。然后主人三揖自右入门，宾自左入门。宾奉上礼品，主人经三次辞谢，最后在庭中"受挚"。主人受挚后则请求回访来宾，待再次见面，主人就把宾客拿来的挚还回，宾也辞让后受挚；如果是士见大夫，主人待宾拜见后，走出大门外就还其挚，只有臣见君才不再还挚。言谈的内容《士相见礼》也有规定："与君言，言使臣；与大人言，言事君；与老者言，言使弟子；与幼者言，言孝弟（悌）于父兄；与众言，言忠信慈祥；与居官者言，言忠信。"① 士相见的礼仪反映了谦恭待人的思想风貌。

### 三、调整人自身的关系，追求人的自我完善、内圣外王

西周教育十分注重通过教育使受教育者来修人自身的"内"，完善自我，通过教育，使受教育者内在得到浸润，使人们在内心深处形成道德行为的内在动因和自主管理的内在动力，将接受并积极主动践行"礼"等的外部约束内化为自主的行动追求。这种内在的追求，既有"乐"教以实现外，还通过繁杂多样或隆重的或神秘的仪式使人耳濡目染，形成内在感化。

《仪礼》记载了西周时期贵族成人、结婚、相见、祭祀、乡射等活动的礼仪，每项活动都规定了相应的"礼"，环节多、礼器多、仪式庄重，对参与者内心的影响是潜移默化的。以男子成年举行的成年礼为例，根据《仪礼·士冠礼》记载，仪式极为复杂，隆重且具有很强的神秘色彩，仪式分为两大礼程，第一程是预礼，即正式加冠前以礼仪规定的程式做好准备事务，主要环节有筮日（以占卜确定冠礼日期）、筮宾（在参礼宾客中占卜确定一人为正宾）、约期（商定冠礼开始的具体时辰）、戒宾（邀请正宾与所有赞冠宾客）、设洗（加冠者礼前沐浴与当日特定梳洗）；第二程是正礼，即加冠之日的礼仪程式，主要环节有陈服器（清晨开始陈设礼器、祭物与相应服饰）、迎赞者入庙（加冠者家长迎宾客进入家庙）、三加冠（始加布冠，意为冠者具备衣食之能；二加皮冠，皮冠亦称武冠，意为冠者具备基本武技；三加爵冠，爵冠亦称文冠，意为冠者基本具备知书达礼之能）、宾醴冠者（正宾为加冠者赐酒祝贺）、冠者见母、宾赐表字（正宾为加冠者赐以本名之外供寻常称呼的称谓）、见家人（加冠者以成人身份正式礼见所有长幼家人）、见尊长（加冠者以成人身份正式拜见乡老族长大夫或国君）、醴宾（主家宴请参礼宾客）。这样隆重的仪式，对受冠者"三加弥尊"，受冠者必然"谕其志也！"，自会增加其社会责任感，增强其对家族、父母及宾朋的感恩之情。

---

① 佚名. 周礼 礼记 仪礼 [M]. 扬州：广陵书社，2007：8.

西周教育注重人自身的中和泰和，即后来儒家的中庸之道。《大学》指出，"大学之道，在明明德，在亲民，在止于至善""古之欲明明德于天下者，先治其国，欲治其国者，先齐其家；欲齐其家者，先修其身；欲修其身者，先正其心；欲正其心者，先诚其意；欲诚其意者，先致其知，致知在格物。物格而后知至，知至而后意诚，意诚而后心正，心正而后身修，身修而后家齐，家齐而后国治，国治而后天下平。自天子以至于庶人，壹是皆以修身为本。其本乱而末治者，否矣。其所厚者薄，而其所薄者厚，未之有也"①。西周教育把个人修身的好坏看成政治好坏的关键，这也是中国古典哲学中追求"内圣外王"之道的途径，格物、致知、诚意、正心、修身被视为内圣之业，而齐家、治国、平天下则被视为外王之业。

综上，西周的教育体制及教育内容反映了当时统治者的需要，毫无疑问是为奴隶主阶级统治服务的，但其以"礼"为核心的教育内容和思想体现着中华优秀传统文化的核心思想理念、传统美德和人文精神，是中华优秀传统文化的重要源头活水。

① 佚名. 周礼 礼记 仪礼 [M]. 扬州：广陵书社，2007：120.

# 第二章

## 大学与传统：
## 民国时期中华传统文化的时代境遇与大学的文化选择

中国封建社会存续2000余年，历史车轮到了20世纪初，辛亥革命推翻了清王朝的统治，建立了"中华民国"，开启了一个全新的共和时代。民国时期是中国现代高等教育的初创时期，一批现代意义的大学陆续在中国大地创办起来。同时，民国也是旧的封建秩序瓦解、新的秩序在各种思潮的冲突中逐渐建构的过渡性特征非常显著的时代。这一时期，中华传统文化遭受了前所未有的质疑、批判和否定，但其精华、"优秀"的内核已然沉淀、渗透到中华民族性格的基因当中。民国时期大学的知识分子群体，在冲突、复杂的历史文化背景之下，坚守本土立场，深刻反思传统，传承中华传统文化的"优秀"内核，并对其进行创造性的转化，彰显了极为珍贵的文化自信和民族气节。

## 第一节　民国时期大学的基本情况概述①

民国时期是中国现代高等教育的初创时期，在一批知识分子精英阶层的推动和努力下，高等教育体系在这一时期得以构建，出现了第一批现代意义上的大学。如绪论中所提到的，民国时期大学有三个主要来源，一是由清末时期洋务派和维新派建立的新式学堂转变而来，二是中华民国成立后由政府或社会力量新创办，三是由西方在华创办的教会大学本土化、国有化转变而来。

### 一、北洋政府时期国人自办的大学

北洋政府教育部于1918年和1926年两次公布了全国高等学校概况，公布的

---

① 本节内容部分来源于本课题前期已发表的阶段性成果：王文杰．民国时期初期大学制度研究［M］．上海：复旦大学出版社，2017.

高等学校中，从类别上看，有公立高校和私立高校之分，公立高校又分国立高校和省立（地方）高校。从办学层次上看，因所设学科数量不同，分为大学和高等专门学校。1912年《大学令》明确，大学以文理二科为主，高校称为"大学"要符合一定条件：要么同时设有文理两科，要么文科兼有法商二科，要么理科兼有医、农、工中至少一科，因此这一时期能称为"大学"的高校数量极少。1922年11月1日颁布的《大总统公布学校系统令》中，"大学校设数科或一科均可，其单设一科者，称某科大学校。"此时"大学"才多了起来。民国初期的专门学校种类涵盖了涉及国计民生的相关领域，主要有农业类、工业类、商业类、政法类、医学类、药学类、美术类、音乐类、商船类、外语类等。

根据民国教育部公布的全国大学概况，1918年国立大学有北京大学、北洋大学、山西大学三校，私立大学有朝阳大学、中华大学、明德大学、中国大学、武昌中华大学五校，另有直辖高等专门学校5所，各省公立高等专门学校47所，私立高等专门学校28所。1926年7月，有国立高等专门以上学校20所，公立高等专门以上学校48所，私立高等专门以上学校24所。[①] 各类高校已达92所，在民国初期可谓已具相当规模。我国目前的主要大学基本上都在此期间创建。从在校学生规模看，根据公布的数据，1918年北京大学有各科在校生1943人，北洋大学有318人，山西大学有621人，国立5所专门学校有1667人，地方公立专门学校有7856人，5所私立大学有1788人，私立专门学校有3854人，上述共计18047人。

从上文可以看出，在延续了数千年之久的封建王朝覆灭仅仅7年之后，在新思想和新思潮在中国社会还处于传播的初始阶段之时，先哲们就经过不懈努力和非凡实践，创建了中国现代高等教育的体系并且已初具规模。

## 二、教会大学及其本土化

除中国人自办的高等教育系统之外，还存在西方传教士在华创办的教会大学。西方传教士所办的教会大学，因其文化的异质性，从建立之日起，中国社会一直都有反对的声音和实际行动，因此教会大学不在中国注册，"在1920年，教会大学在许多方面来看都是在中国国家教育系统以外的外国学校"[②]，只是在

---

① 中国第二历史档案馆. 中华民国档案资料汇编（第三辑）·教育 [M]. 南京：凤凰出版社，2012：199-203.

② 杰西·格·卢茨. 中国教会大学史（1850—1950）[M]. 曾矩生，译. 杭州：浙江教育出版社，1988：194.

后来随着中国民族主义的兴起，政府对教会大学的管理才表现得更加积极和主动。

客观地讲，教会大学在中国现代高等教育初创时期一定程度上促进了中国教育的现代化进程。民国初期西方传教士在国外注册，在华创办的大学有 20 多所，1919 年 10 月，有 14 所在华基督教教会大学在上海组建中国教会大学联合会，其中有燕京大学、齐鲁大学、金陵女子文理学院、金陵大学、东吴大学、沪江大学、圣约翰大学、之江大学、福建协和大学、岭南大学、长沙雅礼大学、湖北文华书院、武昌博文书院、华西协和大学。这 14 所大学在当时已分别设有文科课程，多数设有理科或工科。这些大学通常被称为"在华十四所"。当时未加入教大联合会，但已开设大学课程（包括部分课程）的教会在华高等教育机构有沈阳文会书院、宁波三一书院、太谷铭贤学堂、岳阳湖滨学堂、华南女子文理学院，它们通常被称为"会外五所"。协和医学院（北京）于教大联合会建立的当年才开设医学本科，1920 年成为联合会成员，是因为该校在课程设置和资金来源方面和上述 14 所大学有区别。华中大学是 20 世纪 20 年代后期由长沙雅礼大学、岳阳湖滨书院大学部、文华书院、武昌博文书院大学部，加上英国伦敦会在汉口创办的博学书院合并重组的教会大学。天主教教会大学 3 所：辅仁大学、震旦大学、天津工商学院。

前文中我们已经提到，西方创办教会大学是西方传教士的意愿而非中国的选择。民国建立后，袁世凯倒行逆施，推行帝制，北洋政府军阀混战，中国社会混乱不堪，各种社会思潮无不影响着中国社会，马克思主义也开始在中国进步人士中传播，1919 年五四运动后，中国民族主义兴起，反对宗教、批评基督教，收回教育权运动轰轰烈烈展开。激进的一方提出由政府直接接管教会学校，把外国人驱逐出境。更多的人要求教会大学向政府注册，接受中国政府的监督，学校里的管理人员应以中国人占多数，尤其校长应是中国人，学校应取消宗教课程，要结合中国的实际和需要开展办学活动，等等，教会教育开始面临前所未遇的危机。在国民急于寻找改造中国新路径的背景下，土耳其人收回教会教育权以及"巴顿调查团"所作中国教育状况调查，刺激了国人的民族情感，"国家主义"教育理念遂成社会共识。从根本而言，遍及全国的收回教会教育权运动乃是中国民族主义高涨的产物。

1922 年 7 月上旬，中华教育改进社在济南举行第一届年会，讨论教育革新问题。到会人士共 370 余人，会议收到议案 122 件。会上胡适提出议案，丁文江等人附议，主张"凡初等学校（包括幼稚园）概不得有宗教教育（包括理论与仪式）"，获会议通过。从此，教育脱离宗教的影响控制逐渐成为教育界有识之士的共同主张。1923年，少年中国学会上海和南京的会员在苏州召开会议，经过一番激烈争论之后达成妥协，通过了《苏州大会宣言》，制定了9条行动纲领，明确表示要"提倡民族性的教育，以培养爱国家、保种族的精神，反对丧失民族性的教会教育及近于侵略的文化政策"，将教育脱离宗教控制的思想发展为反对教会教育的国家主义教育主张。1924年10月15日，全国教育联合会第十届年会在开封开幕，共有19个省区的代表出席会议，与会代表提出《取缔外人在国内办理教育事业案》和《学校内不得传布宗教案》两项议案，获大会表决通过。自此，教会教育权问题成为中国教育家共同关注的问题。在教育家提出的"民族主义"教育主张启示下，1924年4月22日，广州圣三一学（The Anglian Trinity College）发生学潮。之后数年，教会学校学潮不断。1925年11月16日，北洋政府正式颁布《外人捐资设立学校请求认可办法》，规定外人在华办学须经中国教育行政官厅认可，学校行政领导与董事会须以中国人为主，不得以传播宗教为宗旨。北洋政府的官方行为与连绵不断的学潮及教育家的思想主张互激互励，彼此推动，促成了长达数年之久的收回教会教育权运动的开展，使教会学校面临自近代以来最为严重的生存危机。

1924年秋，当教会学校学潮涌起之时，胡适应邀到燕京大学作《今日教会教育的难关》的演讲，说出了一段令教会人士感觉心悸的话："在我这个旁观者看来，今日的传教事业有三个新难关，不容易打进去。第一是新起的民族主义的反动……这种反动是不可轻视的。他们的理由就是八十年来列强欺压中国人的历史；他们的证据就是外国人在中国取得的种种特权和租界。这些不公道一日不除，这些不平等的情形一日不去，那么这些反动的喊声一日不能消灭……这是强权不能压倒、武力不能铲除的。"①胡适认为教会教育面临的第二个难关是"新起的理性主义趋势"，第三个难关是"基督教传教事业内部的弱点"。胡适所言，道出了问题的关键所在。正是在民族主义的激励下，教会学校的学生才纷纷发难掀起学潮；正因为受到民族主义的驱使，社会各界才会对土耳其与奉天的事件表现出特别的关注，并以此为契机，推进内地收回教育权运动的发展。

随着北洋政府对教会大学的管理趋于积极和主动，伴随着中国自办高等教育的兴起，教会大学发生了重大的变化，渐渐丧失了各方面的优势。1927年，辅仁大学第一个向政府申请立案，后来的南京国民政府时期其中国本土化、国有化的趋势更加明显。教会教育在近代中国的影响至大且深，因而收回教育权

①　欧阳哲生.胡适文集［M］.北京：北京大学出版社，1998：634-640.

运动对近代中国教育所产生的作用非同小可。

### 三、国民政府时期的大学发展概貌

民国历经北洋政府时期、国民政府时期、抗日战争时期、战后恢复时期，高校的数量和在校生规模、毕业生规模呈现出持续增长的态势。以 1928 年与 1936 年相比较，全国大专以上学校从 74 所增加到 108 所，在校生从 25198 人增加到 41922 人，毕业生从 3253 人增加到 9154 人。其中又以 1931 年为界，前期高校规模逐年增大，后期教育质量明显提高，如 1931 年至 1936 年，学校数量徘徊于 103 至 110 所之间，在校生波动于 41000 至 45000 余人之间（表 2-1），数量增幅很小，却在稳步发展中提高了教育质量。再加上教育部重视实科，压缩文科，使文实科比例趋向合理，并加快工科发展步伐，因而在一定程度上适应了社会经济文化发展的需要，成为民国高等教育发展的"黄金时代"。

表 2-1　1927 至 1936 年度全国高等教育统计表[①]

| 学年度（年） | 学校数（所） | | | 学生数（人） | |
|---|---|---|---|---|---|
| | 小计 | 大学及独立学院 | 专科学校 | 在校生 | 毕业生 |
| 1927 | | 44 | | | 2714 |
| 1928 | 74 | 49 | 25 | 25198 | 3253 |
| 1929 | 76 | 50 | 26 | 29123 | 4164 |
| 1930 | 85 | 58 | 27 | 37566 | 4583 |
| 1931 | 103 | 73 | 30 | 44167 | 7034 |
| 1932 | 103 | 76 | 27 | 42710 | 7311 |
| 1933 | 108 | 79 | 29 | 42936 | 8665 |
| 1934 | 110 | 79 | 31 | 41768 | 9622 |
| 1935 | 108 | 80 | 28 | 41128 | 8673 |
| 1936 | 108 | 78 | 30 | 41922 | 9154 |

---

① 李华兴. 民国教育史 ［M］. 上海：上海教育出版社，1997：605-606.

## 第二节  民国时期大学的主体特征①

民国时期的大学在混乱的时局中，尤其是抗日战争时期取得了骄人的辉煌成就，令中国的大学赢得了世界的尊重，散发出独特的气质和魅力。气质和魅力本是形容人的概念，气质是一个人身上散发出来的内在素质的相对稳定的外在表现，魅力是一个人对其他人的吸引力，说到底是影响力。将气质和魅力用在大学身上似乎也同样贴切。民国时期大学的气质和魅力主要体现在有一批成就斐然的高水平的大学、有一批极具时代精神和家国情怀的教育家、有一心潜学灿若星海的学术大师，当然更有当时学人群体浓烈的爱国情怀和改变中国历史进程的爱国壮举。

### 一、有一批成就斐然高水平的大学

大学的气质和魅力首先体现在大学本身所取得的成就上。提起民国的大学我们会不假思索地想起蔡元培时代的北京大学和拥有四大教授的清华大学，以高质量、高淘汰率闻名于世的北洋大学、协和医学院和圣约翰大学，还有"东方麻省理工"之称的南洋公学和拥有"东方剑桥"美誉的浙江大学，当然更有创造世界高等教育奇迹的西南联合大学……在中国大学 100 多年的历史进程中，民国时期的大学取得了令人感到振奋和自豪的辉煌成就，正是这一批成就斐然的高水平的大学使得中国的高等教育拥有了历史自信并赢得了世界的尊重。

以西南联合大学为例，其存在时间不满 9 年，就读学生不过八千，而且条件简陋，但其不仅大师云集，且培养出了一大批人才，其中包括成为国家领导人的宋平、彭珮云、王汉斌等，2 位诺贝尔奖获得者——杨振宁、李政道，3 位国家最高科技奖获得者——黄昆、刘东生、叶笃正，6 位"两弹一星"功勋奖章获得者——郭永怀、陈芳允、屠守锷、朱光亚、邓稼先、王希季，近百位中国科学院和中国工程院院士。

北洋大学（创办时称"北洋西学学堂"）于 1895 年由天津海关道盛宣怀创办并兼任学堂督办，盛宣怀聘请美国驻天津副领事丁家立为总教习（教务长）。丁家立按照美国模式，将哈佛大学、耶鲁大学的办学模式植入北洋大学，在课

---

① 本节内容来源于本课题组成员前期研究成果：王文杰. 论民国大学的气质与魅力 [J].
    北京联合大学学报（人文社会科学版），2013（02）：72-76.

程设置、教学内容、教材选用、教学方法等方面都用美国模式，教师中绝大多数是美国人，教材是原版美国教科书，上课一律用英语，作业和考试也是如此，丁家立的措施使得北洋大学从一开始就站在了一个非常高的起点。高起点的办学对生源的质量也提出了非常高的要求，而在当时中国内外交困、国民受教育程度普遍较低的情况下，生源自然是一个大问题，但北洋大学始终没有放低标准，而是"宁缺毋滥"，使得其生源很少，学堂开办之初到香港招生，报名者数千人，但最后实际只录取了 10 多名学生。① 北洋大学的淘汰率也是很高的，各届毕业生往往只是同届录取人数的 60%，② 经历 4 年"苛刻"的学习考试之后，能够毕业的学生就更少。北洋大学建校后的几十年，办学方针薪火相传，在中国及世界都享有很高的声誉。从北洋大学毕业的王宠佑、王宠惠兄弟曾这样回忆道："课程简洁、完善而注重实用，学校延请专家演讲，后来成为美国总统的胡佛当年即曾来矿科演讲数次。"③ 北洋大学的教风、学风、校风为其造就了极高的社会声誉，北洋大学的毕业生可与美国康奈尔大学相提并论，美国及欧洲各国的大学研究院都有明文规定，免试接受北洋大学学生入学。

　　闻名于世的协和医学院，创办之初在全世界物色教员，在最初的 151 名高级人员中，有 123 人来自英、美等国，少量的中国人中绝大多数都有在国外接受高等教育的经历，④ 从而使得学校自一开始便汇集了一流的师资力量。学校每年出资有计划地派遣一批青年教师到欧美各国深造，为教师提高水平和更新知识创造良好条件。在教学上，协和医学院以美国约翰斯·霍普金斯医学院为榜样，将其独特的教学制度和方法引进来。在办学上坚持学生少而精、高淘汰率的做法，其毕业生后来几乎都成了中国医学界的骨干人才。据统计，协和医学院自办学至被日军侵占的 25 年里，培养医学毕业生 318 名，高级护士 168 名，⑤人数不多，但水平较高，他们多数在我国医学院校、医院以及政府卫生部门担任领导工作，对我国的医学教育、教学科研和医疗卫生事业做出了巨大贡献。

　　北京大学、清华大学、浙江大学、中央大学、复旦大学、南开大学、圣约翰大学、金陵大学、燕京大学等一批我国目前重点大学的前身，在民国时期都各具特色，办学成就卓著。当时的中国大学表现出了无限的活力，显示了独立进取的精神，引领了社会文化及思想，取得了辉煌的成就，树立了中国大学的

---

① 李沐紫，杨倩，刘兆祥 . 大学史记 [M]. 济南：济南出版社，2010：18.
② 李沐紫，杨倩，刘兆祥 . 大学史记 [M]. 济南：济南出版社，2010：21.
③ 张晓唯 . 北洋大学一百一十年祭 [J]. 读书，2006（06）：14.
④ 李沐紫，杨倩，刘兆祥 . 大学史记 [M]. 济南：济南出版社，2010：213.
⑤ 李沐紫，杨倩，刘兆祥 . 大学史记 [M]. 济南：济南出版社，2010：215.

丰碑，赢得了世界的尊重。

## 二、形成一批极具时代精神与家国情怀的教育家群体

民国的大学有一批著名的大学校长，他们形成了当时社会的一个特色鲜明的教育家式的精英群体，与今天的大学校长学者兼行政管理者不同，民国的大学校长虽然也是在某一研究领域颇有造诣的学者，但他们为我们所熟悉、所论道的还是他们的时代精神和家国情怀，是他们治校理校的思想和理念，以及在其治理下学校取得的辉煌成就，这批教育家式的职业化的校长对我国高等教育事业做出了不朽的贡献，他们的办学思想和实践至今仍闪耀着光辉。他们个性鲜明，学问各有千秋，但重要的是他们都是真正的教育家，他们都有积极进取的时代精神、放眼世界的开阔视野、把握教育潮流的教育思想、出众的治校理教才华、强国救民的爱国情怀。在那时教育家式的大学校长名录中，我们可以看到严复、蔡元培、蒋梦麟、梅贻琦、张伯苓、胡适、罗家伦、竺可桢、马寅初、黄炎培、陶行知等一大串闪耀光辉的名字，他们丰富的教育思想和成功的教学实践为民国的大学增添了无穷的魅力。

集启蒙思想家、翻译家和教育家于一身的严复曾任北京大学、复旦大学校长，他以"物竞天择、适者生存""时代必进，后胜于今"为教育思想的理论基础，主张通过资产阶级的体、智、德三方面教育增强国威；著名的爱国教育家、南开大学校长张伯苓以改良私塾为起点，50余年矢志不移，将西方先进教育理念和制度同中华优秀传统文化与中国国情相结合，创办了"南开系列教育体系"，缔造了我国民间私人办学的"南开模式"，为国家培育了众多杰出的人才；现代著名的爱国主义者和民主主义教育家、暨南大学校董黄炎培，以其毕生精力奉献于中国的职业教育事业，成为我国近代职业教育的创始人和理论家；陶行知针对旧中国的教育现状和社会实际，提出了以"生利"为宗旨的职业教育思想，提出了"生活即教育""社会即学校""教学做合一"三大主张，将职业教育思想贯穿于生活教育理论中，并提出了职业教育平民化。蔡元培涉政学两界、跨新旧中西，是民国大学校长群体中最杰出的代表，他早期有着多年的爱国办学实践，1912年任民国首任教育总长。他的高等教育思想博大精深，尤以其主持北大时期表现及实践得最为全面而有成效，进而创造了北京大学的蔡元培时代。以蔡元培教育思想为例，我们可以管窥民国时期大学校长的教育思想境界。

蔡元培认为"大学以教授高深学术、养成硕学宏才，应国家需要为宗旨"①。他极为重视师资，任北大校长期间，他花费极大的精力"广延积学而热心的教员"，让那时的北大拥有了大量的学术大师；在办学思想上，蔡元培力主打破旧思想的约束，开自由风气，主张"循思想自由原则，取兼容并包主义"的办学思想，在选聘教师、安排课程等方面充分体现了广泛的包容性，其"思想自由，兼容并包"的主张及成功实践，一时形成了百家争鸣的活跃局面，其观念对后世的影响十分深远；关于学生德育教育，他将德、智、体、美四育并举，但更加注重对道德教育的描述，希望通过德育来陶冶学生的情操，完善人格。蔡元培开创性地大力提倡科学研究，召集学生骨干组织发起各类学会，提出教师要在教学之外从事必要的学术研究，以求"同声相应，同气相求"，开办《北京大学日刊》《北京大学丛书》刊登师生学术论文、出版了大师专著，1918年创办的《北京大学月刊》更是成为我国最早的大学学报。在管理上，他吸收德国模式，成立了由校长、各科学长及教授代表组成的校评议会，作为全校最高决策机构，统领全校事务；建立各学科教授会，负责规划和组织各科教学活动；设立了教务长和总务长职务，由教授出任；设立聘任、财务等专门委员会，对具体事务进行管理。蔡元培关于教育独立的思想也引人关注，他认为"教育事业当完全交与教育家"，教育应超然于政党与教派之外，主张教育经费独立，教育经费由政府划拨，由学校进行分配使用，而不能被擅自作为他用。

在数千年封建统治刚刚结束，以"忠君、尊孔"为主体思想的旧教育思想禁锢仍在、新思想尚未完全确立的环境中，我们从蔡元培先生的教育思想和实践中可知，那时校长的眼界视野和治理才华可见一斑。正是因为有一批教育家式的大学校长从理念和实践层面对大学的治理进行了非常可贵的探索，才创造了那时中国大学的骄人成绩，才让我们的大学曾经拥有了骄傲和自豪，也使得我们今天对办好高等教育、建设一流大学充满了信心。

### 三、灿若星海潜心学术的大师

民国的大学校长是眼界宽广、胸怀家国的教育家，而使民国大学更具气质和魅力的是在大学校园里行走的灿若星海的个性鲜明的学人。蔡元培及胡适既是令人敬仰的大学校长，又是颇有造诣的学者，蔡元培研究《红楼梦》，胡适则乐于《水经注》。当然更有梁启超、王国维、赵元任、陈寅恪、章太炎、黄侃、刘文典、刘师培、吴宓、钱穆、金岳霖、冯友兰、傅斯年、马寅初、李叔同、

---

① 高平叔．蔡元培全集：第2卷［M］．北京：中华书局，1980：283.

马一浮、熊十力、梁漱溟、辜鸿铭、梁实秋、闻一多、张恨水、林语堂、沈从文、鲁迅、周作人、翁文灏、李四光、丁燮林、朱家骅等，这些名字一个个光彩夺目，像璀璨的巨星闪耀在中国文化的大幕上。学贯中西的学术大师"扎堆"式地产生在时局不稳的民国时期的大学里，他们个性鲜明，有的静如止水，有的则狂放不羁；有的西装革履，俨然社会名流，有的则不修边幅，行为怪异，但他们都潜心向学，都有深邃的灵魂，他们上继旧学传统、下立新学祖庭，所思考和研究的许多学术领域可视为我们今天学术思想的源库。

民国时期大学的学人有真学问。民国处于新旧时代交替的时期，民国时期大学里井喷式地涌现出了大批的大师，虽然我也赞同有的学者讲到的不能过高评价他们所取得的成就，但那个时代的大师们为了一个民族的学术自尊，曾艰难地跋涉着、拓展着、耕耘着，正是他们的不懈努力，对中国传统知识或是新知识进行重构，才为后人在学术伦理、学术规范上，建立了真的道统，他们的绝大多数成就我们至今也没能超越。

学术巨子、国学大师王国维享有国际盛誉，是近代中国最早运用西方哲学、美学、文学观点和方法剖析评论中国古典文学的开风气者，又是中国史学史上将历史学与考古学相结合的开创者，确立了较系统的近代标准和方法。他集史学家、文学家、美学家、考古学家、词学家、金石学家和翻译理论家于一身，被誉为"中国近三百年来学术的结束人，最近八十年来学术的开创者"；梁启超除在晚清政治中闪耀光芒以外，在学术研究上也涉猎广泛，颇有成就，在哲学、文学、史学、经学、法学、伦理学、宗教学等领域，均有建树，以史学研究成绩最显著；陈寅恪被誉为"教授之教授"，是中国现代最负盛名的历史学家、古典文学研究家、语言学家；冯友兰被誉为"现代新儒家"，其哲学作品为中国哲学史的学科建设做出了重大贡献，其《中国哲学简史》有法、意、西、日、朝等数种译本，具有世界性的影响自不待言，更为可贵的是对于现在中国的读者仍是一本教益丰厚的文化经典；逻辑学家金岳霖最早把现代逻辑系统地介绍到中国，他第一个运用西方哲学的方法，融会中国哲学的精神，建立了自己的哲学体系；著名科学家李四光创立了地质力学，并以力学的观点研究地壳运动现象，探索地质运动与矿产分布规律，确立了新华夏构造体系的概念，并运用这些理论概念探讨了中国的地质条件和石油形成条件，为中国石油工业建立了不朽的功绩。

民国时期大学的学人有真性情，透着鲜明的个性。思想家、革命家、文学家鲁迅先生，人称其文章是匕首、是投枪。刘文典学贯中西、思想学问博大精深，但恃才自傲，狷介无比。精通西洋科学、语言兼及东方华学的"清末怪杰"

辜鸿铭嬉笑怒骂皆成文章，学生们倾慕不已。有一次他突然对学生们说："今天，我教你们洋离骚。"原来"洋离骚"是英国大诗人弥尔顿为悼亡友而作的一首长诗，学生们从第一页翻开，直到这一学期的最后一堂课，仍然翻的是第一页。辜鸿铭却每节课在课堂上都滔滔不绝，不是骂洋人就是骂一班坏了君臣大节、礼义廉耻的乱臣贼子，要么就是骂那些自命有大学问的教授诸公，嘲笑所谓民主潮流，说"英文 democracy（民主），乃是 democrazy（民主疯狂）"。语言文字学家黄侃在南京中央大学任教时，自己建了一所房子，题曰"量守庐"，藏书满屋，怡然自乐。他和校方有下雨不来、降雪不来、刮风不来之约，因此人称他为"三不来教授"。经学大师刘师培则经常不修边幅、衣履不整，不洗脸、不理发，像一个"疯子"。

民国的大师以其博大精深的学术思想开创了近代中国学术研究的基本框架，而其鲜明的个性使得这些大师的形象更具生命力，显示出了无穷的魅力。

### 四、学人群体浓烈的爱国情怀及对中国历史进程的巨大影响

"花堤蔼蔼，北运滔滔，巍巍学府北洋高！悠长称历史，建设为同胞。不从纸上空谈，要实地把中华改造……""……千秋耻，终当雪，中兴业，须人杰。便一成三户，壮怀难折。多难殷忧新国运，动心忍性希前哲，待驱除仇寇复神京，还燕碣""……楚材蔚起奋志安壤，振我民族扬我国光"，以上分别是北洋大学、西南联合大学、湖南大学校歌中的一部分歌词。抗战期间"广大师生在颠沛流离的'流亡'过程中，能深明大义，坚忍不拔，以致弦诵不辍，谱写了高校办学史上令人敬佩的篇章"①。民国时期大学的独特气质和永恒魅力还突出表现在那时学人群体浓烈的爱国情怀以及推动历史车轮滚滚向前的伟大壮举。中国的大学在国家内外交困的局面中先应救亡之使命而产生，后随图强之使命而发展，受政治沉浮的影响巨大，反过来却更大地影响了政治的沉浮。民国学人的思想和灵魂影响推动了历史的发展，改变了国家和民族的命运。

创办南开系列教育的张伯苓，在青年时期，目睹清政府腐败无能和帝国主义列强对中国的欺凌，立志兴办教育，用爱国精神和科学知识教育青年，以达到抵御外侮，振兴中华的目的。在将近半个世纪的岁月里，他历尽艰辛，矢志不渝，从传授"新学"的家馆开始，一步一步办起了南开中学、南开大学、南开女中、南开小学和重庆南开中学，为国家培育了众多杰出的人才。陶行知早年曾投身于辛亥革命，后积极从事抗日救亡运动，在民族危亡、国难当头的社

①　李华兴.民国教育史［M］.上海：上海教育出版社，1997：607.

会环境中积极开展教育活动，先后创办晓庄学校、生活教育社、山海工学团、育才学校和社会大学，为社会培育了大批有用人才，还输送了不少革命青年到延安和大别山抗日根据地参加革命。蔡元培素有爱国救国之志，早期在家乡创办中国教育会、爱国学社等以求救国之道，在办学中革命，在革命中办学，跟跟跄跄前行。主持北大工作期间，他坚持"读书不忘救国，救国不忘读书"，虽不主张学生热衷于政治而不潜心学业，尤其不愿看到学生有过激的"越轨之举"，但五四运动发生后，他内心同情甚至赞成学生的爱国之举，所以即使处在十分艰难的境地，他仍一直在为营救学生而奔走。诸如此类，民国大学的教育家们普遍体现了浓厚的爱国情怀并积极投身于救国图强的伟大实践之中。

在教育家教育救国之下，大学的学子们则表现得更为激进，积极投身爱国运动，由学子们发起的一系列政治运动深刻影响并推动了中国历史的发展。当时中华民国初成立，各种新思潮渐入中华大地，学生们思想十分活跃，北大学生傅斯年、罗家伦组织新潮社，创办《新潮》杂志，以"反对旧道德，提倡新道德；反对旧文学，提倡新文学"为口号，与《新青年》相呼应。学生们投身爱国运动，推动历史向前发展，最著名的当数开创中国历史新纪元的五四运动和促进全民族统一反日抗日的"一二·九"运动。

北京大学学生傅斯年是"五四"游行队伍的总指挥，走在最前列，发挥重要作用的学生骨干有北京的罗家伦、闻一多、瞿秋白、张国焘、邓中夏、段锡朋、郑振铎、许德珩、罗章龙、罗隆基，天津的张太雷、周恩来、于方舟、马骏，上海的何葆仁，武汉的陈潭秋，等等。在五四运动中学生们的爱国行动受到了北大陈独秀、李大钊、鲁迅、胡适等的领导，得到了当时北大校长蔡元培的同情和实际支持，也得到了梁启超、林长民等社会名流的帮助。五四运动是由学生发起、由工人扩大的坚决的反帝运动，发展成为中国人民彻底的反对帝国主义、封建主义的爱国运动，是中国革命史上划时代的事件，是中国旧民主主义革命到新民主主义革命的转折点，促进了马克思主义在中国的传播及其与工人运动相结合。1935年12月9日，面对日本帝国主义旨在侵吞华北的一系列事件，抗战时期第一所流亡大学——东北大学的师生在其他学校师生受军警围困的情况下，愤怒地冲破包围，成为运动的先锋，运动发展为3000余名学生示威游行，进而促发了全国人民爱国民主运动的新高潮，推动了抗日民族统一战线的建立，"一二·九"运动成了推动中国人民抗日救亡运动走向高涨的起点。

民国时期大学以蔡元培、李大钊、陈独秀等为代表的学人群体，都在为救亡图强奔走呼吁，大学的"古派"学者、西方自由主义知识分子，意见各异，但都表现出天下兴亡、匹夫有责的强烈情怀。学人的爱国壮举显示了中华民族争求独立自主、坚决反抗压迫和外敌入侵的伟大爱国主义精神，散发着令人敬仰的积极向上的气息。

归纳起来，民国的大学、大学里的学人、学人们的思想都显示出了很强的时代精神和发展活力，共同构成了民国时期大学独特的气质和魅力。

## 第三节 民国时期中华传统文化的时代境遇与大学的文化选择

本书在第一章对我国教育中的中华优秀传统文化因素进行了探源，在西周之后数千年的历史长河当中，我国社会形成了以儒家思想为核心所建构的社会秩序，中华传统文化历代得以"天然"传承。"中国是世界上最庞大的统一文明，拥有最悠久且从未中断的历史，但在 19 世纪与西方的被动碰撞中屡屡受挫，这种失败对中国的传统社会造成了空难性的后果，稳固的中国传统社会结构崩解，引发了一场既持久又剧烈的思想革命。"[1] 近代中国"不仅经历了政治、经济和社会的革命，其整个文化也发生了根本的转化"[2]"中西文化冲突与整合是中国大学文化性格形成与发展的重要社会背景"[3]"时代的落差，中西文化的冲突，教育的高定位与经济的严重滞后，是主宰民国教育浮沉更深层的矛盾"[4]。

### 一、强弱分野：中华传统文化的核心地位不复存在

自清朝晚期开始，西方的工业革命改变了世界格局，鸦片战争之后，帝国对中国的侵略"没有一个乡僻的地方不到的"，面临"三千年未有之变局"，在与西方列强的碰撞中，近代中国人逐渐认识到与外国交往的重要，在一些开明官僚的推动下，开始学习西方，设立了许多学习西方国家语言的同文馆，表面上是学习西方语言，便于与洋人"交涉"，其背后深一层的目的是"读西书译西书借以图自强"。设立学习西方军事的军事学堂，旨在"师夷长技以制夷"，也为了自强。随着洋务派、维新派进一步推进西学，同时伴随着列强对中国侵略

---

① 费正清，邓嗣禹.冲击与回应：从历史文献看近代中国［M］.北京：民主与建设出版社，2019：4-6.

② 罗志田.中国的近代 大国的历史转身［M］.北京：商务印书馆，2019：115.

③ 王建华，贾佳.中国大学的文化性格：缘起、变迁与省思［J］.苏州大学学报（教育科学版），2016，4（01）：20-27.

④ 李华兴.民国教育史［M］.上海：上海教育出版社，1997：799.

的加深，其工业革命、民主、科学、人权等思想文化更深入地影响着中国社会。自晚清开始的师夷与守旧之争、革命与立宪之争、西化与传统之争，"大约从曾国藩时代开始，朝廷逐渐成为趋新倾向的后盾。由于朝野取向趋同，新旧之争也一度淡出时人的言说"①。在对待中西思想文化上，洋务派提出"中体西用"的思想，以张之洞为代表的官僚阶层主张"以中学治身心，以西学应世事"，意在学习西方科技以弥我之不足，但必须坚持以中国纲常为核心，"中体西用"实质上是中华数千年领先于世界仍然存在的一种心理优势的延续。

西方列强的全面侵略，使中国和中华民族面临亡国灭种之危，清末人们对"天下"的认知已为"世界"所取代，国家观念开始成为主导地看待人类社会的思想认知，中国要进入"世界"或使中国成为"世界的国家"，就要从"世界"的视角来思考和解决中国的问题，"自大"和对外的"鄙夷"思想已经成为过去，对西方国家的称谓已由"夷""狄"转为"泰西"。

中华民国建立后，延续数千年的封建秩序土崩瓦解，伴随着数十年西方思想文化思潮的强烈冲击，在一系列战败之后，中国读书人逐渐被战胜者改变了思想方式，对于文化的"优"与"劣"、"先进"与"落后"，原来所持有的"文野"标准已经瓦解，接受了以强弱分野的新观念。② 中华传统文化"不仅存在与现代文化相冲突，还存在着本土文化与外来文化之间的冲突。传统文化在现代文化和外来文化的夹缝生存中显得步履维艰"③。中华传统文化遭受了极大的挑战，其核心地位已不复存在。

以胡适为代表的自由主义知识分子积极主张西学，胡适提出"研究问题、输入学理"，指出对文化要持有一种评判的态度，"对于习俗相传下来的制度风俗，要问这种制度现在还有存在的价值吗？对于古代遗传下来的圣贤教训，要问这句话在今日还是不错吗？对于社会上糊涂公认的行为与信仰，都要问大家公认的，就不会错了吗？人家这样做，我也该这样做吗？难道没有别样做法比这个更好，更有理，更有益的吗？"因此要"重新估定一切价值"。他指出评判的态度一方面要讨论社会上、政治上、宗教上、文学上的种种问题，即"研究问题"，另一方面要介绍西洋的新思想、新学术、新文学、新信仰，即"输入学理"。当社会正当根本动摇的时候，有许多风俗制度不能适应时势的需要，不能使人满意，例如，东方文化与西方文化接近进孔教就成了问题，同时有些人深

---

① 罗志田. 中国的近代 大国的历史转身 [M]. 北京：商务印书馆，2019：123.
② 罗志田. 中国的近代 大国的历史转身 [M]. 北京：商务印书馆，2019：134-135.
③ 董成雄. 中国优秀传统文化的系统解读和传承建构 [D]. 泉州：华侨大学，2016：89-90.

信中国不但缺乏炮弹、兵船、电报、铁路，还缺乏新思想与新学术，故他们尽量地输入西洋近世的学说。①

## 二、再造文明：新文化运动对封建传统的全面批判

辛亥革命后，袁世凯迅速篡权并推动帝制复辟，然而以忠君思想为核心的政治和道德规范自鸦片战争至中华民国建立的 70 余年中已然崩坏，共和思想已深入人心，袁世凯在全国的讨袁声中死去，帝制复辟成为历史笑柄。北洋政府的统治并没有让国人看到其改变国家积贫积弱面貌的积极因素，相反，军阀割据与连年混战，且军阀各找各的"后台"，与西方列强勾结，使得民不聊生，百姓继续遭受着极大的痛苦和灾难。

大学的知识分子向来有着强烈的家国情怀，"焦虑感和急迫感成为几代读书人持续的心态特征"。梁启超在中华民国初建立时说："今日世界作何均势？我国在世界现居何等位置？将来所以顺应之以谋决胜于外竞者，其道何由？"②

先进知识分子将革命的失败归因于国民头脑里缺少民主共和意识，认为只有从文化思想上冲击封建思想意识，普及共和思想，才能实现真正的共和。1915 年 9 月，陈独秀在上海创办《青年杂志》（后改名《新青年》），自此开始，中国的先进知识分子发起了一场影响深远的反封建主义的思想解放运动，猛烈抨击以孔子为代表的往圣先贤，提倡民主、反对专制，提倡科学、反对迷信，提倡新道德、反对旧道德，提倡新文学、反对旧文学。1919 年，巴黎和会上北洋政府的外交失败，国人对北洋政府的统治已极度失望，在长期思想积蓄的基础上，爆发了伟大的五四运动。新文化运动为五四运动提供了思想和文化基础，五四运动又进一步促进了新文化运动的发展，新文化运动与五四运动交织，各种思潮迭起，开启了一场宏大的思想解放运动，新文化对传统文化进行全面批判，传统思想成为"吃人的礼教"，传统的以儒家学说为核心的思想和文化遭受到空前的冲击、质疑和批判，中华传统文化几乎被全盘否定。

五四时期大学知识分子对国家民族前途命运的思考和讨论，"都发源于对一个共同问题的探索：共和时期的价值和目标为何？中华文明的深刻危机使得这种探索非常迫切，毕竟这是所有知识分子都密切关注的……所有的讨论都致力于中国意识形态的重建"。第一次世界大战之后，中国的思想界出现了三股明显的趋势：第一股以旧派学者、翻译家严复为代表，对于在中国施行西方制度已

---

① 胡适. 胡适文存（卷四）[M]. 北京：华文出版社，2013：151-164.
② 罗志田. 中国的近代 大国的历史转身 [M]. 北京：商务印书馆，2019：144.

不抱希望，退回了守旧的立场；第二股以陈独秀、李大钊为代表，开始将马克思主义的新元素引入中国思想界；第三股以胡适为代表，坚信西方自由主义的价值。从 1919 年到 1949 年的 30 年间，第三股趋势在中国学术界一直占据着主流地位。胡适在提出"研究问题、输入学理、整理国故"的基础上提出"再造文明"，胡适并没有建构其"再造"文明的框架，没有阐述"新文明"的样貌，只是提出要一点一滴解放制度、解放思想、解放个人，要一点一滴地改造制度、改造思想、改造个人，对中华传统文化持批判、否定的态度。

作为一场轰轰烈烈的"革命"，新文化运动对中华传统文化的批判是全面的，从今天的视角来看，并没有对传统文化中的"优秀"因素加以区分。鉴于当时的社会历史背景，在对北洋政府极度失望、对建立新秩序的极大期盼中，对传统思想文化"束缚"历史进程的批判，理性有时让位于感性，对传统文化的攻击"矫枉"过正变成一种"正常"情境。蒋梦麟说，近代中国读书人对革命的青睐和憧憬，其程度远超过我们的认知。20 世纪青年革命的对象"包括教育上的，政治上的、道德上的以及知识上的各种传统观念和制度""过去遗留下来的一切"。如果革命的对象是既存"一切"，则意味着一种全方位的彻底颠覆。这样的革命，其正当性几乎是与生俱来，无须证明或不证自明的。在此氛围之中，每一个人应当革命或需要革命，也可以被视为自然的。① 非激进的朱祖希对青年建议说："与其零零碎碎革命，不如从根本上革命，与其革他人的命，不如对于自己先革命。"② 在教育方面，晚清至民国早期无中心思想，其原因"第一是中国在此数十年间因外力之压迫，社会组织、政治思想发生急剧的变化，教育者先无深切的研究，只是临时应付问题；第二是当此新旧交替的过渡时代，外力逼迫我完全抛弃旧的社会制度，而我因历史与交通的种种关系，新的组织固不尽合需要，旧的俗尚亦不能一时革除，于是新旧冲突而成为徘徊歧路的现象"③。1922 年新学制颁布实施，"中国传统文化中的精奥，在仓促与冷漠中失落。一代国学大师王国维自沉昆明湖，以道统继承者自任的梁济投身积水潭，正是矫枉过正酿成的历史悲剧"④。

### 三、道出于二：对传统文化的反思、传承、发展与转化

民国实现向所谓共和"转身"之后，以儒家学说为根基的思想失去了依附

---

① 罗志田．中国的近代 大国的历史转身［M］．北京：商务印书馆，2019：117．
② 罗志田．中国的近代 大国的历史转身［M］．北京：商务印书馆，2019：117-118．
③ 舒新城．近代中国教育思想史［M］．合肥：安徽人民出版社，2019：240-241．
④ 李华兴．民国教育史［M］．上海：上海教育出版社，1997：801．

的主体，旧的文化体系失序，但新的规范还没有建立起来，中国社会在各领域进行"新"的建设之时，都面临着深刻复杂的思想文化冲突："中国与西方""传统与现代"。"中国的""传统的"无论是清末朝廷还是民国政府，在其与帝国列强的交往中，都有写不尽的"屈辱"历史，因此中国的、传统的似乎已被反复证明是"陈腐"和"不合时宜"的，但"西方的""现代的"在共和之后多年的历史实践当中，似乎也"水土不服"，并没有将中国带入一个被列强尊重的世界秩序之下。"社会上四民之首的士不复能产生，思想上规范人伦的经典开始失范，演化成一个失去重点的时代。"① "近代中国何以久乱不治？一言以蔽之，就是没有一个文化、社会、思想的重心。"②

　　由于本土历史的应有连续性被来自西方的剧烈冲击给阻断了，而原有的那个文化共同体，也在外来的"碾轧"下失序，使得人们蓦然回首，发现自己正受到"传统丧失"的报复。社会对"共和"现实的失望，引发了知识分子对西方思想文化与中华传统文化选择的思想，有的知识分子开始回望传统寻求思想资源。鲁迅曾回忆说，民元之时他也觉得"中国将来很有希望"，但到民国二年之后，即发现事情"渐渐坏下去③。傅斯年描述"民国元二年间像糖花一般的'怒发'，和民国三四年间像冰雹一般的摧残"④。大学里的一批知识分子意识到西方思想并不是"救世"的良药。梁启超早在其《欧洲心影录》中就提出西方文明已经破产，陷入了精神世界的迷惘，他还编纂《德育鉴》，精选先秦至明清65位先儒421条德育修身的格言语录，分为"辨术""立志""知本""存养""省克""应用"六篇，为新学青年量身定做修身指南，以培养有志之士伟大人格，梁漱溟、胡适、徐志摩等民国风云人物都曾在成长中受到过《德育鉴》的重要影响。张东荪原来主张深入吸收西方文化，但后来发生了转变，认为中国不能完全跟着西方走，指出自从中国接受了西方文化，政治变得波谲云诡，实实在在的进步微乎其微，认为最好的出路是复兴中国的精神文化，以平衡西方的物质文化。辜鸿铭认为，西方功利主义的文化无法滋养心灵，而中国的精神文明则至善至美，不但足以拯救中国，而且可以将西方从文化危机中拯救出来，他劝说国人寻求内心的富贵，过中国式的生活。作为一种姿态，他不顾非议，

---

① 罗志田. 中国的近代 大国的历史转身 [M]. 北京：商务印书馆，2019：115.
② 罗志田. 中国的近代 大国的历史转身 [M]. 北京：商务印书馆，2019：3.
③ 费正清，邓嗣禹. 冲击与回应：从历史文献看近代中国 [M]. 北京：民主与建设出版社，2019：4-6.
④ 罗志田. 中国的近代 大国的历史转身 [M]. 北京：商务印书馆，2019：118-119.

一直留着辫发。①

"近代传统日趋崩散，新的思想资源也凌乱无序，士人在不间断的纠结和挣扎中，一面收拾外来学理，有意无意之间又结合散乱零落的传统因素，试图重整文化秩序和政治秩序，反思人与人的基本关系，甚至考虑是坚持还是重构以家庭为基础的社会模式。这些持续而仍在进行的探索和调适，是新旧之争最具建设性的面相，反映出中国的国性那开放而包容的传统。在此进程中，各式各样的组合不断呈现，虽非新非旧、不古不今，甚至'童牛角马'，中国文化却开始获得新的生命样态。"②

北洋政府曾推动的文化"复古"遭到了全社会的唾弃，但其颁定"教育要旨"中"戒贪争、戒躁进"等蕴含着中华传统文化的优秀内核。南京国民政府将其"三民主义"阐述为"渊源于中国固有的政治与伦理哲学的正统思想，而同时参酌中国现代的国情，撷取欧美社会科学和政治制度的精华，再加以总理他自己独自见到的真理所熔铸的思想体系"③。国民政府以"忠孝仁爱信义和平"八德、"礼义廉耻"四维来陶冶国民的人格。

梁漱溟说："以近百年世界大交通，中国所受变于西洋者太大，几尽失其故步，故大略划取未受近百年影响变化之固有者目为中国文化。"④ 在复杂的思想文化之中，是否要以及怎样保持自我的主体性，知识分子阶层开始理性反思，并采取更加务实之举。胡适提出"整理国故"，"因为古代的学术思想向来没有条理，没有头绪，没有系统，故第一步是条理系统的整理。因为前人研究古书，很少有历史进化的眼光的，故从来不讲究一种学术的渊源，一种思想的前因后果，所以第二步是要寻出每种学术思想怎样发生，发生之后有什么影响效果。因为前人读古书，除极少数学者以外，大都是以讹传讹的谬说，——如太极图，爻辰，先天图，卦气，……之类，——故第三步是要用科学的方法，作精确的考证，把古人的意义弄得明白清楚。因为前人对于古代的学术思想，有种种武断的成见，有种种可笑的迷信，如骂杨朱、墨翟为禽兽，却尊孔丘为德配天地，道冠古今！故第四步是综合前三步的研究，各家都还他一个本来真面目，各家

① 费正清，邓嗣禹. 冲击与回应：从历史文献看近代中国 [M]. 北京：民主与建设出版社，2019：296-297.
② 罗志田. 中国的近代 大国的历史转身 [M]. 北京：商务印书馆，2019：131.
③ 李华兴. 民国教育史 [M]. 上海：上海教育出版社，1997：319.
④ 梁漱溟. 中国文化要义 [M]. 上海：上海人民出版社，2011：10.

都还他一个真价值。"① 胡适虽然是在批判的前提下提出的"整理国故"，但使得对中华传统文化的态度脱离了政治意识形态的意义，逐渐转向从文化层面对传统知识的时代性阐释，中华传统文化在那个特殊的时代背景下，在知识精英的主导下，开始向现代性转化，对传统文化进行整理、总结，并对其精神内涵进行时代性阐释，取得了丰富的学术成果。

早在清末，民族、文化的危机给当时如梁启超、章炳麟、黄遵宪等诸多知识分子带来了中华文明式微的恐慌以及知识分子自身的身份认同危机，这些人担忧西学的涌入会使中华民族特性尽失，进而导致亡国灭种，因此开始研究"国学"，并以为"国何以立？以有学无，无学则国非其国矣。故一国必有一国之学，谓之国学"。这里有复兴古学之意。同时，知识分子认为，国家衰亡相对于国学泯灭来说，其严重性要略轻一些，只要能保存国学，国家即使衰亡也能凭借国学再兴，而一旦国学泯灭，国家民族则永远不会有复兴的机会。② 国学研究，是理性反思的结果，对于规范中国民众的道德而言，中国文化的固有价值，仍然是最有活力和最有效验的。

费正清认为，"在近代中国的表层下，中国传统文明土脉深厚，新种子想要生根发芽，首先要适应它"③ "近代中国思想的转型还是始于对传统的再诠释，而非对传统的不论可排拒""中国回应西方冲击的一个主要形式，就是重新评价传统，古为今用"④。民国时期大学或民国教育最具代表性也最有影响的蔡元培，既接受了中华传统教育，并且是翰林，同时又游历西欧各国，学贯中西。其回国后任北大校长，并对北京大学进行了极具影响力的改革，不但使北京大学，而且带动整个民国初期的大学实现了脱胎换骨。费正清认为蔡元培的教育思想是中国古典传统和欧洲现代自由主义相结合的产物。陈寅恪提出"一方面吸收输入外来之学说，一方面不忘本民族之地位"。既不能回归原来的"道出于一"（中华传统文化），也不能"道出于西"，更多是在"道出于二"的大背景下，探索如何各存其道的蹊径。⑤

---

① 费正清，邓嗣禹．冲击与回应：从历史文献看近代中国 ［M］．北京：民主与建设出版社，2019：327．

② 刘成晓．儒学在民国高等教育中的生存状态研究（1912—1927）——以北京大学为例 ［D］．北京：中国政法大学，2016．

③ 费正清，邓嗣禹．冲击与回应：从历史文献看近代中国 ［M］．北京：民主与建设出版社，2019：4-6．

④ 费正清，邓嗣禹．冲击与回应：从历史文献看近代中国 ［M］．北京：民主与建设出版社，2019：12-13．

⑤ 罗志田．中国的近代 大国的历史转身 ［M］．北京：商务印书馆，2019：131．

　　舒新城深刻地发现，民国初期，中国外有帝国欺凌，内有军阀混战，国弱民贫，民不聊生，学术上因循抄袭，几乎没有令人满意的地方，"然而在各种不满意的现象之中，仍有其潜在的进步。这进步就是自觉。现在社会与政治及学术有若干部分诚然与数十年前无异，甚至比数十年前还坏，但是……在国际上有种族的自觉，觉得中国的事情应由中国人自己负责，不容外人干涉；在内政上有政权的自觉，觉得政治是全国人民的责任，不容由少数特殊阶级的分子包办……在学术上则由中学为体西学为用的思想进而为有抉择地褒扬固有文化，有抉择地采用西洋文化。这种普通的自觉实是近数十年进化的特征。中国之所以不亡，也就赖有此自觉。60 年来的教育思想，虽因环境的变迁，而有种种变化，但细究起来，仍然是一脉相承地在自觉中进行，此为近代中国教育思想的总纲"①。

　　综上，可以看到，在复杂的历史文化背景之下，民国时期大学的知识分子精英阶层，没有停止在中国传统与现代西方之间如何取舍与抉择的思考与实践，他们既没有完全转向"西学"，也没有完全继承"传统"，而是采取了更加务实之举，"一方面吸收输入外来之学说，一方面不忘本民族之地位"。正是在此思想指引下，民国时期的大学在文化的"冲突"中，开始对中国传统文化进行创造性转化，将之融入大学的办学思想、制度与实践之中，使得民国时期的大学文化基因中蕴含了中华传统文化因素，使大学成为"中国的大学"，而不仅仅是"建在中国的大学"。

---

　　① 舒新城. 近代中国教育思想史［M］. 合肥：安徽人民出版社，2019：10.

第三章

# 思想与制度：
# 制度建构与中华优秀传统文化的传承和发展

人的行动受制度的指引，制度是思想观念表达的符号系统。如第二章所述，民国时期的大学在中华传统文化面临前所未有挑战的历史背景之下，依然坚信传统，并对其进行时代性阐述与转化，而这种阐述必然会在政府的相关法律以及大学的相关制度中得以体现。制度因其权威性、稳定性，可以为中华优秀传统文化的传承和发展提供合法性支持，本章对民国时期政府（教育部）及大学的相关制度文献进行回顾、梳理，试图从思想与制度视角分析民国时期大学对中华优秀传统文化的传承和发展状况。

## 第一节　民国时期高等教育法令与制度建构的历史基础

"中国新教育制度是由逼于外力的一种反动所产生的。虽然此种反动是以'图强'为主要元素，但当时之改行新教育制度而将旧的——书院制、私塾制、考试制———笔勾销，并不是主持者真正明白新教育制度的优点与洞悉旧者的缺点，不过眼见得外力日逼，国势日弱，特运用'以其人之道还治其人之身'的推证而极力模仿其种种设施。"① 1840 年，鸦片战争后，西方帝国列强用坚船利炮轰开了清朝闭关自守的大门，专制与排外的文教政策加速了清代教育制度的衰败，随着整个封建制度的式微，以科举为依托的教育体系呈现全面衰败景象，官学名存实亡、书院积弊丛生、私塾步履维艰，教育制度已经到了非改革不可的地步。以龚自珍、林则徐、魏源为代表的官绅知识分子改革派在抨击封建教育弊端的基础上，号召改革八股取士制度，提倡"经世致用"学风，主张学习西方，中国教育早期现代化思想由此发端，在破除束缚中华优秀传统文化发展羁绊的同时，也体现了中华民族锐意进取、鼎固革新的精神。

---

① 舒新城. 近代中国教育思想史［M］. 合肥：安徽人民出版社，2019：8.

### 一、洋务运动与"中体西用"思想

从 19 世纪 60 年代起，洋务运动把朝廷中开明派向西方学习的口号真正从思想变成了行动，以"自强""求富"为主要目的的洋务运动，创办了中国教育史上第一批包括外国语学堂、军事学堂、科学技术学堂在内的新式学堂，派遣了最早的留学生。这些学堂秉持"师夷长技以制夷"的理念，坚持中华传统文化发展的同时，积极学习西方现代科学技术，客观上为中国近代大学的产生奠定了思想、制度基础和人才、技术储备，中国近代新教育由此产生，中国教育近代化进程由此起步。

新式学堂的设立，培养了中国近代第一批具有近代思想的政府官员、科技与教育人才，翻译传播西学，开阔了国人眼界，使自然科技知识正式成为学校教育内容，聘请洋人为师，招生对象扩大、学生日常管理、学籍管理等制度内容的调整均是对传统的突破，显示了近代教育的新气象，制度的变化指引着中国教育向现代教育迈出了一大步，奏响了中国新教育的序曲。同时，虽然向西方学习技术是新教育的显著特点，并创新了教育形式和教育制度，但传统经典知识的讲授仍是新式学堂捍卫"中学为体，西学为用"理念的基本任务，如福州船政学堂章程规定：每日堂课要读《圣谕广训》《孝经》，兼习策论，① 福州传政学堂创办者沈葆桢说出了此举的目的，即通过学习这一类经典，使这些"通外国之技巧"的学生，不致误入"奇褒"。因此，洋务运动掀起的中国近代教育制度的新变革，在鼓励培养近代技术人才、学习西方先进技术的同时，也将中华优秀传统文化精神继续传承发展了下去。虽然在洋务运动的推动下，近代教育体制发生调整和变化，取得了一些进步，奠定了近代教育发展的基础，但封建根本制度的存在，使得教育制度的变革仍摆脱不了封建思想的束缚，制约着教育的进一步改革和中华优秀传统文化的提升发展。

### 二、戊戌变法与新学制的建立

甲午海战，清政府一败涂地，也意味着"中学为体，西学为用"的洋务运动的实质性失败，客观上为教育领域的进一步改革创造了历史时机。具有民族资产阶级性质的中国有识之士意识到，日本的获胜源自其明治维新的成功改革，因此认定"一切经国家治人民之大经大法"，都应"改弦易辙"②。1898 年，为

---

① 娄立志，广少奎．中国教育史：第 6 卷［M］．济南：山东人民出版社，2008：154.
② 中国史学会．戊戌变法：第 4 册［M］．上海：上海人民出版社，1957：204.

了救亡图存，康有为、梁启超、谭嗣同等发起了一场变法维新的资产阶级改良运动（史称"戊戌变法"或"百日维新"）。此次变法维新运动颁发了许多废、改、立的诏令、制度，他们认为，要救亡，只有学习外国，实现变法维新，而维新，必须从废科举、立学校开始，教育制度改革包括废除八股考试、改试策论、改书院为学堂，设立各种专门学堂、实业学堂，从而将近代中国的新教育大大向前推进了一步。

1898 年 6 月 11 日，光绪颁布"定国是诏"诏书，强调："京师大学堂为各行省之倡，尤应首先举办。"1898 年 7 月 3 日，原地安门内马神庙和嘉公主府旧地（今北京市东城区沙滩后街 30 号），挂出了京师大学堂的匾额，标志着中国第一所近代化高等学府的诞生，京师大学堂"承太学正统，立大学祖庭"，催生了中国近代最早的现代学制，在中国高等教育史上具有承上启下的独特地位。

作为现代大学的雏形，京师大学堂为后来高等教育改革与发展的探索提供了制度性的经验积累。1898 年至 1904 年间，京师大学堂在短短 6 年时间共颁行三版"章程"：《奏拟京师大学堂章程（1898）》（简称《奏拟章程》）、《钦定京师大学堂章程（1902）》（简称《钦定章程》）、《奏定京师大学堂章程（1904）》（简称《奏定章程》）。"学堂章程"在中华法系之下作为具有行政法效力的法律文本，借助新型教育机构的出现开始承担协助国家制度转型的重要使命，其文本的变化承载着近代中国新教育变革乃至社会变迁的历史。[1]《奏拟章程》体现了维新派的教育改革思想，重申了"中学为体，西学为用"的办学宗旨，章程规定"各省学堂皆归大学堂统辖"，学堂培养"非常之才"，教学内容应"中西并重"。参与草拟改章程的梁启超也发文主张要学有"本原"，批评了当时的学堂与学人将"中学"与"西学"对立的弊病，指出："夫中学体也，西学用也，二者相需，缺一不可，体用不备，安能成才。"[2] 这是京师大学堂的第一个办学章程，也是中国近代高等教育最早的学制纲要。[3] 1898 年 9 月 21 日，以慈禧太后为首的顽固派发动"戊戌政变"，"戊戌变法"运动失败，变法措施几乎全被废除，唯京师大学堂因"为培植人才之地"得以保留，戊戌维新运动既是一次惊世骇俗的政治改革运动，又是一次振聋发聩的教育改革运动，运动虽然失败，但励志图强、锐意进取的改革精神彰显了中华优秀传统文化的民族本性，"戊戌六君子"敢于担当、勇于奉献的爱国精神更是时下锐意创新、不断深化改

---

① 周详.《京师大学堂章程》与清末教育制度的变迁 [J]. 中国人民大学教育学刊, 2013 (04)：163-177.

② 舒新城. 近代中国教育史料：第 1 册 [M]. 北京：中华书局, 1928：137.

③ 郝平. 清末三个大学堂章程 [N]. 南方周末, 2009-07-15 (10).

革需要的一种文化精神传承。

戊戌变法虽然失败了，却在中国社会打下了政治变革的思想和群体基础，新的知识精英群体已经开始影响人们的行为方式和价值准则。20 世纪初，《辛丑条约》签订，中国彻底沦为半殖民地半封建社会，清政府于 1901 年实行"新政"，兴学堂、育人才是新政的核心内容。1902 年 8 月，《钦定学堂章程》颁行各省，这是中国近代史上第一个由政府正式颁布的学制法令，其中的《钦定京师大学堂章程》是京师大学堂的第二个办学章程，由于该年为"壬寅年"，所以又叫"壬寅学制"①。该章程明确规定办学宗旨为"激发忠爱，开通智慧，振兴实业""端正趋向，造就通才"。《钦定学堂章程》是清政府在西方列强造成的半殖民地化政权的情况下被迫进行的一种"改制革新"运动初始措施的一部分，也是教育法制化的一种尝试，《钦定学堂章程》虽刊行，但并未实施，这并不影响地方的新教育变革悄然展开。

1903 年，清政府命洋务派官僚首领张之洞会同张百熙改定学制，对京师大学堂的章程也做了修改。1904 年，清政府颁布《奏定大学堂章程》，亦称"癸卯学制"，该章程以日本学制为蓝本，除规定学校系统外，还规定了学校管理体制、教授法及学校设置办法等内容，把教育分为蒙养院、初等小学、高等小学、中学堂、大学预科、分科大学、通儒院等，包括初等、中等、高等教育的三级七段学制，还设师范教育、实业教育，以培养各方面人才。同时，在中央政府，设学部主管全国教育。在省设提学使司，在县（包括府、州、厅）设劝学所，分管各级教育。该章程较之《钦定章程》，一是在大学专门分科中将原来 7 科 35门改为 8 科 46 门，主要增设了经学科，下分周易、尚书、毛诗、春秋左传、春秋三传、周礼、易礼、礼记、论语、孟子、理学 11 门课程，突出了经学的地位；二是将大学院改名通儒院，年限规定为 5 年。这两点修改，使得"癸卯学制"融合了新旧教育理念的精髓，以期待"民智可开，国力可富，人才可成，绝不致别生流弊"②，突出了教育学制中除了进一步学习西方技术课程的同时，强调了对传统文化经典知识的学习和文化精神的传承。该法规自 1904 年 1 月颁布后，一直沿用到 1911 年清政府灭亡，对推行"新教育"，统一学制有着重要的影响，标志着中国近代学制的正式建立。不同版本章程的理念与内容变化，是清末教育制度变迁的集中体现，更反映了中国传统政治文化面临多重冲击时，

---

① 张百熙. 两次修订京师大学堂章程［N］. 中国教育报，2015-08-20（12）.
② 北京大学校史研究室. 北京大学史料：第 1 卷（1898—1911）［M］. 北京：北京大学出版社，1993：58.

在教育理念和管理模式探索上的具体体现。

1905年，科举制度和国子监相继取消，封建科举取士制度寿终正寝，京师大学堂即成为中国唯一最高学府和最高教育管理机构，也成为科举取士制度的替代品，教育制度建构中的中华传统文化的传承与发展进入新的阶段。

## 第二节 民国初年在大学制度建构中的中华优秀传统文化

1911年，辛亥革命推翻了清王朝的统治，结束了两千多年的封建专制制度，建立了资产阶级性质的民主共和政体国家——"中华民国"，这一根本性变化，极大地推动了教育领域的革新，教育更加平民化，教育宗旨由"忠君尊儒"发展为"民本自由"，教育内容由只以经史论人才，转向到国文、自然、数学、外语等学科并重。近代教育变革是猛烈的，尤其是大学的创办和理念的传播推动并引领了中国教育的现代化进程。纵观整个"中华民国"在大陆存续的38年，中西两种文明不断冲突、磨合与相互融合，在这种磨合和融合的过程中，中华优秀传统文化没有屈服于西方文明背后的坚船利炮和文化殖民，再次呈现出兼容并蓄、糅合百家的文明特性和百折不挠、自信自强的姿态，继续以不同形态、在不同程度得到进一步的传承和发展。究其原因，我们会发现近代政治经济环境，尤其是教育法令和制度发生了翻天覆地的改变，法令和制度的因素在民国时期中华优秀传统文化传承发展中起到了不可替代的作用。

### 一、修旧起废："五育并举"的新教育方针

1912年，"中华民国"南京临时政府成立后，修旧起废，建章立制办理学校教育成为巩固辛亥革命胜利成果的重要内容。临时大总统孙中山明确提出："学者，国之本也。若不从速修旧起废，鼓舞而振兴之，何以育人而培国脉。"①为适应中国破除封建制度藩篱、培养新式人才，改变发展落后现状的需要，一批资产阶级革命家和教育家着手按照新确立的教育宗旨对清末以来的教育制度进行了改造，形成了一系列与之相匹配的法律法规。在"中华民国"自1912年至1949年的38年间，共正式制定公布了约1500多个教育法规。② 这些教育法

---

① 孙中山全集：第2卷［M］. 北京：中华书局，1985：253.
② 宋恩荣，章咸. 中华民国教育法规选编（1912—1949）［M］. 南京：江苏教育出版社，1990：1.

规深刻体现了近代民主、自由、共和、平等、爱国等精神，是中华优秀传统文化固有的民本思想、和合思想、爱国思想等融入人类文明新思想、新精神后在中华大地和中华民族扎根发芽的新体现、新阐释、新发展，是中华优秀文化底蕴深厚的重要体现。

　　1912 年 1 月，"中华民国"临时大总统孙中山委任蔡元培为首任教育总长，1 月 19 日，蔡元培主持下的教育部颁布了《普通教育暂行办法》，规定初等小学可以男女同校，凡各种教科书，务合乎共和民国宗旨，深刻体现了民主共和、男女平等的精神，是近代中国以教育制度塑造公民精神、国民品格的开始。在重视普通教育的革故鼎新之时，南京临时政府开始建立社会教育体系，指示各地筹办社会教育，着重进行社会宣讲，宣讲内容"大致应专注此次革新之事实，共和国民之权利义务，及尚武实业诸端，而尤注重公民之道德"。这些规定深入贯彻了民主共和精神，有利于文化教育事业的恢复性发展，为教育制度的全面改革奠定了基础。

　　教育宗旨和办学方针是教育制度性质的集中体现，清末"忠君、尊孔、尚公、尚武、尚实"的教育宗旨，是无法与资产阶级民主共和国的教育性质和任务相匹配的。为此，教育总长蔡元培于 1912 年 2 月，提出了包括公民道德教育、军国民教育、实利主义教育、世界观教育和美感教育在内的"五育并举"的教育方针，其中以公民德育教育为中坚和核心，在实际教育过程中，贯彻"自由""平等""博爱"的资产阶级新思想，并结合中国实际，在价值取向上与传统文化精神有着更多的一致性，融入并提升中华优秀传统美德的传承与发展，促使民主共和观念快速深入人心。将"美感教育"作为重要教育方针，是对中华优秀传统文化精神的进一步凝练提升和系统化发展的开始，"美感教育"的核心内容是音乐与艺术，注重以"中西调和"的教育理念，体现现代精神、时代风貌，是在艺术方面对中华优秀传统文化中的绘画、音乐、舞蹈等文化形式与载体进行的近代化改造与时代阐释，客观上促进了中华民族传统艺术的传承与发展。


## 二、学令框架下的传统国学

　　民国初年贯彻新的教育精神，培育国民多育并举、全面发展品格的一个重要举措就是"壬子癸丑学制"的公布出台以及配合这一学制从小学、中学、专门学校一直到大学等一系列学令的颁布执行。

　　在这一学制系统中，纵向看，整个学程分为 3 段 4 级，共 18 年，其中高等教育段分本科、预科，共计 6 或 7 年，在此之外还有源自晚清时期通儒院的大学院，不计年限。从纵向看，壬子癸丑学制可分为3个系统，一为直系各学校，二为师范教育系统，三为实业学校。就高等教育而言，由直系的各大学和专门学校，师范类的高等师范学校组成。在对中华优秀传统文化的传承方面，各级学校的校令的规定中或具体体现或客观呈现，如《小学校令》关于小学教育宗旨明确为：留意儿童身心之发育，培养国民道德之基础，并授予以生活所必需之知识技能。着重强调了对儿童的德育教育，夯实国民的健康身心基础。在课程设计上，有修身、国文、算数、手工、图画、唱歌、体操、缝纫、本国历史等。中学教育以完足普通教育、造就健全国民为宗旨，课程设计基本是小学课程的延续升级，女子中学加入了家事、园艺等特色课程。就高等教育而言，1912年10月24日，国民政府公布了《大学令》，1913年1月12日和16日又分别公布了《大学规程》和《私立大学规程》，文件指出，大学以教授高深学术，养成硕学闳才，应国家需要为宗旨。大学共分文、理、法、商、医、农、工等7科39门，其中以文、理两科为主，文科又分为哲学、文学、历史学、地理学4门，163个科目。

《大学令》一个突出特色就是评议会与教授会的设置及权限规定：在大学设评议会，以各科学长及各科教授互选若干认为会员，校长为议长，可随时召开评议会，审议学科设置及废止、讲座种类、大学内规则，审查大学院生成绩、学位合格与否及教育总长、大学校长咨询事件。同时，大学各学科各设教授会，以教授为会员，学科长为议长，随时召集教授会，审议学科课程、学生实验事项，审查大学院生该科的成绩、提出申请学位者论文合格与否及教育总长、大学校长咨询事件。这一规定，赋予了以教授为代表的知识分子以管理的直接权利，极大提高了教师的民主权利，改变了以往从上至下官学僵化的行政命令式管理方式，是对教育工作者依照教育规律特点和实际情况自主办学权的肯定和尊重，不仅有利于近代教育事业的自由发展，更是民主共和观念在教育领域的深刻体现。

1912年10月22日，国民政府教育部颁布了《专门学校令》，同年11月14日，又颁布了《公立私立专门学校规程》，规定专门学校以教授高等学术、养成专门人才为宗旨，分为法政、医学、农业、工业、商业、美术、音乐、商船、外国语等10类，这是中国历史上，在国家教育系统中第一次将美术和音乐以专门学校的形式，独立出来办学教授，是中华优秀传统文化中音乐和美术这两种承载重要民族情结、民族特色和民族精神的文化艺术成体系、成系统，全域性、全民性科学化教授和研究发展的开始，也是以国画、民族乐器、乐曲、舞蹈等为代表的中华优秀传统文化走进平民百姓家，迈出国门、走向世界的开始。

民国初年教育体系的另一个显著特征就是继承参考了清末重视师范教育的措施，进一步将师范教育独立出来，自成系统，足见民国教育家和政治家对传道授业解惑这一中国古老职业和教学团体的重视，也是中华优秀传统文化中教育为本理念的深度体现。1912年9月和12月，国民政府分别公布了《师范教育令》和《师范学校规程》，1913年2月，又公布了《高等师范学校规程》，对师范教育制度做了明确规定。①

上述一系列法令、制度共同构成了民国初年壬子癸丑学制的基本制度体系，相较清末学制，具有显著的时代进步性和近代文化事业发展特征：一是完善了从小学到大学，从全面教育到专门教育，从普通教育到师范教育、社会教育的学制体系，增加了普通劳动者受教育的机会，真正做到了中华优秀传统文化"有教无类"的教育理念。二是基本废除了教育权利的两性差异，将女子教育正式列入学制系统，确立了女子教育的地位，剔除了"女子无才便是德"的封建糟粕思想，赋予女子更多的受教育机会，赋予女性平等的社会权利，为女性政治、经济、思想各方面的彻底解放奠定了教育文化基础，激发了女性固有的潜力和优势，客观上为中华优秀传统文化的传承与发展注入了新的人性资源与活力。三是科学教育的地位得到较大的提高，中华优秀传统文化得到更广泛、更科学的系统学习和研究，这不仅体现在法令明确规定的研究和传授高深学术的大学办学宗旨中，更体现在《大学令》和《大学规程》中文科的学科门类的精细化设置。文科共设置哲学、文学、历史学、地理学4门，其中哲学门分为中、西哲学两类，中国哲学类具体分为中国哲学、中国哲学史、宗教学、心理学、伦理学、认识论、社会学等8类，中国哲学更细分为周易、毛诗、仪礼、春秋、论语、孟子、周秦诸子、宋理学8项课程，同时，文学门分为八类91种，历史门分为中国史和东洋史两类27种，地理门分为13种。这4门文科课程突出了中华优秀传统文化的重要地位，既有对传统文化理念、原理、历史的学习，更有吸纳西方各国新的方法论、认识论的科学系统的教学与研究，是对中华优秀传统文化的合理性、科学性和前瞻性深入的传承与发展挖掘。

与清末学制相比，民国初年以《大学令》《专门学校令》《高等师范学校规程》等为代表的高等教育法规、制度所规定的大学制度废除了"以忠孝为本"的封建性宗旨，确立了"注重道德教育，以实利教育、军国民教育辅之，更以美感教育完成其道德"的新教育宗旨，以学位制代替奖励科举出身，废除了单

---

① 李国钧，王炳照. 中国教育制度通史：第7卷［M］. 济南：山东教育出版社，2000：22.

纯的经学科，拓展了文科学习研究的领域与范畴，更加广泛地进行中国传统文化课程的教授和传播。以通过设立评议会和教授会负责大学内部的决策等重大事项，开了高等教育史上教授治学和民主治校的先河，从治学权上，赋予了专门文人教员应有之管理权，是中华优秀传统文化中"术业有专攻"治理理念的一种近代意义上的具体体现。

## 第三节　新文化运动与传统文化在制度中的沉浮

1912 年开始的教育领域的改革，尤其是法令、制度的相继颁布和实施，确定了民国教育发展的总基调，这一阶段的教育制度改革由资产阶级革命家主导，深受辛亥革命胜利的鼓舞，改革的过程中也难免存在一种过激的情绪，迫切需要进行全新的改革，以给破败落后的国家注入新的活力。在模仿日本教育制度，引入法国大革命民主共和理念的同时，对旧的教育思想和制度也采取了一些较为激进的做法，如学校不许读经、不许祀孔，改孔庙为学校或习艺所。冰冻三尺非一日之寒，封建制度文化深耕中华大地两千多年，已成为一种生活习惯和社会心理，且小农经济仍是社会的基础，封建的生产方式仍处于社会的主导地位，过激的改革必然引起社会的惯性反弹，一些不符实际的改革也有需要调整的客观原因，同时以袁世凯为代表的旧势力企图改民主共和为君主立宪，复帝制、做皇帝，更倾向于利用传统儒家教育制度和意识形态作为政权的执政基础和合法性象征，多重因素作用下，1912 年开始的教育制度的改革一度出现了尊孔复古的回潮现象。

### 一、"尊孔复古"的回潮与对传统文化的"矫过"

1913 年，袁世凯控制的民国政府发布了《通令尊崇孔圣文》，宣称只有"宗仰时圣"，才能正人心，立民极，"以期国命于无结，巩共和于不敝"。并将"国民教育以孔子之道为修身大本"写入 1913 年《天坛宪法草案》第十九条，为袁世凯在学校教育中推行尊孔读经提供了法律依据。同期，袁世凯发布《注重德育整饬学风令》，提出要通过"尊孔读经"来整顿学风。此后，1915 年年初，北洋政府先后颁布《颁定教育要旨》和《特定教育纲要》，重申尊孔读经和儒学的正统地位。《颁定教育要旨》以"规矩本诸先民，智慧求诸世界""以忠孝节义植其基，于智识技能求其阙"① 为总原则，具体规定了"爱国、尚武、崇实、法孔孟、重自治、戒贪争、戒躁进"的教育宗旨，主张用儒家传统道德、文化作为规矩规范和借用西方诸强新的富国强民的方式方法来进行较为和缓的教育改革，反对激进的改革。而在《特定教育纲要》中规定："各学校均应崇奉古圣贤以为师法，宜尊孔以端其基，尚孟以致其用。"② 同时指出，"道德教育，以高尚涵养德性之法，宜师英美，以严重锻炼德行之法，宜师德国；以期其调和发达"③ "经学院，宜于大学校外独立建设，按经分科，并佐以京师图书馆以期发明经学之精微"④ "国立文科大学，宜注重研究中国文学、哲学、史学，并佐以考古院以发扬国学之精神"⑤，进一步指出，"近日学子，厌弃旧学，丧失独立之精神，足为人心世道之忧；亟应极力提倡古学，发展固有文化，始祖维持独立之精神，奠国基于不敝"⑥。这些规定虽被袁世凯用来为复辟帝制当背书，但也反映了民国元年开始的教育改革的一些激进内容在社会中存在较大争议，其中一些全盘西化，否定国学思想，进而全盘否定中华传统文化的思想倾向被别有用心妄图做皇帝的袁世凯势力利用，从而出现了尊孔复古的回潮。

客观而论，《颁定教育要旨》和《特定教育纲要》仍有其时代进步性，其目的虽然是为袁世凯复辟帝制，维护旧势力既得利益服务，但民主共和观念已经深入人心，已经为中华优秀传统文化所吸纳吸收，已经成为中国当时的时代特点，所以其各项条款的规定，也不可避免这一时代特征，无论是其教育宗旨还是课程设置，突出表现出民主共和的道路不可逆转，中国教育近代化潮流不可逆反，中华优秀传统文化的魅力和影响力不可否定。

中华民族的民族性格是历经几千年文明熏陶和历史的磨难以及曾经的辉煌成就造成的，这是历史具体的、客观存在的。同时，尽管袁世凯时期的北洋政府提出的教育制度的改革有尊孔复古的弊病，也说明近代化过程中封建旧势力仍然有强大的力量，近代化过程绝非一帆风顺，但袁世凯时期颁布的教育法规制度，在客观上也抑制了半殖民地半封建社会的中国文化的殖民化倾向，对中华优秀传统文化的传承与发展也起到了一定的积极作用。

---

① 舒新城．中国近代教育史资料：上册［M］．北京：人民教育出版社，1961：248-249．
② 舒新城．中国近代教育史资料：上册［M］．北京：人民教育出版社，1961：260．
③ 舒新城．中国近代教育史资料：上册［M］．北京：人民教育出版社，1961：261．
④ 舒新城．中国近代教育史资料：上册［M］．北京：人民教育出版社，1961：267．
⑤ 舒新城．中国近代教育史资料：上册［M］．北京：人民教育出版社，1961：267．
⑥ 舒新城．中国近代教育史资料：上册［M］．北京：人民教育出版社，1961：267-268．

## 二、新文化运动与教育思想的革新

以袁世凯为代表的封建旧势力恢复帝制和文化教育领域中的尊孔复古政策，在激起全国范围军事上讨袁的二次革命的同时，也引起了一大批资产阶级民主主义者深刻的文化反思，认为适应近代化发展需要，就要彻底与封建制度决裂，要走上国家富强、民族复兴的道路，就必须从文化思想层面对国民品格和精神进行"升级""改造"，将近代化文化因素深深楔入中华优秀传统文化之中，使社会整体适应近代化，认同近代化，唤起中华民族的文化觉醒。此时的资产阶级民主主义者大多认为，如果没有多数国民的民主觉悟，没有一种能赋予民主制度以生命力的社会心理基础，是很难成为真正的近代化民主国家的，而文化思想的改变是这种社会心理塑造的重要因素，要改变国民的精神面貌和近代化文化认同，必须从教育入手，进一步开展教育制度上的近代化改革。于是，在文化教育领域，以资产阶级知识分子为主，掀起了一场在中国革命史和文化史上影响深远的，以"科学"和"民主"为旗帜，以"改造国民性"为根本宗旨的新文化运动。这场运动以一批激进的民主主义者为核心，以陈独秀与 1915 年 9 月创办的《新青年》杂志为开端和主要理论阵地，汇集起一批先进的知识分子，向封建复古主义宣战，对旧制度、旧道德、旧观念进行尖锐的批判，同时把人们引向对科学精神与民主精神的追求，有力促进了科学与民主思想的传播。以此为基础，资产阶级民主人士和知识分子从教育宗旨、教育制度、教育的内容和方法等方面，都提出了新的改革要求，一系列教育领域的革命性措施得以实行。① 这一时期教育法令和制度的改革也深刻反映了平民教育、实利主义教育、科学教育、民主主义教育、工读主义教育和自由主义教育等新文化运动的文化思潮特征，突出体现了教育民主化、普及化，教育与社会生产、生活紧密相连的近代化发展特点，客观上反映了中华优秀传统文化适应近代化发展需要，在自我适应和改造中继续前行。

1919 年 3 月，民国政府教育部公布全国教育计划书，提出 8 项普通教育、10 项专门教育和 9 项社会教育的教育计划，包括整理、添设国立高等师范教育，由教育部直接开办统筹全国设立 7 所高等师范学校；筹划先在北京成立一所女子师范高等学校，结束尚无一所女子高等师范学校的历史；统一国语，加快教育普及化进程；整理增加大学及专门学校；遣派研究高深学术之教员学生留学

---

① 李国钧，王炳照．中国教育制度通史：第 7 卷［M］．济南：山东教育出版社，2000：31.

外国，增加留学额费，使得研究专精；设立中央评定学术授予学位之机关；奖励学术上确有价值之著作及发明，发扬一国之文化，……亟宜筹定专款以资奖励；设立翻译外国高深学术书籍之常设机关，输入学术上最新之学说及发明，俾国内学子得资研究；资助各种学术会；提倡教育品之制造，宜仿各国成例，予以提倡补助，冀于学术有所裨益；开展词典编辑；以及整理扩充图书馆，建设博物馆、筹设美术馆、提倡文艺音乐演剧等。① 民国政府将这项教育计划书定为根本需要，亟待举办的事项，指出这关乎教育普及化，是根本中之根本的任务，足见民国政府对其重视程度。上述所列诸多事项，无不有利于教育的平等化和普及化进程，无不有利于科学与民主精神的广泛传播，体现了资产阶级民主主义的意志，代表着教育近代化的发展方向，对男女平等接受高等教育、提高教育普通民众水平、加大中国传统文化系统化、深入研究力度、扩大中华文化海外传播和影响等都有极大的促进作用。

1919 年 4 月，国民政府教育调查会第一次会议上，通过了沈恩孚、蒋梦麟 2 人提出的名为《教育宗旨研究案》的议案，该议案主张以"养成健全人格，发展共和精神"为教育宗旨，强调私德为立身之本，公德为服务社会国家之本，人既要掌握必需的知识技能，又要强健活泼的体格，养成优美和乐的感情；注意宣传平民主义，教育人人理解并认同民治是立国之本，养成公民自治的习惯，担负起国家社会的责任。

1919 年 10 月，全国教育联合会第 5 届大会讨论通过了《全国教育联合会呈教育部请废止教育宗旨宣布教育本义案》，提请了两项申请，一是废止原教育宗旨，将北京教育调查会研究结果"养成健全人格，发展共和精神"命令宣布为教育本义。这一条在当时并未被当时的教育部采纳，但其基本精神被吸纳到了1922 年新学制的标准中。二是提倡白话文与国语教学改革。作为新文化运动的一项重要内容，文学革命和白话文运动发端于胡适于 1917 年 1 月发表在《新青年》第 2 卷第 5 期上的《文学改良刍议》一文，提出文学改良的 8 项主张：一曰须言之有物，二曰不摹仿古人，三曰须讲求文法，四曰不作无病之呻吟，五曰务去滥调套语，六曰不用典，七曰不讲对仗，八曰不避俗字俗语。接着，陈独秀在《新青年》第 2 卷第 6 期刊出了自己撰写的《文学革命论》进行声援，呼吁推倒雕琢的、阿谀的贵族文学，陈腐的、铺张的古典文学，迂晦的、艰涩的山林文学，建立平易的、抒情的国民文学，新鲜的、立诚的写实文学和明了的、通俗的社会文学。1918 年 5 月，鲁迅又在该刊第 4 卷第 5 期发表了《狂人

---

① 舒新城. 中国近代教育史资料：上册［M］. 北京：人民教育出版社，1961：269–273.

日记》，进一步讽刺批判了僵化守旧的封建文化，以彻底的"革命民主主义"的立场对中国的文化进行了深刻的反思。胡适、陈独秀、鲁迅等大学的教育工作者，并非反对传统文化，相反，他们正是秉持中华优秀传统文化"天下兴亡，匹夫有责"和敢为天下先的文化品格和精神，基于富国强民、民族复兴的强烈历史使命感和时代紧迫感，用一种时代发展的眼光来看待传统文学、文化，用近代的因素去改革早已僵化而不合时宜的旧文风、旧思想、旧形式，中西交融、博采众长，揉入时代发展和人民教育所需的新形式和思想内容，创新出中华优秀传统文化得以进一步传承和发展的近代文学新风。文学革命的倡导者们身体力行用白话文创作新文学，一批青年作家群起试作，从 1918 年起，《新青年》上几乎所有文章大体上均采用白话文编写。提倡白话文，废除文言文，使广大青年学生和普通民众能够快速读学和理解，白话文的广泛应用，激发了大学生，甚至中学生的写作和发表的热情，在 1919 年至 1920 年间，全国大、中、小学生的报刊约有 400 多种，均采用白话文刊行①，白话文提高了民众的认知和应用水平，客观上加速了中华优秀传统文化的书面传播和社会普及化程度。

　　国语教育改革和文学革命在白话文这一交错点上必然互相依赖、互相促进。正如胡适所说："国语的文学，文学的国语。也就是说，国语是用文字写的，国语是写文学的语言。"② 在白话文运动的推动下，国语改革也紧锣密鼓地开展起来，1916 年 10 月，蔡元培等发起成立了国语研究会，主张"言文一致""国语统一"。在大学教授、知名学者为主的教育改革者的推动下，国语改革迅速在全国展开，江苏省率先自行通过了《学校用国语教授案》，要求各学校采用国语教材，用白话文进行教学。1920 年 1 月，北洋政府教育部下令各省改国文为语体文："本部年来对于筹备统一国语一事，既积极进行，现在全国教育界舆论取向，又咸以国民学校国文科宜改授国语为言，体察情形，提倡国语教育，实难再缓。兹定自本年秋季起，凡国民学校一二年级先改国文为语体文，以期收言文一致之效……"③ 之后，文言文教科书被各级教材逐渐淘汰。国语教学改革是在新文化运动的推动下开展并完成的，加之文言文的淘汰和白话文的全民推行，顺应了中国传统文化近代化发展和世界文化交流的客观需要，不仅推动了中国传统文化的普及化、平等化、世俗化进程，推动了国民教育素质整体的逐步提高，更推动了中华优秀传统文化的理念创新和形式创新，加快了世界范围

---

① 胡适 . 胡适自传［M］. 南京：江苏文艺出版社，1995：246-253.
② 胡适 . 胡适自传［M］. 南京：江苏文艺出版社，1995：248.
③ 朱有瓛 . 中国近代学制史料：第 3 辑：上册［M］. 上海：华东师范大学出版社，1990：158.

内传播中华民族优秀文化的速度，为世界文明发展贡献了中华民族的文化智慧。

### 三、北京大学的改革与优秀传统文化因素的内蕴

1917 年，蔡元培出任北大校长，开始了以"思想自由""兼容并包"为办学方针的教育制度改革，北京大学也由此成为新文化运动的中心。秉持"思想自由""兼容并包"的办学方针，蔡元培主持下的北京大学的教育制度改革适应了中国近代化教育发展的需要，也有利于中华优秀传统文化的传承与发展，主要体现在以下几点：

一是推行学制改革。对原有学科进行调整，废门改系以便文理沟通，改年机制为选科制，确定"学为基本，术为枝干""学重于术"的学科调整原则，"学""术"分立。文、理、法、商、工是大学依《大学令》设置的五门学科，基于大学乃"以教授高深学术，养成硕学闳才，应国家需要为宗旨"，文科与理科是其余各科的基础学科，是高深学问之所在，而其余各科又与专门大学所设课程多有重复，对专于研究高深学问的大学来说是一种资源的浪费，同时也不利于学生以有限的精力进行学问的学习与研究，不利于大学教育目的的达成，在经费、资源有限的情况下，学问的归于学问，技术的归于技术，扩大文、理两门学科的课程门数，而减少、合并或脱离其他各科的设置。改年机制为选科制，因材施教，以使学生的个性得到自由发展。

二是进行预科改革。大学预科的设置，是为了学生更好适应大学教育的需要，降低进入本科学习的难度，但是此前的预科并不直属于各学科，含有半独立的性质，预科一切课程也并不与本科衔接，出现了分离割裂的情况，而在预科第三年教授预科与本科第一年一样的课程，也势必造成了学业上的浪费。改革后，预科由三年减为两年，直接隶属于各本科学科，有利于提高学生研读的效率和本科课程的教授。

三是整顿教师队伍，整饬学风。蔡元培指出："大学学生，当以研究学术为天职，不当以大学为升官发财之阶梯。"北京大学脱胎于晚清学堂，不可避免地遗留有前清科举时代的劣根性，存在学科杂乱，风纪败坏的积弊，教员长于填鸭式教学，学生尤其是北大的学生，是从京师大学堂"老爷"式学生嬗继下来的，学习浮躁、应付考试，更多注重毕业后的出路，不甘于做学问，专于做学问的教员也不见得受他们欢迎。蔡元培主持北大期间，延请或"旧学邃密"，或"新知深沉"，或两者兼备的名士达人前来北大任教或作学科长，如陈独秀、胡适、钱玄同、刘半农等民国教育和国学名家。尽管这些教授所持观点并不一致，甚至有针锋相对的情势，但他们有一个共同的特点就是专于学问的研究和传授，

一时间"思想自由""兼容并包"的北大教风、学风焕然一新，成为全国文化研究的高地。

四是进行管理体制改革。蔡元培主持下的北京大学针对北大官僚衙门习气问题，吸收借鉴德国大学民主办学的经验，着手对北大的教育管理体制进行改革，进一步落实了《大学令》关于设置评议会、教授会的措施，又设立了行政会议、教务处和各系教授会，体现了民主管理、专家治校的原则，改变了北大官僚衙门作风，调动了各科专家学者的积极性，提高了行政效率和教育质量。

五是鼓励学术研究，提倡社团活动。在蔡元培的积极倡导和参与下，北京大学先后建立了包括学术机构、文体活动、道德自律、社会活动、报纸杂志等各种形式的社团。到五四运动前后，主要的社团就有新闻研究会、哲学研究会、数理学会、音乐会、画法研究会、讲德会、雄辩社、新潮杂志社、平民教育讲演团等。① 这些社团的成立，不仅活跃了大学里的学术气氛，激发了青年学生的青春活力，而且催发了青年学生服务社会、服务国家的责任感和使命感，加深了自身对中华优秀传统文化的深刻认识，加强了传承和发展中华优秀传统文化的时代使命和历史自觉。

六是新教学方法和研究范式的改革。西方教育思想传入中国大学的同时，也带来了新的教学方法与研究范式，新文化运动开始后，中国大学教育制度的改革推进了新的教学方法和研究范式的引入和发展，在一批先进知识分子的带动下，教学方法方面，强调教学过程中不仅要注意学科知识的传授，更要注重发挥怀疑、批判的科学精神，以及学习实验主义的科学研究方法。重视问题研究、逻辑分析，理论与实际相结合，是新教学方法和学术范式的重要特征，这一改革克服了传统教学和学术研究中的死记硬背、理论与实际相脱离、束缚学生头脑的填鸭式的教学和引经据典、奉圣人话语与古典经文为唯一理论基础的弊端，开启了近代中国大学课堂教学方法、学术研究范式的探索之路，为之后的教学改进和学术研究奠定了坚实的基础，也为更好传承和发展中华优秀传统文化楔入坚实的科学精神和理论基础。

七是推进男女平等的女性教育改革。新文化运动反对旧礼教、旧道德，提倡男女平等、个性解放，有力地推进了女性教育的发展。早在1902年，蔡元培等人在成立中国教育会后不久，就创办了爱国女学。随后教育会还派遣会员分

---

① 李国钧，王炳照．中国教育制度通史：第 7 卷 [M]．济南：山东教育出版社，2000：39.

赴江苏常熟等地设立支部，仿效爱国女学设立学堂，"此唱彼和，盛极一时"①。新文化运动兴起以来，1917 年，全国教育联合会第 3 次向北洋政府教育部提出了推广女性教育的议案。1918 年 6 月，教育部通知各省区根据地方实际情况，分别对此议案予以回应办理，作为新文化运动阵地的北京大学率先吹响了高等教育领域开放女禁的号角。1919 年 3 月，北大校长蔡元培发表《贫儿院与贫儿教育的关系》的演说，主张效仿西方国家，尊重妇女的人格和平等权利实行社交公开、男女同校。1920 年 2 月，北京大学设女子旁听席，招收女学生旁听，暑期后正式招收女生。② 男女同校学习的开始，进一步落实了民国初年颁布的男女平等接受教育的思想，体现了以民为本的中华优秀传统精神，丰富了民主、自由、平等的精神内涵，进一步提高了国民受教育的比例，推动了国民素质的近代化进程，为造就优秀的女性知识分子奠定教育制度基础，增添了传承和发展中华优秀传统文化的民族力量和智力支持。

以蔡元培主持的北京大学教育改制为代表的大学内部教育制度的改革，进一步推动了 1915 年以来新文化运动的时代潮流，从那时起，民国时期大学内的学术氛围渐趋浓郁，以文科为代表的基础学科建设得到进一步加强和提升，经典国学研究与教学深入挖潜、近代文学研究与教学兴起热潮，中华传统建筑、音乐、歌舞、绘画等文化形式的研究与学习的学科化、专业化得到进一步的促进和发展，基本奠定了我国现当代以来大学中关于中华优秀传统文化学科发展和课程建设的基础。以辜鸿铭、钱玄同、胡适、陈独秀、鲁迅等为代表的北大教授和文化名士，心怀国家富强和民族复兴的历史责任感和使命感，有着深邃的中华文化知识、高深的文化底蕴和倔强的文化精神，他们尽管在具体学术、政见、道路等问题上有诸多不同意见，但在国家富强、民族复兴的共同目标下，他们在推进中华优秀传统文化传承的近代化发展道路上踔厉奋发、笃行不怠、赓续前行，深刻体现了中国人不屈不挠、奋发有为的精神，也深刻呈现出中华优秀传统文化上善若水而自强不息的强大民族基因和魅力。

民国时期大学内部教育制度改革，增强了以文科为代表的基础学科的整理与研究的专业性和学术性，契合了大学宗旨，在深入教学与研究的过程中，无疑加深了对中华优秀传统文化博大精深、经世致用、兼容并蓄、忠国爱民等精神品质的理解与感悟，增强了文化自信，推动了传承和发展中华优秀传统文化

---

① 李国钧，王炳照. 中国教育制度通史：第 7 卷［M］. 济南：山东教育出版社，2000：41.

② 周天度. 蔡元培传［M］. 北京：人民出版社，1984：214-215.

的民族自觉性与主动性。在以北大内部制度改革为代表的民国学术界发起的一系列文化改革运动的多重合力下，1915 年以来的教育制度改革取得重要成绩，体现在清理落后封建教育制度遗留，发扬传统文化优势，融入近代民主共和等思想精神，推进教育近代化发展等方面，这些制度改革极大推进了中国教育近代化进程，也为近代以来中华优秀传统文化的传承与发展做出重要历史贡献。

注重对传统文化的反省、批判与继承，是民国学术界的重要特点，他们致力于对中华优秀传统文化的整理和研究。一方面，由于战乱频仍，民不聊生，学者们担起了让中华优秀传统文化薪火相传的历史责任；另一方面，他们要通过对中华优秀传统文化的整理、挖掘重振民族自信心。这一时期对传统文化进行整理的全面而深入是前所未有的，涉及文字学、语言学、古典文学、金石学、哲学、法学、政治制度、书法绘画等众多中华古代学说、思想、制度、技艺等的研究与教学，学科门类众多，学术探究程度精微。民国教育制度改革推动了现代学科体系的建立，在对传统文化整理和研究的基础上，吸收西方的文化思想和理念，推动和建立了中国现代学科体系。

## 第四节　国民政府时期两种教育对传统文化的传承与发展

"制度之为制度，它首先是一种理念化的内容。"① 教育制度和法令体现特征明显的教育思想和教育精神，承载重要的推动文化传承与发展的作用，"五四"以来，中华民族进一步觉醒，开始自觉将借鉴、学习西方思想文化精神和传承发展中华优秀传统文化精神建立在对中国教育实际的认识和研究基础之上。随着新的教育体制的全面推行，在实践中也逐渐暴露出一些问题，从 20 世纪 20 年代后期开始，两种不同的教育制度和文化发展探索在中国共产党领导的革命根据地和国民党控制的区域中同时展开，分化形成民国时期两种不同的发展模式和方向。

随着北伐战争的胜利和蒋介石南京国民政府全国政权的建立，民国政府进入新的历史时期，这一历史时期前后大约 21 年，贯穿这一时期的一条教育制度的历史演变轨迹就是从三民主义教育制度宗旨的确立，高等教育的现代化发展迈入标准化、规范化、统一化和制度化发展的道路，高等教育呈现出显著的中国思想特色、文化特色、制度特色，以民为本、兼容并蓄、中和中庸等传统思

---

① 李国钧，王炳照．中国教育制度通史 [M]．济南：山东教育出版社，2000：8．

想与民主、科学、平等、自由等西方价值思想相互融合、并向发展，不仅创造了优秀的文学、文艺、建筑、工艺等文化的物质与精神财富，也培养和涌现出国家和民族的诸多优秀人才，进一步夯实了中国式现代化发展的文化和人才基础，成为中华优秀传统文化传承发展的重要历史时期。

同一时期，在中国共产党的领导下，中国革命在新民主主义的道路上阔步前进，新民主主义教育制度从无到有，不断完善和发展，并最终担负起了领导中国教育走向现代化的历史使命。新民主主义教育制度，是以马克思主义思想在中国的传播以及早期共产主义者和中国共产党人的教育实践活动为基础，在苏区初步建立起来的。抗日战争时期及以后，中国共产党人自觉地以新民主主义理论为指导，使新民主主义教育制度得到了进一步的发展和完善，并在抗日民主根据地和解放区有效实施，探索出了一条在经济、文化落后的农村地区发展教育的新道路，开辟了中华优秀传统文化的传承与发展与马克思主义科学结合、与中国实际紧密结合的新模式。

## 一、三民主义的教育制度

教育工作规范化、制度化、法治化是现代教育的发展趋势和显著特征。南京国民政府成立后，国民政府以确立三民主义教育宗旨及其实施方针和原则为基础，致力于各级各类教育的规范化与标准化，先后制定了包括各级各类教育法、教育规程和课程标准在内的一系列教育法律法规，初步建立起一个比较完备的近代教育法律法规体系。1936 年国民政府教育部公布的《教育法令汇编》中法规 350 项，1946 年和 1947 年则分别达到了 409 项和 295 项，形成了较为完备的教育法规体系，且比较注意法规的稳定性和连续性，确保了教育政策的严谨性和传承性。这一时期，民国高等教育有了长足发展，突出体现在大学数量不断增加，办学质量日益提高，办学体制逐步完善，加强了对高等教育的统一规划。

从教育宗旨及方针政策看，1929 年 4 月 26 日，南京国民政府公布《中华民国教育宗旨及其实施方针》，规定了三民主义教育宗旨，并提出了实施三民主义教育宗旨的思想方针。1931 年 9 月 3 日，国民党第三届中央执行委员会第 17 次常务会议通过《三民主义教育实施原则》，规定了从"初等教育"（含幼稚园）到"高等教育"等 8 类教育贯彻三民主义教育在目标和实施纲要两方面的基本思想。在高等教育方面，1927 年 7 月国民政府公布的《专科学校组织法》；1929年 8 月公布，1931 年 2 月修正公布的《专科学校规程》；1929 年 7 月公布，1934年 4 月修正公布的《大学组织法》；1935 年 4 月国民政府公布的《学位授予法》；1935 年 5 月颁布的《学位分级细则》；1934 年 5 月颁发的《大学研究院暂行组织规程》为民国时期高等教育规范化、标准化、现代化发展奠定了制度基础和组织保障，客观上推动了中国高等教育继续走传承和发展中华优秀传统文化的道路，巩固了大学作为传承和发展中华优秀传统文化平台的重要地位。

从培养目标和学校设置看，1929 年，国民政府相继制定并公布《中华民国教育宗旨及其实施方针》《大学组织法》以及《大学规程》三个法令制度文件，确定了三民主义的教育宗旨和方针，突出强调了大学的学术性质，确立了教育部对全国大学的组织权与规划权，明确规定大学分文、理、法、教育、农、工、商、医各学院，必须具备 3 个以上学院才有成为大学的资格，以此克服长期以来滥设大学的弊端。而这一时期大学教育机构设置的另一个特色就是大学研究院的设立及其组织规程的出台，强化了大学研究高深学术的职能，为教师研究工作提供制度、组织和经费保障，这些措施的出台，虽然加强了国民党主体意志的教育制度在各大学办学思想和教育宗旨上的贯彻落实，但对促进大学对传统文化学习、传授和研究也产生一定的推进作用。

从内部行政管理制度看，《大学组织法》对大学内部行政做了统一规定，国立大学设校长 1 人，由教育部直接聘任，省立及市立大学校长商请教育部聘任，同时对各学院院长和各学系主任的聘任政策做了明确规定。大学设校务会议，由教授、副教授代表及校长、学院院长、各系主任组成，作为议事和决策机构，之后又进一步对大学行政机构的设置做了明确规定，促进了大学内部行政管理制度的标准化、科学化、专业化建设。这些统一规划法令制度的出台和实施，强化了政府对教育工作的主导权，加强了国民党对大学党化意识形态的领导权。

从课程设置制度建设看，为改变全国大学课程设置标准混乱零杂的局面，提高大学人才培养专业化、标准化办学程度，1928 年，第一次全国教育大会开始了关于课程设置标准问题的讨论。统一课程标准是这个时期课程改革的主要工作，1929 年颁布的《大学规程》，确定党意、国文等为各大学统一的共同必修课，一年级学生不分系，全部修习基本必修课程，课程修习采用学分制，其中三民主义、国文、中国通史、哲学概论等占据较高分值，设置应有学分修习限制，不许提前毕业。注重大学课程标准的整理与制定，出台《文、理、法三学院各学系课程整理办法草案》，奠定了大学课程整理基础，规定统一标准、注重基本训练、注重精要课目等三项整理原则。

在大学经费保障制度上，教育经费是发展各级各类教育事业的基本物质前提。对于近代中国来说，中国的高等专业人才相当匮乏，要培养这一类人才，就必须扩大教育规模，提高教育质量，确立有效的教育经费制度，这在发展教育事业方面显得尤其重要。1927年12月，国民政府根据大学院的提议，通令各省市政府切实整理学制，并保障教育经费独立。1928年10月公布的训政时期关于教育的施政纲领，把"确定教育经费"列为重要纲领之一，确定教育经费应占全国税收的比率，实行教育经费会计条例，规定国库补助义务教育办法。①1944年12月通过的《中华民国宪法》规定："教育科学文化经费在中央不得少于预算总额之15%，在省不得少于预算总额之25%，在市县不得少于预算总额之35%，其依法设置之文化教育基金及产业，应予以保障。"全面抗战以前，由于国民政府把高等教育纳入国家建设的整体规划之中，政局也比较稳定，高等教育经费基本上呈逐年递增趋势。同时，国民政府也建立了较为完善的贷学金、公费与奖学金制度和教师薪俸制度，应该说，国民政府时期的高等学校教员的薪俸制度，在一定程度上体现了尊重知识、尊重人才的观念，也是对文化传承者的重要经济保障和财力支持。全面抗战期间及战后，因连年战争、政府腐败和财政政策的失误，导致政府财政赤字严重、入不敷出，教育经费出现了严重困难。

　　"三民主义"教育制度在确立统一的教育宗旨、培养目标、课程设置等方面强化对以儒学为核心的中华传统文化的知识学习传授和思想的研究宣传，并以具体明确的政府法令形式，确定融合了三民主义思想的尊孔敬儒制度，其本质是以"尊孔敬儒"的制度作为国家统一思想，服务于国民政府对全国的思想控制和全面的政权统治。主要体现在：1934年7月，出台《先师孔子诞辰纪念办法》，明确了纪念日期、纪念日名称、纪念仪式等，将讲述孔子生平事略、孔子学说、孙中山革命思想与孔子的关系作为宣传要点，并附有详细的纪念程序和礼仪。1935年国民党第五次全国代表大会宣言指出，要充实师范教育制度，注重人格陶冶与爱国观念，养成健全师资，发展女子教育，培养仁慈博爱体力智力两俱健全的母性，以挽救种族衰亡的危机等。1935年和1946年两次通过的《中华民国宪法》，涉及关于教育文化的专节内容凸显了对中华优秀传统文化的传承与发展的重视，包括教育文化应发展国民之民族精神、自治精神、国民道德、健全体格、科学及生活技能；国民受教育之机会一律平等。依法加强对全国公私立之教育文化机关监督；注重教育的均衡发展，提高国民整体文化水准，重要的教育文化事业由中央办理或补助；辅助学行俱优无力升学的学生；明确教育、科学、文化经费的财政预算比例；提高从事教育、科学、艺术工作者的工薪待遇；保护有关历史文化艺术古迹古物；等等。

---

　　① 吴家莹.中华民国教育政策发展史［M］.台北：五南图书出版公司，1990：308.

全面抗战爆发后至 1949 年国民党政府败退大陆时期，教育立法基本上是在原有立法的基础上的修正、补充和完善，如 1940 年教育部公布《国民教育实施纲领》，1944 年 3 月发布《国民学校法》，1944 年 10 月公布《全国师范学校学生公费待遇实施办法》，1946 年 12 月修正公布《师范学校毕业生服务规程》，1944 年修正公布《师范学院规程》等，国民教育和师范教育是这个时期教育立法的重点内容。总体来看，除缺少教育基本法外，国民党统治时期逐步形成了一个包括教育方针政策、教育行政管理和各级各类学校教育、社会教育在内的比较完整的法律法规体系。尽管这些法律法规都是在国民党一党专政条件下制定的，但在一定程度上体现了教育界的智慧，借鉴了先进国家的经验，结合中国实际做出了有益的探索，为以后的教育立法工作提供了有益的经验。

统一标准、确定"三民主义"思想在大学教育思想的主导地位、加强对大学的管理是南京国民政府教育法令法规和大学制度建设的重要成果。标准的统一，有效提高了一般大学的办学水准，有利于将高等教育纳入国家和社会发展的总体规划之中，注重以国学为代表的学术基础培养，巩固文科在各大学必修课的地位，将国文教学定为基本工具学科，推行严格的考试，并与毕业挂钩，文科学院明确学生必须研究一种或数种古今名著，培养学生独立的研究精神和扎实的中华文化知识功底，强化了各大学对中华传统文化的学习与研究，体现了在高等教育课程设计上基于中华优秀传统文化传承与发展的深谋远虑，有利于国家整体文化建设水平的提升，为中华传统文化传承与发展提供了有力支撑。加强对大学的管理，包括对教会大学的限制，巩固民国时期大学意识形态阵地中三民主义思想的主体地位，客观上适应了民主革命时期教育民族化的发展趋势，抑制了西方文化殖民政策对中华传统文化和民族精神的进一步侵蚀，也充分表现出中华优秀传统文化精神深深扎根于中华民族的思想中，是民族生存发展的精神命脉、牢不可去的文化基因，再次印证了极强的文化韧性和不屈的民族性格。三民主义是孙中山所倡导的民主革命纲领，是民国时期民主思想的精髓和高度概括，三民主义根植于中华优秀传统文化，富含天下为公等核心思想在内的深厚的文化价值理念，三民主义思想尽管有其不可避免的时代局限性，但仍不失为中华民族的精神遗产，是激励中国人复兴中华的强大思想指导力量，是中华优秀传统文化的传承与发展在民国时期的根本体现，三民主义被以法令法规和制度的形式确定为民国教育的主体指导思想，对民族思想统一、国家力量整合具有重要的促进作用，进一步凝聚为国家富强和复兴中华优秀传统文化的强大推动力量。

## 二、新民主主义的教育制度

五四运动后期，一部分接受了马克思主义的早期共产主义者，就开始用马克思主义的观点考察和分析教育问题，并积极投身于改造社会的教育实践活动。区别于三民主义制度思想及历史上以往关于教育的制度思想，新民主主义教育制度的本质特征就是以马克思主义唯物史观为思想方法来解释教育问题，其突出表现之一，就是将教育与社会的关系纳入经济基础与上层建筑总体结构中予以考察。1919 年，李大钊在《我的马克思主义观》中曾经指出，"一切社会上政治的、法制的、伦理的、哲学的，简单地说，凡是精神上的构造"都是社会的"表面结构"（"上层建筑"），它由社会的"基础结构"（"经济基础"）决定，并依据基础结构而转移。陈独秀进一步明确指出：教育与思想、知识、言论一样，都是"经济的儿子"，而不是"经济的弟兄"；教育等"都是经济基础上面的建筑物，而非基础本身"①。在强调经济基础决定教育发展的同时，陈独秀进一步指出，知识、思想、言论、教育都是"社会进步的重要工具"。李大钊更提出了"灵"与"肉"同时改造的观点，通过改造人的精神而使教育发挥服务于社会革命和经济变革的工具作用，这也正是马克思主义指导下的新民主主义教育功能观的重要结论之一。以马克思主义教育思想为基础，早期中国马克思列宁主义者在教育实践方面，一方面利用旧学校这一教育场所，建立马克思主义研究组织，积极宣传马克思主义和反帝反封建的革命思想；另一方面，在平民教育运动中坚持革命方向，并进一步举办工人补习学校，开展工人教育。

通过教育的传授方式，马克思主义在中国快速传播，催生了中国共产党的成立，也开启了知识分子走入基层、走入民间、走入普通大众中的教育宣传与文化实践之路。中国共产党所领导的早期工农教育，提高了处于社会底层的工农群众的素质，培养了一批工农出身的干部，促进了工农革命运动的开展，探索了工农教育的规范化建设，为此后革命根据地的教育制度的规范化、科学化、体系化发展积累了重要的历史经验，标志着新民主主义教育制度的萌芽。也正是从此时起，中华优秀传统文化传承与发展开始与马克思主义的科学理论相结合，开始有了马克思主义的科学指导，开始有了中国马克思主义的先进政党——中国共产党的领导，添注了科学的、人民的思想源泉，中华文化历经数千年风雨沧桑，在中国共产党领导和马克思主义理论指导下，终于彻底褪去封

---

① 陈独秀 . 陈独秀文章选编：中 ［M］. 北京：生活·读书·新知三联书店，1984：377，379.

建沉疴，凤凰涅槃，重新焕发生机与活力，走上了为国家振兴、民族复兴夯基聚力，贡献智慧、自信自强、守正创新、勇毅前行的中国式现代化文化发展之路。

中国共产党领导的革命根据地教育是与国民党推行的三民主义教育同时并存的，分别代表着两种不同的发展前途和方向的教育模式，也代表着中华优秀传统文化传承与发展的两种不同命运与模式。纵观整个南京国民政府时期，中国共产党领导的革命根据地教育，大体可分为 3 个阶段：（1）1927—1937 年，是新民主主义教育制度得以初步确立和发展的苏维埃地区的教育；（2）1937—1945 年，是在新民主主义文化教育方针的指导下，新民主主义教育制度全面完善和发展的抗日民主根据地的教育；（3）1948—1949 年，是随着人民解放战争的不断胜利，将新民主主义教育逐步推向全国的解放区教育。三个不同时期的教育实践，在马克思主义思想指导的同时，又各有其具体的政治、经济特点，新民主主义制度建设在革命实践和根据地建设中不断完善发展，中华优秀传统文化传承与发展在内忧外患而又激情燃烧的时代，踏上中国式现代化道路。

1927—1937 年，在中国共产党领导的苏区革命根据地，相继建立了新民主主义教育制度，确立了教育为革命战争服务的方针，保障工农群众优先享有受教育的权利，确定教育与生产劳动相联系的重要原则，改造和利用旧知识分子，用共产主义精神教育工农群众。相继出台了一系列教育法令和决议，用制度的形式，贯彻新民主主义教育方针和马克思主义指导思想。1931 年 11 月，苏维埃中央工农民主政府在瑞金成立后，中央苏区周围出现了相对稳定的局面，为教育的正规化发展提供了有利的条件。红军教育逐渐向正规化过渡，逐步向理论的系统化和学科的专门化方向发展，并建立了正规的干部学校，这些干部学校分中级与高级两类，其中，高级干部学校有中央党校、苏维埃大学和红军大学等。1933 年 4 月 15 日，《中华苏维埃共和国临时中央政府教育人民委员部训令》指出："苏区当前文化教育的任务，是要用教育与学习的方法，启发群众的阶级觉悟，提高群众的文化水平与政治水平，打破旧社会思想习惯的传统，以深入思想斗争，使能更有力的动员起来，加入战争，深入阶级斗争，和参加苏维埃各方面的建设。"① 1932 年秋，《闽浙赣省苏大会文化工作决议案》指出："在目前日益开展的国内阶级战争中，加紧工农群众的革命的阶级的政治教育，提高工农群众的文化水平，激励工农群众的斗争情绪，坚定工农群众对革命斗争

---

① 顾明远．中国教育大系·马克思主义与中国教育：下［M］．武汉：湖北教育出版社，l994：1033，1031，1036.

的胜利信心与决心，粉碎反动统治阶级麻醉工农群众的精神工具封建迷信和国民党教育，团结工农群众在革命的阶级战线上，争取革命战争的完全胜利，这是文化教育工作的中心任务。"① 破旧立新，彻底打破封建陈旧落后的思想，才能真正解放人的意识，开发人的思维，才能在批判继承中真正吸取中华优秀传统文化的精髓，为中华优秀文明注入新思想、新理论、新文化，才能更好传承民族品格，发扬民族精神。深入群众，普遍而深入地提高群众阶级觉悟、政治水平、文化程度，培养在革命环境中所需要的革命工作的干部人才，才能真正厚植中华民族的传统优秀文化基础，才能实现文化育人、文化造人的根本任务，才能唤醒整个中华民族民族意识和国家责任感。苏区强调"教育为革命战争服务"的方针，其实质，就是要通过提高人们的文化水平和政治觉悟，充分发挥教育在发动群众支持和参加革命斗争中的动员、教育作用，真正激发千万劳苦大众的革命意志和斗争精神，真正激发出中华优秀传统文化的特色优势和伟大力量，开启马克思主义的中国化时代化道路，改造中国、救中国。

苏维埃政权作为人民民主政权，始终把保障工农劳苦群众受教育的权利作为一项基本方针。1931 年 11 月，中华苏维埃第一次全国工农兵代表大会宣言中宣布："工农劳苦群众，不论男子和女子，在社会、经济、政治和教育上，完全享有同等的权利和义务。""一切工农劳苦群众及其子弟，有享受国家免费教育之权。"② 1934 年 1 月，毛泽东在第二次全国苏维埃代表大会报告中，提出了"苏维埃文化教育的总方针：在于以共产主义精神来教育广大的劳苦民众，在于使文化教育为革命战争与阶级斗争服务，在于使教育与生产劳动联系起来，在于使广大中国民众都成为享受文明幸福的人"③。广大劳动群众既是教育的对象，也是教育的主体。发动和依靠广大劳动群众办教育，既是苏区教育的基本方针政策，也是苏区教育的基本特点所在。中国劳苦大众，数千年来，第一次在中国共产党领导下的苏区的新民主主义教育制度下，享有了真正的，且有优先考虑地位的受教育权利和义务，男女平等和贫苦大众的子女教育问题也得到了真正的解决，这也是苏区新民主主义教育制度重要的开创性贡献。

教育与生产劳动相联系，是马克思主义教育理论的一个重要原则。苏区教

① 顾明远．中国教育大系·马克思主义与中国教育：下［M］．武汉：湖北教育出版社，1994：1031，1036.
② 顾明远．中国教育大系·马克思主义与中国教育：下［M］．武汉：湖北教育出版社，1994：1029.
③ 现代江西省档案馆，中共江西省委党校党史教研室．中央革命根据地史料选编：下册［M］．南昌：江西人民出版社，1983：331.

育始终坚持教育与生产劳动相联系。湘鄂赣省苏维埃政府第 1 号训令规定："教育与工业生活农业生活结合，即劳动与教育结合，劳心与劳力结合，理论与实际结合，达到消灭精神劳动与肉体劳动对立的目的。"①1934 年 2 月，中华苏维埃共和国临时中央政府人民委员会第 8 号命令也强调："要消灭离开生产劳动的寄生阶级的教育，同时要用教育来提高生产劳动者的知识和技术，使教育与劳动统一起来。"② 这一重要教育原则，打破了数千年来"劳心者治人，劳力者治于人"，将劳动与教育对立起来的封建等级教育价值观念，使得劳动人民创造的中华优秀传统文化的教育权利真正回归人民大众之中，真正回归到孕育这一世界独有、独特、独到文化的土地之中去，夯实了文化传承和发展的实践基础、群众基础。

1937—1945 年，中国共产党领导的抗日民主根据地，在总结苏区历史经验的基础上，根据抗战的需要，制定了新的、更符合中国社会实际的教育方针政策和制度，也有力地推动了抗日民主根据地教育的发展和文化的繁荣。因应抗日战争和新的斗争形式的需要，此时的新民主主义教育提出了教育为抗战服务的要求。在长期的斗争和实践的过程中，中国共产党坚持理论创新和理论联系实际的马克思主义的世界观和方法论，善于根据中国实际，提出解决中国教育和文化发展问题的科学方案，并最终形成了新民主主义的教育文化总方针。

根据"干部教育第一，国民教育第二"的方针，形成了自己的学制系统：高级干部教育——高等学校；干部教育（中级干部教育）——中等学校（及各种训练班）；初级干部教育——初等学校（程度相当于高等小学）；国民教育儿童教育——初等学校（相当于初级小学）；群众教育——成人教育各种成人教育形式（识字班组、冬学、夜校等）。这一学制系统，体现了干部教育重于群众教育、在职干部的提高重于未来干部的培养的原则，各级教育都不着眼于升学，不具备预备性质和严格的衔接关系，而各有其独立性质，具有明确的实际生活和实际工作上的目标。在高等教育方面，随着形势的发展，来到延安的青年越来越多。延安当时只有中央党校和抗大这两所学校，远不能适应战时的需要。经过讨论，大家达成了共识并决定：抗大培养军政干部，党校培养党的工作干部。为加快培养抗战急需高级人才，中共中央决定仿照大革命时期在上海开办"中国公学"的经验与方式，在延安建立大学，并将原定校名"陕北大学"改

---

① 顾明远. 中国教育大系·马克思主义与中国教育：下 [M]. 武汉：湖北教育出版社，1994：1030.

② 顾明远. 中国教育大系·马克思主义与中国教育：下 [M]. 武汉：湖北教育出版社，1994：1041.

为"陕北公学"。

在 1937 年 11 月 3 日举行的陕北公学开学典礼上，毛泽东为师生讲授了题为《目前的战局和方针》的"入学第一课"，并明确指出陕北公学"要造就大批的民族革命干部"。这从根本上回答了中国共产党创办陕北公学的目的，正如毛泽东 1938 年 3 月在《援助陕北公学》宣传册上的题词："陕北公学是属于中华民族的，因为他为着抗日救亡而设。"以"抗日救亡"为中心的办学使命同样体现在华北联合大学时期。1939 年 6 月，中共中央决定由陕北公学、延安鲁迅艺术学院等联合成立华北联合大学。这支"最活跃的革命力量"为晋察冀解放区建设做出了积极贡献。毛泽东在华北联合大学创办之初到学校做报告，向师生送了"三样法宝"，即"统一战线、游击战争、革命的团结"，并号召师生"深入敌后、动员群众，坚持抗战到底"。由此，华北联合大学根据中共中央的指示精神将办学任务归纳为"为抗日战争服务，为坚持抗战、坚持持久战、争取抗日战争最后胜利服务；培养坚持抗战、坚持团结、坚持进步的各种干部，培养革命人才"；并在《华北联合大学章程》中明确将"为抗日战争服务的一支文化纵队和推进华北抗战的一个有力杠杆"作为办学目标。高等教育作为一种社会存在，不同的社会发展阶段决定了其不同的教育目的。中国共产党领导成立的陕北公学、华北联大等大学，以"抗日救亡"为中心的办学使命在民族危亡的关键时刻树立了一面天下兴亡匹夫有责和不畏艰险、勇于斗争的旗帜，在极其艰苦的抗日年代，发扬并传承了中华优秀传统文化的精神，这在当时的历史条件下，无疑具有超越教育本身的时代价值。

1937 年 7 月，毛泽东发表了《反对日本进攻的方针、办法和前途》，提出："根本改革过去的教育方针和教育制度。不急之务和不合理的办法，一概废弃。"[①] 同年 7 月 22 日，中共中央政治局在洛川开会，公布了《中国共产党抗日救国十大纲领》，提出要实行抗日的教育政策。为抗战服务的教育政策，首先就是要改变教育的旧制度与旧课程，实行以抗日救国为目标的新制度与新课程。具体包括：改订学制、废除不急需与不必要的课程、改变管理制度；以教授战争所必要的课程及发扬学生的学习积极性为原则创设并扩大、增强各种干部学校，培养大批的抗日干部；广泛发展民众教育，组织各种补习学校、识字运动、戏剧运动、歌咏运动、体育运动，创办敌前敌后各种地方通俗报纸，提高人民的民族文化与民族觉悟等。为抗战服务的教育政策，还要求与一切抗日爱国的知识分子结成广泛的革命统一战线，把吸收知识分子由过去的"利用"发展到

---

① 毛泽东. 毛泽东选集：第 2 卷 [M]. 北京：人民出版社，1991：348.

现在的"合作"，这既是中共在政治上的一项重要政策，也是当时文化教育上的一项重要政策。同时，提出尊重学术思想研究的自由，林伯渠在《把握统一战线的政策》中说："顽固分子在文化教育上采取愚民政策，摧残进步的文化运动，边区要尊重学术思想研究的自由，奖励私人办学，保护一切抗日的知识分子。"① 中国共产党的知识分子政策随统一战线理论的发展，正日趋成熟。生产（工作）与教育（学习）并重，也是抗日民主根据地教育为战争服务政策的重要组成部分，尤其是党的高等教育层面。1939 年 6 月，毛泽东在延安高级干部会议上发表《反投降提纲》，提出了干部学习与生产结合的制度，即党政军民各机关的在职干部，都要一边工作，一边生产，一边学习，把生产与学习、经济与教育并举，确定为根据地的重要教育方针。通过学习，掌握理论和技术知识，促进生产和劳动的效率，以生产和劳动验证理论知识的科学性，促进理论知识的创新和发展，在紧张的革命斗争中，中国共产党真正做到了理论与实践的结合，做到了摆脱教条主义和"党八股"的思想藩篱，真正发扬了中华优秀传统文化"大人不华，君子务实""博学之，审问之，慎思之，明辨之，笃行之"等求真务实的民族精神，这一教育理念和制度精神，在以中共领导干部为主、党内高级学习班为代表的高等教育中得以全面贯彻，极大促进了干部思想的提升和理论的掌握，文化素质水平得到全面提升，无论是对敌后抗日根据地的发展壮大，还是对抗日战争的最终胜利都具有重要的客观意义。

在教育方针方面具有最重要历史意义的是新民主主义文化教育方针的确立。1940 年 1 月，毛泽东在《新民主主义论》中指出："现阶段上中国新的国民文化的内容，既不是资产阶级的文化专制主义，又不是单纯的无产阶级的社会主义，而是以无产阶级社会主义文化思想为领导的人民大众的反帝反封建的新民主主义。"② "民族的科学的大众的文化，就是人民大众反帝反封建的文化，就是新民主主义的文化，就是中华民族的新文化。"③ 同年 3 月，《中央关于抗日民主地区的国民教育的批示》明确提出："应该确定国民教育的基本内容为新民主主义的教育。"④ 1941 年 2 月，中共中央机关刊物《共产党人》发表的《各抗日根据地文化教育政策讨论提纲（草案）》指出，今后各根据地文化教育事业

① 陕西省档案馆，陕西省社会科学院. 陕甘宁边区政府文件选编：第 3 辑 [M]. 北京：档案出版社，1987：88.
② 毛泽东. 毛泽东选集：第 2 卷 [M]. 北京：人民出版社，1991：706.
③ 毛泽东. 毛泽东选集：第 2 卷 [M]. 北京：人民出版社，1991：708-709.
④ 顾明远. 中国教育大系·马克思主义与中国教育：下 [M]. 武汉：湖北教育出版社，1994：1079.

应遵循中央提出的"新民主主义的文化"方针。① 这是中国教育现代化以来，也是中国共产党确立马克思主义的指导思想以来，对中华民族新文化性质、特点和任务做出的比较全面的科学概括。这一教育方针，确立了马克思主义的世界观与方法论的理论指导，强调了对代表民族特性、特色的中华优秀传统文化的传承与发展，强调了教育为民众所有、为民众服务的方针，符合时代发展和文化发展规律，代表了中华先进文化的发展方向。

解放战争时期，随着解放战争的快速发展和国民党统治的节节败退，新民主主义的教育开始由解放区到发展新区，从注重农村教育到发展城市教育的历史转变。根据城市教育的特点，有效地运用革命根据地的教育经验接管和改造旧学校、旧教育，成为这个时期教育工作的重要课题。中国共产党在坚持新民主主义教育方针的前提下，发布了一系列具体的、有针对性的教育政策，对旧学校改造采取了先维持现状、后逐渐改造的审慎态度，以利于新解放区新民主主义教育制度的顺利落实。1945 年 12 月，新四军华中军区司令部联合发出布告，规定："凡本军解放之城镇，所育大中小学校校址、校具和图书仪器等应负责保护，并协助恢复与推行新民主主义教育文化，不得因驻扎等理由，妨碍其教学的进行。"② 1947 年 2 月，冀晋行政公署《关于新收复区教育工作的指示》中指出："总的方针是在旧有的教育基础上这步加以改造，积极摧毁顽伪法西斯奴化教育，树立新民主主义教育，对旧育教职员采取团结改造的方针。"③ 对旧教育既不是完全推翻与打倒，也不是一概承受，而是在其旧的基础上逐步进行改造，批判地接受其有用的部分。贯彻新民主主义教育方针，注意从各个地区的地理及历史特点出发，根据群众的政治认识水平而采取一定的教育措施，不机械地搬用向老解放区看齐的各种方法。对于新收复区的教师，注意区分情况、分别对待，对比较好的进步的教师逐步加以改造、团结，大胆地接收、使用他们，通过进步的带动中间的，逐步洗刷落后的；对于青年学生，则完全采取教育改造的方针。对于私立学校的改造，规定，可以根据人民信仰自由的原则，允许合法的机关团体（包括教会）或私人办学，但必须执行新民主主义教育方针，接受民主政府领导。这些政策和措施的制定和出台，符合实际，也有利于

---

① 陕西师范大学教育研究所. 陕甘宁边区教育资料：上册［M］. 北京：教育科学出版社，1981：150.

② 中央教育科学研究所. 老解放区教育资制（三）［M］. 北京：教育科学出版社，1991：400.

③ 河北省晋察冀边区教育史编委会. 晋察冀边区教育资料选编：下［M］. 北京：北京师范大学出版社，1991：255.

新民主主义教育方针在新解放区的稳步推进和顺利落实，是推进国统区旧文化制度向解放区新文化制度顺利过渡的科学决策。

1949 年 10 月，中国人民政治协商会议第一届全体会议隆重开幕，会议通过的《中国人民政治协商会议共同纲领》中规定："中华人民共和国的教育为新民主主义的，即民族的、科学的、大众的文化教育。人民政府的文化教育工作，应以提高人民文化水平，培养国家建设人才，肃清封建的、买办的、法西斯主义的思想，发展为人民服务的思想为主要任务。""有计划有步骤地实行普及教育，加强中等教育和高等教育，注重技术教育，加强劳动者的业余教育和在职干部教育，给青年知识分子和旧知识分子以革命的政治教育，以适应革命工作和国家建设工作的广泛需要。"随着解放战争的胜利，新民主主义的文化教育方针将在整个中华大地上全面实施，以大学为代表的中国高等教育也即将迎来改头换面、焕然一新的新民主主义新起点、新发展、新气象，并将建立全面的、彻底的新民主主义，及之后的社会主义新的教育制度，中华优秀传统文化的传承与发展即将开启历史性新篇章。

# 第四章

## 教学与研究：
## 教育活动与中华优秀传统文化的传承与发展

制度是思想观念的具体化，而思想观念最终要通过由制度指引的行动来落实。高校中的教学活动与学术研究，是高校运行中的主体活动，民国时期大学对中华优秀传统文化的传承与发展要通过具体的教学和研究活动来呈现。本章重点考察民国时期大学的课题设置、教材选用与编制、学生学业考核评价、教师的教学思想与学术研究活动等内容，旨在从具体的教学研究实践层面来分析民国时期大学对中华优秀传统文化的传承与发展状况。

### 第一节　民国时期大学课程中的传统文化内容设置

课程是为了实现对学生的培养目标而规定的教育内容及其目的、范围和进程的总和。因为"课程规定了用什么样的教育教学内容来培养学生，它关系到学生的知识结构、能力结构、个性结构，是学校人才培养的蓝图。因此，课程的编制和实施是学校实现其教育目的的手段，也是教师和学生之间的中介。因此教育课程是学校教育的核心内容，是教育行政关心和作用的重要领域"①。

### 一、政府的政策及法令为传统文化课程设置提供支持

如第三章所述，民国时期政府在其政策和法令当中都对大学的课程设置进行了相关规制，较有代表性的有《教育纲要》《大总统颁定教育宗旨》《全国教育计划书》等。

1915 年 4 月颁布的《教育纲要》崇奉古圣贤，要求自中小学起就要加读经科，大学更要注重研究中国文学、哲学、史学，以发扬国学之精神。在其第二项"教育要言"中提出，"各学校均应崇奉古圣贤以为师法，宜尊孔以端其基，

---

① 陈孝彬，高洪源．教育管理学［M］．北京：北京师范大学出版社，2008：215.

尚孟以致其用"，可见将尊崇中国古时圣贤列为重要的指导思想，作为师道的法则。孔孟虽所处年代久远，但其思想中蕴含着对国家热诚、对世人悲悯等优秀内涵，应世代传承。《教育纲要》要求大学尤其是国立文科大学要注重研究中国文学、哲学、史学，注重考古院。中国的经史百家及历代典籍多属于文学、哲学、史学这三科的范畴，这些课程内容的研究与传承民族文化、发扬民族精神密切相关。《教育纲要》还专门提到当时有一些学子对于民族的文化与精神抱有厌弃之心令人担忧，认为只有保持中华文化的承袭、维系民族精神内涵才能使国家的根基稳定。该纲要以当时的北京大学为例，北京大学设有中国文学、哲学、历史学三类课程，这些课程都应该发挥作用，使民族的优秀传统文化得到传承。《教育纲要》鼓励以现代的研究方法"保存国粹，发扬国学精神"，认为此事"所关匪细"。

1915 年 2 月颁布的《大总统颁定教育宗旨》提出的教育宗旨中有"爱国""戒贪争""戒躁进"等与中华优秀传统文化内涵相通的内容表述。对于为当时社会所抨击的"法孔孟"，教育宗旨做出如下阐释："吾国民诵习孔孟之言，苟于其所谓居仁由义而求得共和法，治国为人之真谛，将见朝野一心，共图上理，由是扬国粹而跻富强，其道又奚待外求哉！"① 虽有"愚民"、培养"顺民"之嫌，但其求政民一致、天下太平、促使民族国家富强之愿望本身仍是有积极意义的。

1919 年 3 月公布的《全国教育计划书》中提出要"统一国语"，认为"欲期教育普及，自以统一国语为先务。现已颁定注音字母为统一国语之基本，并将编定普通语法为言文一致之预备。以后应就各省地方设立国语讲习所，藉广推行，此项经费应由中央支给"②。因为国语的统一对传播和统一思想、推动传统文化对人的精神的培育意义不言自明，蔡元培曾说："国语国文之形式，其依准文法者属于实利，而依准美词学者，属于美感。其内容则军国民主义当占百分之十，实利主义当占其四十，德育当占其二十，美育当占其二十五，而世界观则占其五。"③

---

① 舒新城. 近代中国教育史料［M］.北京：中国人民大学出版社，2012：248.

② 中国第二历史档案馆. 中华民国史档案资料汇编：第 3 辑［M］.南京：凤凰出版社，1991：54.

③ 蔡元培. 蔡元培文录［M］.北京：商务印书馆，2019：102.

**二、大学的预科、本科阶段及"文""实"两科课程设置中的传统文化内容**

依据《大学令》和《大学规程》，大学需设置预科，1924 年《国立大学校条例》更进一步要求预科在大学里成为相对独立的学业部分。据学生不同的专业发展方向，在预科阶段需要修习的课程与本科阶段有所不同，但是无一例外设有国文课程。"第一部为志愿入文科、法科、商科者设之，科目为外国语、国文、历史、伦理、论理及心理、法学通论。在志愿入文科者，外加经济通论。在志愿入文科之哲学门者，外加数学、物理。第二部为志愿入理科、工科、农科并医科之药学门者设之，科目为外国语、国文、数学、物理、化学、地质学及矿物学、图画。第三部为志愿入医科之医学门者设之，科目为外国语、国文、拉丁语、数学、物理、化学、动物学及植物学。"① 从 1917 年《北京大学日刊》公布的预科课程中，可以看到无论文科、理科，排在前面的都是国文，无论所学专业是什么都需要修习国文课程，并且在三年的预科课程中每周国文的课时达到 7 学时，可见国文在所有预科课程体系中被重视的程度。

清末时期清政府效仿德国和法国的高等教育模式进行了"文实分科"，文科包括历史、文学、外语、地理等科目，实科包括数学、物理、博物等科目。虽然文实进行了分科，但是两科的课程设置中均有国文类的课程。1913 年颁布的《大学规程》规定大学的各学院或独立学院各科都要将国文列为必修课程；清华大学规定，在各系共同必修课程中，第一学年的第一门课程就是国文，并且设置了 6 个学时。②

在大学文史类专业中，有关中华优秀传统文化传承的课程较多，并且课程内容的教学安排也成体系。以北京大学 1917 年发布的中国文学门的课程为例，国文学专业的必修课程为。

国文学（一）文学概论

国文学（二）文字学 一字音

国文学（三）文字学 二字形

国文学（四）文字学 三字义

国文学（五）文史学要略

① 舒新城 . 中国近代教育史资料：中册 ［M］. 北京：人民教育出版社，1981：657-658.
② 李森 . 民国时期高等教育史料汇编：第 2 册 ［M］. 北京：国家图书馆出版社，2014：241.

国文学（六）上古至秦之文学

国文学（七）汉魏六朝文学

国文学（八）唐宋文学

国文学（九）元明清文学①

必修课程中包括了对汉字的研究课程、对文史学概述的课程，并对中国古代文学分阶段地进行了学习和研究。在此基础上，选修课中又包含以下内容：

国文学（五一）诗经

国文学（五二）楚辞

国文学（五三）汉魏乐府

国文学（五四）建安七子诗

国文学（五五）阮嗣宗诗

国文学（五六）陶渊明诗

国文学（五七）谢康乐诗

国文学（五八）李太白诗

国文学（五九）杜子美诗

附：杜以前诗人：鲍明远、阴铿、何逊、庾子山、杜审言、沈佺期。杜以后诗人：李义山、杜牧之、韩退之、白香山、元微之、元次山、苏东坡、陆放翁、元遗山。

国文学（六〇）唐五代词

国文学（六一）北宋人词

国文学（六二）南宋人词

国文学（六三）名曲

国文学（六四）宋以后小说

国文学（六五）文选派文学

国文学（六六）八家派文学

国文学（六七）江西派诗

国文学（六八）古代文学史

国文学（六九）中古文学史

国文学（七〇）近代文学史

国文学（一一）钟鼎龟甲古文

---

① 王学珍，郭建荣. 北京大学史料：第二卷（1912—1937）[M]. 北京：北京大学出版社，2000：1058.

国文学（一二）说文解字

国文学（一三）古音学

国文学（一四）今音学

国文学（一五）训诂学

国文学（一五一）文典编纂法之研究

国文学（一五二）字典编纂法之研究

国文学（一五三）国语之研究①

选修课程又对古代文学各阶段的代表人物、代表作品及相关文学理论进行了更细致的划分，供学生选修，传承了中华民族传统诗词文化精髓的脉络，使学生有机会系统学习到中国古代的优秀传统文化，并能根据兴趣和优长进行选修、研究与学习，为学生提供了宝贵的学习资源，也使优秀传统文化借由课程传承下来。

民国时期意识到封建时代教育只重人伦、忽视科技的积弊，因此在教育中持续加强"实科"，"按中西各学分门别类，募考实学"②。民国政府颁布《中华民国教育宗旨及其实施方针》《改革大学文法等科设置办法》等鼓励设置农、工、医、理、商等学科。要求各大学已设置的专业根据在校人数、发展情况、师资力量、教学设备等多方面的因素综合考量，进行合理调整。蔡元培在《对于新教育之意见》中提道："我国地宝不发，实业之组织尚幼稚，人民失业者至多，而国甚贫。实利主义之教育，故亦当务之急者也。"蒋梦麟回忆蔡元培对实科的重视时曾说："蔡先生崇信自然科学。他不但相信科学可以产生发明、机器，以及其他实益，他并且相信科学可以培养有系统的思想和研究的心理习惯，有了系统的思想和研究，才有定理定则的发现，定理定则是一切真知灼见的基础。"③ 蔡元培对北京大学的课程设置进行了调整与优化："在自然科学与社会科学方面，比较困难一点。自民国九年起，自然科学诸系，请到了丁巽甫、颜任光、李润章诸君主持物理系，李仲揆君主持地质系。在化学系本有王抚五、陈聘丞、丁庶为诸君，而这时候又增聘程寰西、石蘅青诸君。在生物学系本已有钟宪鬯君在东南西南各省搜罗动植物标本，有李石曾君讲授学理，而这时候又增聘谭仲逵君。于是整理各系的实验室与图书室，使学生在教员指导之下，切实用功，改造第二院礼堂与庭园，使合于讲演之用。在社会科学方面，请到

① 王学珍，郭建荣. 北京大学史料：第二卷（1912—1937）［M］. 北京：北京大学出版社，2000：1059.

② 舒新城. 近代中国教育史料［M］. 北京：中国人民大学出版社，2012：53.

③ 蒋梦麟. 蒋梦麟述怀［M］. 北京：商务印书馆，2019：183.

王雪艇、周鲠生、皮皓白诸君；一面诚意指导提起学生好学的精神，一面广购图书杂志，给学生以自由考索的工具。丁巽甫君以物理学教授兼预科主任，提高预科程度。于是北大始达到各系平均发展的境界。"① 后来的北京大学校长蒋梦麟也认为要注重自然科学，他表示："注重自然科学这是很重要的：现在文化运动基础不稳固，缺点就因为不注重自然科学。我们若想来使文化运动的基础稳固，便不得不注重它。西洋文化的所以如此发达者，就是因为他们的根基，打在自然的科学上……无论是文科的、法科的、理科的诸同学们，凡关于天文地理……一类的自然科学上，都当着实的注意才好！"② 所以北大对实科的师资进行充实，并且在教学资源、设备教具、图书刊物等方面都进行了大力加强，使各系得到了均衡的发展。在教育家努力推动的同时，教育部也在制度设计上加强实科教育，"政府通过《大学组织法》与《大学规程》对大学设立采取了较为严格的标准，提高了大学的质量。院系设置、文法科畸形发展的问题得到了重视和有效解决"③。

大学在"实"科的课程设置中同样重视国文等传统文化课程。蔡元培在《中国现代大学观念及教育趋势》一文中就表示对于学生来说，如果所在的大学只有自己所修读的学科，那对于学生来说其实是没有益处的。不应该只学习自己所选的文科或实科，这样会使学生们的知识结构和学术视野受到限制。他说："就学生方面来说，如果进入一所各科只开设与其他学科完全分开的、只有本科专业课程的大学，那对他的教育将是不利的。因为这样一来，理科学生势必放弃对哲学与文学的爱好，使他们失去了在这方面的造诣机会。结果他的教育将受到机械论的支配。他最终会产生一种错误的认识，认为客观上的社会存在形式是一回事，而主观上的社会存在形式完全是另一回事，两者截然无关。这将导致自私自利的社会或机械社会的发展。另一方面，文科学生因为想回避复杂的事物，就变得讨厌学习物理、化学、生物等科学。这样，他们还没有掌握住哲学的一般概念，就失去了基础，抓不住周围事物的本质，只剩下玄而又玄的观念。因此，我们决心打破存在于从事不同知识领域学习的学生之间的障碍。"④ 可见从蔡元培这样的教育家视角，希望学生能够健全知识结构，不因所学学科而使认知受到限制。在此思想指引下，实科专业中的国文课程也同样受

---

① 蔡元培. 蔡元培文录 [M]. 北京：商务印书馆，2019：48.

② 蒋梦麟. 蒋梦麟述怀 [M]. 北京：商务印书馆，2019：16.

③ 徐洁. 民国时期（1927—1949）中国大学课程整理过程及发展特点 [J]. 江苏高教，2007（02）：87.

④ 蔡元培. 蔡元培文录 [M]. 北京：商务印书馆，2019：200.

到重视，从北京大学当时的理科教员担任科目钟点表中可以看到，教授理科预科国文课程的是刘文典这样的著名教授，并且每周设置有 3 学时，仅次于数学课的学时。①

## 第二节　民国时期大学在教学中的传统文化内容融入

学校的考试无论在什么时代，都是学生学习内容指向的"指挥棒"，民国时期也不例外，民国时期大学对中华优秀传统文化的传承与发展还体现在学生的入学考试当中，同时教科书的编制和教材的选用也注重传统典籍，并将传统文化内容融入学生平时的学业考核之中。

### 一、学生入学考试中的传统文化考核

民国时期在大学的入学考试当中，中华传统文化知识是考核的重点之一。1917 年 12 月 22 日《北京大学日刊》所刊陈独秀的《文科试验规则修正案》中提出："预科每学年平均分数，或主要学科（国文及第一种外国语）试验分数不及格者，均应留级，不准补考；其连续留级二次仍不及格者，令其退学。"《北平晨报》1935 年 9 月 11 日的报道中写道：北京大学在注册的第二日，新生报到者非常多。由于入学考试时的考试科目仅分院别而不分系别，所以在报主修学系的同时还要报考第二志愿学系。入学考试录取后由各系进行审查，符合要求则可以进入第一志愿，如果不合格则要进入第二志愿。审定的标准是："文学院，中文学系入系标准有甲、乙两项：（甲）国文成绩在八十分以上；（乙）1. 国文成绩在六十分以上；2. 外国文成绩在五十分以上（须具两项）。"②

1938 年，教育部公布《二十七年度国立各院校统一招生办法大纲》，标志着国立大学统一组织和实施入学考试制度的建立。教育部为了更好地实现统一招生的目标，对考试科目和命题标准都做了较细致的安排，首先是将考生分成了三个考试的组别，报文法类的归入第一组，报理工类的归入第二组，选医学、农学等专业的归入第三组。这些组别都有三门必考科目，国文位列其中；所有

① 王学珍，郭建荣. 北京大学史料：第二卷（1912—1937）[M]. 北京：北京大学出版社，2000：1070.
② 王学珍，郭建荣. 北京大学史料：第二卷（1912—1937）[M]. 北京：北京大学出版社，2000：982.

科目中考试时间用时最长为三小时，国文也是其中之一。国文的考试分为三道大题："国文考试考作文一篇，文言文语体文互译各一篇。"① 除第一题作文以外，第二题和第三题是文言文和语体文的互译，重点考查考生对文言文的掌握程度和运用能力。民国二十八年（1939 年）的国文考试题目中第二题如下：

　　2. 文言译语体

　　　　大道之行也，天下为公，选贤与能，讲信修睦。故人不独亲其亲，不独子其子，使老有所终，壮有所用，幼有所长，鳏寡孤独废疾者皆有所养，男有分，女有归。货恶其弃于地也，不必藏于己；力恶其不出于身也，不必为己。是故谋闭而不兴，盗窃乱贼而不作，故外户而不闭，是谓大同。②

　　这道题目出自西汉理学家戴圣编著的《礼记》中的一篇散文《大道之行也》。这篇阐释儒家"大同"思想的文言文，表现出古人追求的"天下为公"的理想的社会模式，也体现出对于"人与社会、人与人之间、人与自身和谐统一的内在追求"③。出题者选取这样一篇文章要求考生翻译成白话文，既考查了学生对原文的文字与思想的理解程度，也能看出学生对白话文的综合运用能力。对这样的题目进行作答，对考生的传统文化水准要求较高，是题目的核心考查目标。

　　国立各院校的统一招生从 1938 年到 1940 年持续了三年，后因当时的抗日战争形势吃紧、各地交通困难，教育部宣布了暂停国立各院校的统一招生，改由各院校自行招生。教育部颁布了《三十年度公立各大学及独立学院自行招生办法》，规定了各院校的命题范围、分数权重等内容。考生分为文组、理组和医农组，考试科目为公民、国文、英文和数学等，并且规定各科成绩的计算标准为"国文、英文（或德文）、数学三科目占百分之五十，其他五科目占百分之五十"④。国文在考试中不但被列为必考科目，且考试的分值也占比较高。并且国文考试依然延续了之前统一招生考试时的形式，内容也侧重传统文化学习和能力的考查，如 1941 年的浙江大学龙泉分校的国文考试，试题如下：

---

①　姜闽红. 抗战时期的民国大学招生研究［M］. 北京：北京理工大学出版社，2016：40.

②　二十八年度国立各院校统一招生试题［J］. 学生之交，1940（01）：75-76.

③　王文杰，赵方. 简析西周时期教育中的中华优秀传统文化内涵——基于《周礼》《仪礼》《礼记》等文献研究的视角［J］. 北京联合大学学报（人文社会科学版），2019（04）：60.

④　国立四川大学出版组. 三十年度公立各大学及独立学院自行招生办法［J］. 国立四川大学校刊，1944，10（04）.

1. 作文

自述在中学学习国文之经过。

2. 文言译语体

儒有不宝金玉，而忠信以为宝；不祈土地，立义以为土地；不祈多积，多文以为富。难得而易禄也，易禄而难畜也，非时不见，不亦难得乎？非义不合，不亦难畜乎？先劳而后禄，不亦易禄乎？其近人有如此者。

儒有可亲而不可劫也，可近而不可迫也，可杀而不可辱也。其居处不淫，其饮食不溽，其过失可微辨而不可面数也。其刚毅有如此者。

儒有今人与居，古人与稽。今世行之，后世以为楷。适弗逢世，上弗援，下弗推。谗谄之民，有比党而危之者，身可危也，而志不可夺也，虽危起居，竟信其志，犹将不忘百姓之病也。其忧思有如此者。

儒有闻善以相告也，见善以相示也，爵位相先也，患难相死也，久相待也，远相致也。其任举有如此者。

儒有合志同方，营道同术，并立则乐，相下不厌。久不相见，闻流言不信。其行本方立义，同而进，不同而退。其交友有如此者。

（节录《礼记·儒行》篇）

3. 语体译文言

我们今后教育的目的，就是要教出一般能担当建设国家，复兴民族责任的健全国民。究竟是要教他做怎样一种人才能达到这个目的呢？简单说一句，就是要造就他们成为一个真正的中国人。这句话大家听了，或许要觉得惊异，以为：过去一般学校所教的学生，本来就都是中国人，还要如何才是真正的中国人呢？其实从前学校教育教出来的学生，有许多尽管名目上是中国人，而一考其思想和精神，就没有一些中国人的气质。很痛心地说一句，简直不知他是哪一国人。这些人既不明了本国的历史文化和民族地位的重要，也不尊重本国固有的德性和立国精神的特点，更不知道做一个国民对于本国应负有如何的责任。他不知道自己的国家和文化应当如何爱重，只是盲目地接受外国的一切。凡是本国的，都可以随便吐弃，毫不顾惜；凡是外来的，都可以随便模仿，不加别择。而且只讲表面，徒袭皮毛，浮动浅薄，随人俯仰，完全丧失了独立国家的国民精神。这种人，既然根本不知道有国家，敌国外患如此严重，也激不起他们真正的民族意识和爱国的良知，还不是和无耻的汉奸一样，只讲自私自利，不惜出卖国家，出卖民族吗？这样的人，还配做中国人吗？要知道我们中国人是有我们祖先遗留下来的固有德性，是有我们中国人确乎不拔、独立不惧的特性和品格。我们中华民族有中国整个一贯的民族精神。所以，中国国民，只有有中国人所固有的品格德性和精神，才可以算为一个真正的中国人。换句话说，中国人不仅要以"中国"为他的生命，而且要以"中国"为他的灵魂。所谓中国的灵魂，就是国魂。这个国魂，就是包括中国一切固有的历史文化、风俗习惯和道德思想，以及五千年来一切精神物质的创造和积累。

（录自民国二十七年八月二十八日出席中央训练团第一期毕业典礼训词）①

首先考卷的第一题作文，题目就是让考生自述在中学时学习国文的经历。第二题文言译语体，依然是选取了《礼记》中的一篇。这篇《儒行》从十五个方面讲述儒行，阐释了中国古代知识分子最标准的行为，儒者的典范。对《儒行》的翻译，就可考查考生对"儒"本身的理解。第三题语体译文言，选取的这篇毕业典礼训词中，讲述的中心思想就是要深入学习自己国家的历史文化，做真正爱民族、爱本国的历史文化并且拥有深度民族自信的中国人将这样的内容从白话文译成古文，更考查了考生对文言文和白话文互相转换和综合运用的能力。

1942年中央大学在成都区联合招生的国文试题，尤其侧重考查考生对中国古代文学中的经典知识点的掌握情况，并且丰富了考试的题型：

1. 作文

政府在抗战期间，对于诸生，不征之使从军，而招之使求学，其意义安在？试申述之。文言、语体均可，须分段并加新式标点。

2. 常识题

（1）注明下列各书之著者或编者。

①国语；②楚辞；③说文解字；④文选；⑤史通。

（2）释下列各名。

①三礼；②三传；③四史。

（3）下列诸人在先秦学派中各属何家？分别注明之。

①邓析；②禽滑釐；③韩非；④孔子；⑤老聃。

---

① 国立浙江大学等校本年度新生入学试题［J］. 新青年，1941，6（02）.

（4）标点并翻译（下文一段，加新式标点，并译成白话）。

卫人嫁其子而教之曰必私积聚为人妇而出常也其成居幸也其子因私积聚其姑以为多私而出之其子所以反者倍其所以嫁其父不自罪于教子非也而自知其益富今人臣之处官者皆是类也（见《韩非子·说林下》篇）

（2）、（3）两题皆就题纸做答题纸，须随卷缴还，字须正楷。①

这套国文考卷中的第二大题，用多种题型考查考生对传统文化的掌握程度。考查考生对传统文化中的经典作品、经典篇章、著名作者、相关学派等的了解，并且出题方式灵活多样，从多角度对考生的综合能力进行考查。

前文提到教育部发布的自主招生考试纲领性文件中规定的国文分数占比就是最高的，在实际录取中国文成绩在录取标准中的所占比重也是最大的，比如，当年的甘肃省联合考试的第一条录取标准为：国文科成绩在 40 分以上，国文、英文、数学三科成绩平均在 30 分以上，而无一科 0 分，其总平均成绩亦在 30 分以上者。国文科的录取成绩要求在所有科目中是最高的，在第一条中首先就被单独列出要求在 40 分以上，在这样的前提下再看其他科目的成绩，可见在录取中的分量之重。民国时期无论高校的招生考试以何种形式进行，国文都一直是必考的科目，并且录取分值占比最大，录取中的要求也是最高的。国文的考试内容也以传统文化为考查重点，以多种形式考查考生对传统文化的掌握程度。民国时期的高校招录中传统文化的确是考查重点。

## 二、教科书编选注重传统文化传承

近代高等教育初建时，就注重将国学的经典内容写入教科书中，并注重弘扬中华优秀传统文化内涵，将其融入教学内容，达到在教学中潜移默化的作用。

（一）教科书编写和教材选用注重传统经典

1913 年 1 月颁布的《教育部公布大学规程》中，大学文科下属有哲学的中国哲学类、文学的国文学类、历史学的中国史及东洋史学类等。中国哲学相关学习内容有《毛诗》《周易》《礼记》《春秋谷梁传》等，国文学类学习传统经学中的尔雅学、词章学、说文解字及音韵学，中国史及东洋史学类学习《尚书》《春秋左氏传》，法制史还将《周礼》等内容纳入其中。1919 年 3 月公布的《全国教育计划书》中明文规定："奖励学术上确有价值之著作及发明发挥一国之文

---

① 三十一年度国立武汉、四川、东北大学新生入学试题提示［J］. 四川学生，1943（04）：66-75.

化及增进一国之物质文明者，著作家及发明者实与有力，亟宜筹定专款以资奖励。"① 明确要求学术著作要有学术价值，并且要将中国文化的精髓和优长在著作中传承下来，并借此增进国家的发展与进步。

对传统典籍的学习要求不只在大学阶段，而是贯穿于学校教育的各阶段。舒新城在民国元年（1912 年）四月发表在《教育杂志》第四卷第一号中的《编辑共和国小学教科书缘起》一文中就谈到，改建共和政体后，有诸多事项要进行革新，而教科书是首先要编撰的，其中谈到的编辑要点提出要"注重表章中华固有之国粹特色，以起发国民之爱国心"。民国四年（1915 年）颁布的《教育纲要》中专有教科书一项，也对中小学阶段传统文化典籍的学习有明确要求。中小学都要设置读经的课程，考虑到小学生的认知和理解能力，将较为好理解的《孟子》列为小学校、初等小学必读书目，将相对有一定奥义的《论语》列为高等小学必读书目，将经典国学典籍从小学阶段就列为必须修读的课程，从小就将修身养德这样的中华民族传统理念在教育中实施，并且在文件中出现了"德育"的提法。中学校则要求必读《礼记》，同时《曲礼》《少仪》《大学》《中庸》等篇也必须选读，同时教育部还会规定另外的选读书目。纲要中阐明这些读经的要求都是"为道德教育计，为保存民族立国精神计""期得教德与保存民族精神之益"。

截至 1933 年，教育部训令各大学及各学院，要求重视本国教材。后来因国内的战事形势，教育部又于 1935 年专门制定了《专科以上学校特种教育纲要》，② 在战争的特殊时期依然重视教育事业的维系与发展。

关于在课程教材中选用传统文化典籍，蔡元培曾说："为大学国文系的学生讲一点《诗经》，为历史系的学生讲一点《书经》与《春秋》，为哲学系的学生讲一点《论语》《孟子》《易传》与《礼记》，是可以赞成的。"③ 在西南联大时期，由傅斯年、闻一多、朱自清等著名学者教授开设古文、诗词、文学等课程，选用了诸多经典的传统文化典籍作为教材（表 4-1）。

---

① 中国第二历史档案馆 . 中华民国史档案资料汇编：第 3 辑 [M]. 南京：凤凰出版社，1991：55.
② 徐洁 . 民国时期（1927—1949）中国大学课程整理过程及发展特点 [J]. 江苏高教，2007（2）：86-88.
③ 蔡元培 . 蔡元培文录 [M]. 北京：商务印书馆，2019：231.

**表 4-1 古文课中讲授历代的经典古文、代表作者和流派①**

| 类型 | 典籍、作者或流派 | 讲授者 |
|---|---|---|
| 先秦古文 | 《大雅》 | 傅斯年 |
| | 《小雅》 | 傅斯年 |
| | 《周易》 | 朱自清 |
| | 《尚书》 | 朱自清 |
| | 《春秋》三传 | 朱自清 |
| | "四书" | 朱自清 |
| | 《战国策》 | 朱自清 |
| 汉代古文 | 贾谊和汉初散文 | 游国恩 |
| | 《史记》 | 游国恩 |
| | 《汉书》 | 游国恩 |
| | 两汉民间乐府 | 萧涤非 |
| 魏晋南北朝古文 | 曹操、曹丕 | 萧涤非 |
| | 建安七子与蔡琰 | |
| | 曹植 | |
| | 阮籍、嵇康 | |
| | 新体诗 | |
| 唐代古文 | 李白诗歌 | 萧涤非 |
| | 杜甫诗歌 | |
| | 白居易诗歌 | |
| 宋元古文 | 小说的起源 | 浦江清 |
| | 《大唐三藏取经诗话》 | |
| | 《西厢记》 | |
| | 白朴与马致远 | |

　　诗词课中选取优秀诗词作品及有代表性的作者进行讲授，这些作品既蕴含了诗人和词人的卓然文采，也都是中华民族诗词文化的精粹，是中华优秀传统文化的瑰宝，通过西南联大教授们的课程传承下来（表4-2）。

---

① 朱自清，等．西南联大通识课：第1辑［M］．成都：天地出版社，2021；朱自清，等．西南联大通识课：第2辑［M］．成都：天地出版社，2021.

表4-2　诗词课作品及讲授者①

| 类别 | 经典作品或代表作者 | 讲授者 |
|---|---|---|
| 诗 | 《诗经》 | 游国恩 |
| | 屈原与《九歌》 | 闻一多 |
| | 陶渊明 | 浦江清 |
| | 谢灵运和山水诗 | 萧涤非 |
| | 鲍照和七言诗 | 萧涤非 |
| | 南北朝民歌及新乐府 | 浦江清 |
| | 宫律派 | 浦江清 |
| | 复古派 | 浦江清 |
| | 田园方外派 | 浦江清 |
| | 四杰 | 闻一多 |
| | 王维与孟浩然 | 浦江清 |
| | 高适 | 萧涤非 |
| | 岑参 | 萧涤非 |
| | 李白 | 浦江清 |
| | 杜甫 | 浦江清 |
| | 韦应物与刘长卿 | 浦江清 |
| | 白居易、元稹、刘禹锡 | 浦江清 |
| | 贾岛 | 闻一多 |
| | 杜牧 | 浦江清 |
| | 李商隐 | 萧涤非 |
| | 黄庭坚 | 浦江清 |
| | 陆游 | 浦江清 |
| | 杨万里与范成大 | 浦江清 |

① 朱自清，等.西南联大通识课：第1辑［M］.成都：天地出版社，2021；朱自清，等.西南联大通识课：第2辑［M］.成都：天地出版社，2021.

续表

| 类别 | 经典作品或代表作者 | 讲授者 |
|---|---|---|
| 词 | 温庭筠和花间派词人 | 萧涤非 |
| | 李煜及南唐词人 | 萧涤非 |
| | 北宋词人 | 罗庸 |
| | 柳永 | 浦江清 |
| | 周邦彦与大晟词人 | 浦江清 |
| | 李清照 | 浦江清 |
| | 南宋词人 | 罗庸 |
| | 南渡初期作家 | 浦江清 |
| | 辛弃疾 | 浦江清 |
| | 姜夔与词的衰落 | 浦江清 |

在西南联大的文学课程中，由朱自清、游国恩讲授先秦两汉文学，选取《诗经》《左传》《国语》等经典篇章；罗庸、萧涤非讲授魏晋南北朝文学，选取曹氏父子、建安七子、陶渊明、钟嵘及萧统等代表文人；罗庸、闻一多讲授隋唐五代文学，选取隋唐统一、盛唐、中唐、晚唐等不同时期的经典作品及代表文人；浦江清讲授宋元文学，选取欧阳修、王安石、苏轼、关汉卿、王实甫等著名文人及其代表作品；浦江清讲授明清文学，讲授《三国演义》《水浒传》《西游记》《金瓶梅》《桃花扇》《聊斋志异》《儒林外史》《红楼梦》等明清文学的巅峰作品。这些作品是中华民族优秀的文学瑰宝，大师们在授课的过程当中，又融汇了他们对于这些传世瑰宝的深刻理解和对家国的深切情怀，这些心血、智慧与情感，都在授课中传递给学生们。既点亮了学生们的求学之路，也在抗日救国的特殊时期，在学生心中点亮了民族复兴的希望和信念。

（二）大学教科书"国化"风潮促进传统文化传承

大学教科书作为教学的执行依据，承担着重要功能，但直到 20 世纪 30 年代初，民国大部分高等学校使用的教科书还是英文原版，蔡元培在一次教育界集会上发表了名为《国化教科书问题》的公开演讲，指出了使用外文原版教材的弊端，提出了把我国各学校所应用的各项教科书除外文课程外，都应当使之中国化，除开外国文学一项，其余各种科学都应该采用中国文做教本的建议，还提出"国化教科书"这个名词可以用英文"nationalized textbook"来做它的说明。学界也有诸多人士有这样的想法，南开大学汪心涛曾在《南开大学周刊》发表的文章中表示："外国学问，固不可不知，本国学问，又安可尽弃。"蔡元培的提议学界及各界都积极响应。商务印书馆于次年就出版了"大学丛书"，自1932 年一直持续到 1949 年前后，共计出版专著 320 余部。①

1938 年陈立夫接任国民政府教育部部长时，也表示："大学教育应根据国家各种需要，作有计划之设施，对政治、法律、教育、经济各科应注重质量的提高与本国教材的充实。"② 学者唐际清也表示："近三年来本校应时势之需求，赖各教授之努力，一切课程非独讲皆改用国语，即关于教科书在可能范围内亦力图采用情文。文科所授课程大都为社会科学，尤应以中国社会情形为背景，养成本国化之政治经济人才，文科诸教授亦早认识此项工作之重要。第一步注重中国问题之研究，现已积极实行，第二步则在编译事业，现正在计划之中。如将来能得相当之成功，则关于政治历史等课程之教本，可以国文代之。"③ 这个时期"在教材的编写上，特别注重中国历史方面的内容，并且在经济学、社会学和政治科学的课本中增加了有关本国的一些资料"④。

世界书局出版了"大学用书"的相关专著共计 140 余部，其中约七成是用中文新编的著作，并且不乏在学术上极富价值的、赓续中华文化脉络的著作。民国时期著名语言音韵学家、教育家姜亮夫先生的《中国声韵学》就是在这一时期出版的，这本书"是我国早期比较全面地讨论传统音韵学的概论性著作之一，该书写作目的是使读者明了汉语声、韵的组成以及历世流变的概貌，书中首先以现代语音学的原理对'声''韵'作了说明和分析，接着，用逆推的方法首述以《广韵》为代表的中古音，次论先秦古音，以时代为纲，纬以各家之说。末编讨论反切，说明反切的原理、方法、源流和弊端。书中对历代特别是清代以来，有关学者研究汉语声韵的主要成就都作了比较详细的说明，对读者了解前人的研究成果有一定的帮助"⑤。姜亮夫先生同时也是著名的楚辞学、敦煌学专家，书稿是基于他在上海大夏大学、复旦大学多年讲授音韵学的讲义而写，有深厚的教学积淀，这样的大学教科书不但将大师的教学成果形成了教材，

---

① 张林. 民国时期世界书局"大学用书"的出版研究（1932—1937）[J]. 河南科技学院学报，2020（08）：48-52.

② 宋荐戈. 中华近世通鉴·教育专卷 [Z]. 北京：中国广播电视出版社，2000：187.

③ 唐际清. 文科概况 [J]. 南开大学周刊，1928（60）：11-16.

④ 徐洁. 民国时期（1927—1949）中国大学课程整理过程及发展特点 [J]. 江苏高教，2007（02）：86-88.

⑤ 中国语言学家编写组. 中国现代语言学家：第 2 分册 [M]. 石家庄：河北人民出版社，1982.

支撑高校的课堂教学，同时专著的出版极具学术价值，也把中华民族独有的声韵学理论记录了下来，进而传授给学生，并传承下去。

民国时期著名的教育家吴敬恒也大力倡导对国语的研究，尤其注重对教材的编撰，倡导教材通俗易懂，便于文化的传承与传播。吴敬恒手编了第一部《国音字典》，并且审定了《国音常用字汇》《中华新韵》《国语罗马字拼音方式》等重要的工具书，为全国的语言和语音的统一奠定了基础，正是这些重要著作使中华民族虽然幅员辽阔、人口众多，但是实现了"语同音"，这是与"书同文"同等重要的大事。蒋梦麟在回忆吴敬恒的文章中就对他给予了高度的评价："据梁容若先生在《中国一周》第 185 期里所说，先生在国语上的主要贡献有六点：（1）主持民国二年的全国读音统一会，制定注音字母（以后改称符号），审定常用字读音，手编第一部《国音字典》，为国语统一奠定基础；（2）从民国八年（1919 年，即五四运动那一年）起以 30 年的长期领导教育部的国语统一会；（3）审定各种国语重要书籍，如《国音常用字汇》《中华新韵》《国语罗马字拼音方式》等；（4）设立国语师范学校，并于师范学校增设国语科，训练推行国语教材；（5）倡导语文的科学研究；（6）注意平民教育教材，使其通俗化、简易化。"① 从编撰审定国语书籍，到设立国语师范学校并增设国语科，又倡导语文的学习及普及，这些工作既系统又务实，对于民族文化的传承是非常有益的。

通过教育界、学术界和出版界学人的共同努力，民国时期中国高校有了本土化的教科书，既填补了空白也极大地推动了高等教育事业的发展。

（三）教师规定的"读书单"多为经典文化典籍

在教学中，教师们会根据需要为学生开列必读书单。1923 年，胡适曾访于《清华周刊》的记者。当时记者请他列出最低限度的了解国学的书目，胡适列出了 39 种之多。朱自清在《经典常谈》一书的序言中说："在中等以上的教育里，经典训练应该是一个必要的项目。经典训练的价值不在实用，而在文化。有一位外国教授说过，阅读经典的用处，就在教人见识经典一番。这是很明达的议论。再说做一个有相当教育的国民，至少对于本国的经典，也有接触的义务。"当时民国时期的各位国学教授也都给出必读书单（表 4-3），可以看到多是中华经典文化典籍，这些书单中的典籍，是课堂教学的重要支撑和有益补充，足见民国时期的教师们对经典文化典籍的重视。

---

① 蒋梦麟. 蒋梦麟述怀［M］. 北京：商务印书馆，2019：262.

**表 4-3 部分教师开列的国学必读书单①**

| 教师 | 规定的读书单 |
|---|---|
| 黄侃 | 《二十五史》《十三经》《大戴礼记》《国语》《史记》《汉书》《资治通鉴》《通典》《庄子》《荀子》《文选》《文心雕龙》《说文解字》《广韵》 |
| 胡适 | "四书"、《书目答问》《中国人名大辞典》《九种记事本末》《中国哲学史大纲》《老子》《墨子闲诂》《荀子集注》《韩非子》《淮南鸿烈集解》《周礼》《论衡》《佛遗教经》《法华经》《阿弥陀经》《坛经》《宋元学案》《明儒学案》《王临川集》《朱子年谱》《王文成公全书》《清代学术概论》《章实斋年谱》《崔东壁遗书》《新学伪经考》《诗集传》《左传》《文选》《乐府诗集》《全唐诗》《宋诗钞》《宋六十家词》《元曲选一百种》《宋元戏曲史》《缀白裘》《水浒传》《西游记》《儒林外史》《红楼梦》 |
| 钱穆 | 《周易》《尚书》《诗经》《左传》《小戴礼记》《论语》《孟子》《墨子》《庄子》《老子》《荀子》《史记》《汉书》《资治通鉴》《通典》《楚辞》《文选》《陶渊明集》《杜工部集》《韩昌黎集》《苏东坡集》《古文辞类纂》《说文解字》《近思录》 |
| 顾颉刚 | 《山海经》《世说新语》《大唐西域记》《宋元戏曲史》《马可·波罗游记》《徐霞客游记》《西秦旅行记》《梁武石室画像》《洛阳伽蓝记》《唐人说荟》《蒙古秘史》《陶庵梦忆》《桃花扇》《南洋旅行记》 |

### 三、学生平时学业中的传统文化内容考核

除入学考试重视传统文化内容之外，在学生入学后的学术考核环节，民国时期高校也侧重传统文化内容的考核，并且从当时的部分考题中可以看出，不但要求学生对传统文化内容有较全面和深入的了解，还要对作品的深度内涵和作者的思想内核有较为深刻的理解，如当时北京大学文学概论与诗歌史考题，考题如下：

---

① 严敏杰. 北大新语［M］. 北京：中国广播电视出版社，2007.

文学概论试题（选作二题）严锲

（一）试述文学之定义与特质。

（二）略论关于文学起源之诸说。

（三）试述"新兴文学"运动者之主张，并评论之。

（四）略论文学与人生。

六月底以前收齐，卷交注册课转。

《北京大学日刊》第二六五四号 1931 年 6 月 16 日

诗歌史试题（选作二题）严锲

（一）试述初唐与盛唐之特色。

（二）略论律诗之完成。

（三）略论李杜之作风。

（四）试于中唐诗人中举二名家，并略论其作风。

《北京大学日刊》第二六五五号 1931 年 6 月 17 日①

在哲学门的考核题目中也可见一斑，哲学史各班论文题目如下：

中国哲学史论文题 胡适

任作一题，六月二十日交卷

（一）试述《抱朴子》的思想。用平津馆丛书本最好。

（二）试论陶弘景在道教史上的地位。

用《真诰》（道藏安字，定字号，或道藏辑要赏集一至二），《登真隐诀》（道藏逊字号）、《隐隐居传》（道藏翔字号，或叶德辉观古堂汇刻书十）、《陶隐居集》（全梁文卷四六至四七，或叶德辉观古堂汇刻书十）。

（三）试从道宣的《广弘明集》及《续高僧传》的"护法"一部中钩出北周至唐初佛道两教斗争的历史。

《续高僧传》本子最多，《广弘明集》可用四部丛刊本。

（四）试述王安石的重要思想。

用《临川集》的诗与文作材料。参考蔡上翔《王荆公年谱考略》（燕京大学排印本）。

---

① 王学珍.郭建荣.北京大学史料：第二卷（1912—1937）[M].北京：北京大学出版社.2000：1025.

（五）试述颜元的重要思想。

用《颜习斋年谱》《言行录》《习斋纪年》《存学编》《存性编》作材料。以上各书可用畿辅丛书本颜李遗书，或四存学会本颜李全书。

《北京大学日刊》第二八四二号 1932 年 5 月 26 日①

试题中既涉及哲学名家及其相关理论与思想，还要求进行深度阐释，既有对知识点的考查，也有横纵对比与分析。可见考核学生对传统的优秀哲学思想的掌握有较高要求。著名语言学家顾颉刚在考试时也是不拘于形式，而注重考查学生对知识的运用能力。他不让学生对知识点死记硬背，而是让他们根据所学的内容查找文献、搜集资料，并对这些内容进行独立的研究和思考，尤其鼓励学生们进行创新。考试时也会采取开卷的形式，学生都可以把试卷带回去做，但是不能照搬他授课时的观点，而是要对教学的内容有见地、有理解。这样的考核方式能让学生更深入地理解讲授的内容，更能体会优秀传统文化中的精髓，并能活学于心、学以致用。

## 第三节　民国时期大学对传统文化的研究

科学研究是现代大学的三大职能之一，我国现代大学的研究传统始于蔡元培对北京大学的改革，在就任北京大学校长之初他就提出，"大学者，研究高深学问者也"。他认为学术研究是大学的性质决定的，并采取了一系列改革措施加以推动。而对传统文化的研究是民国时期大学开展研究的重要方面，也是其传承和发展中华优秀传统文化的重要体现。

### 一、学者群体的传统文化素养

学高为师，民国时期大学众多国学底蕴深厚的教师，其本身就是中华传统文化的传播者，潜隐但深刻地影响着学生对传统文化的热爱。

蔡元培初任北大校长时，首先对学生提出了三点期望：一曰抱定宗旨，二曰砥砺德行，三曰敬爱师友。第一点是希望学生们既然到大学读书，就要知道大学的性质不同于其他专门学校，就是要研究高深学问。第二点是希望学生们

---

① 王学珍，郭建荣. 北京大学史料：第二卷（1912—1937）[M]. 北京：北京大学出版社，2000：1022.

能够不为流俗所染，而能够束身自爱。他觉得当时的社会前途堪忧，"故必有卓绝之士，以身作则，力矫颓俗。诸君为大学学生，地位甚高，肩此重任，责无旁贷，故诸君不惟思所以感己，更必有以励人"①。希望学生能够砥砺德行，担负起社会的责任。第三点则是希望学生们能够敬爱师友，让校园的氛围更加和谐友爱。蔡元培以校长之身份，从信念、德行、友爱三方面给学生们讲了一堂中华优秀传统文化的思想课。

蒋梦麟在《初到北京大学时在学生欢迎会中之演说》中表示，一个民族的文化经过了千百年的延续和沉淀，是民族精神的精髓。如果想要救国，想要国家走向强盛，就必须传承民族文化并在此基础之上不断进步。他说："千百年来，经多少学问家累世不断的劳苦工作而始成今日之文化。故救国之要道，在从事增进文化之基础工作，而以自己的学问功夫为立脚点，此岂摇旗呐喊之运动所可几？当法之围困德国时，有德国学者费须德在围城中之大学讲演，而作致国民书曰：增进德国之文化，以救德国。国人行之，遂树普鲁士败法之基础。故救国当谋文化之增进，而负此增进文化之责者，唯有青年学生。"② 同时，他认为，只有继承民族文化的衣钵并继续钻研，才能使民族文化不断进步，他也把这样的期望给予青年学生，让他们肩负起历史的责任："吾人若真要救国，先要谋文化之增进。日日补破衣裳，东补西烂，有何益处？深望诸君，本自治之能力，研究学术，发挥一切，以期增高文化。又须养成强健之体魄，团结之精神，以备将来改良社会，创造文化，与负各种重大责任。"③

民国时期的大师们在教学中，自身深厚的传统文化底蕴首先就成为学生学习的榜样。中国现代思想家、文字学家钱玄同在北大主讲文字学时，上课从来不带课本，只用粉笔边讲边写。对一些字的解读非常全面，有的时候一个字就要解释好几个小时，并且会从传统典籍《说文解字》《尔雅》等中引经据典，虽未带原书且都是随口引证，但从来都非常准确没有差错。胡适在北大讲授中国哲学史这门课时，从来不发讲义，他自己也没有相应的讲稿，讲到中国文学的宋元明清部分时，先从文学评论的角度，介绍王若虚的《滹南遗老集》；讲《红楼梦》作者曹雪芹时，给学生们介绍了曹寅写给康熙皇帝的奏折等，内容翔实丰富。他当时的学生顾颉刚回忆说："他来了，他不管以前的课业，重编讲义，劈头一章是'中国哲学的结胎的时代'，用《诗经》作时代的说明，丢开

① 蔡元培. 蔡元培文录 [M]. 北京：商务印书馆，2019：120.
② 蒋梦麟. 蒋梦麟述怀 [M]. 北京：商务印书馆.2019：6.
③ 蒋梦麟. 蒋梦麟述怀 [M]. 北京：商务印书馆，2019：7.

唐虞、夏、商，径从周宣王以后讲起。这一改，把我们一般人充满着三皇五帝的脑筋，骤然作一个重大的打击，骇得一堂中舌拆而不能下。"顾颉刚听过几次胡适的课后，便称赞："胡先生讲得的确不差，他有眼光，有断制，确是一个有能力的历史家，他的议论处处合于我的理性，都是我想说而不知道怎样说才好的。"① 大师们的学识功力使他们对传统文化的理解与积淀都在课堂中传递给了学生，也使学生看到传统文化在具体语境中融会贯通的运用。

著名教授罗庸在西南联大期间讲授的国学课中，主讲儒学的内容，他说儒家的根本精神可以归纳为一个字，那就是"仁"。他认为：孔子论仁的语句中，最精髓的论述就是回答颜渊的一句："克己复礼为仁。"人性本善，如果因为一己私欲而不加控制，就会做出许多不仁之事。所以要尽量做到克己，而克己能够达到的最高的境界就是"无我"。中华民族一直以来都秉承着这样的思想，才形成了一种大国民风度，罗庸总结为"寡欲知足、自强不息、爱人如己、敏事慎言"的美德，而因为这样的精神，我们的民族才能出生入死却一直屹立于世界民族之林。

民国时的大师们在讲授经典篇章时也善用各种教学方法，使教学能够更生动，学生能更好地体会和理解中华优秀传统文化的精髓。有一次刘文典教授在讲课时，只用了半小时就结束了上一讲的内容。于是学生们都按照惯例，以为他要开始讲授新的课程了。但是他却出乎意料地告诉大家这次提前下课，余下的课改在下一个星期三，并且是在晚饭后的七点半再继续上课。学生们不解其意，等到了那日晚饭后继续上课，才知道当天是阴历的五月十五，刘教授是要在十五的满月下为学生们讲授《月赋》。这真的是一节别开生面的中华经典篇章的大师课，当时在校园里摆了一圈座位，刘教授坐在中间，当着一轮皓月为大家讲授《月赋》，语言生动形象，见解精辟，学生们都沉醉其中，深深为经典篇章所震撼，也为大师的精彩讲授所折服。②

袁家骅是著名的语言学家，长期在北大开设"汉语方言学"课程，有学生回忆他上课时的情形说："课在一教一零一阶梯教室上，能容百把人，虽然两个年级的学生不过四五十人，但加上进修教师，校内外的旁听生，教室差不多坐满了。袁先生温文尔雅，脸上总带着微笑，花白而稀疏的头发梳得整整齐齐，身着一套可体的中山装，使人感到那么和蔼可亲，有一种令人说不出的吸引力。他讲课声音不高，但清晰流畅，很能吸引学生。当讲到某个地区的方言时，常

---

① 严敏杰. 北大新语 [M]. 北京：中国广播电视出版社，2007：11.
② 严敏杰. 北大新语 [M]. 北京：中国广播电视出版社，2007：4.

问坐在前几排的同学，谁是某方言区的，然后请他按照方言读几个指定的词。北方同学很多人不知入声是怎么回事，他就指定粤语区和吴语的同学站起来读几个入声字，让北方同学仔细体味、辨别。有的方言词读音很奇特时，常引发大家的笑声。袁先生则凝然地站在讲台边上，侧耳听着，微笑着点头，表示赞许。'汉语方言学'这门课，袁先生教得一点不枯燥，课堂上时常爆发出笑声。"① 这样时时有欢乐笑声的课堂，足以看出袁先生对课堂的驾驭能力，也体现出他讲授专业知识所用的灵活的方法。同时他不但能在课堂上实现师生的互动，还能调动学生生动地呈现汉语的魅力，使学生在生动的教学环境中认识了语言学的博大精深。

当时的教师也从历史文献中寻找民族智慧的闪光点，通过授课将中华民族的灿烂文明传递给学生，使学生增强民族自豪感和自信心。著名的经史学家、教育家，民国时期曾任北京大学、中央大学历史系主任的一代鸿儒、国学大师陈汉章先生，在授课时会注重搜集历史资料，并且自编讲义，向学生们讲授和证明当时欧洲列强的各种先进的现代科学，其实在我国历史上的很多著述里已有涉及。希望通过这样的授课内容打破崇洋媚外的思想，使国人能够自信自强。他说："我明知我编的讲义，讲外国现代科学，在两千年前我国已有了，是牵强附会之说。但我为何要这样编呢？鸦片战争后，清廷士林中，崇拜外国之风极盛。中国人见洋人奴颜婢膝，有失国格人格，实在可耻可恨。我要打破这种媚外崇洋风气，所以编了这样的讲义，聊当针砭。"他还说："中华民族同白种人并肩而无愧色。"②

## 二、师生对传统文化的研究

民国时期大学一批教师国学底蕴深厚，并没有故步自封，不但自身积极投身于中华优秀传统文化的研究，同时也引导学生投入传统文化的挖掘与时代性阐述当中。

关于如何进行和加强近代国学研究，很多著名学者都曾撰文进行阐释。胡适归国后在北大担任哲学教师，对《诗经》的解读抛开"《毛传》《郑笺》《朱注》"等注疏内容，仅关注《诗经》原文。当时胡适将其研究方法传授给学生，将其新式研究方法通过讲授传播开来，影响了大批学者。胡适还在《〈国学季刊〉发刊词》中指出，民间歌谣与《诗经》地位等同、民间小说与高文典册

---

① 严敏杰. 北大新语［M］. 北京：中国广播电视出版社，2007：17.
② 严敏杰. 北大新语［M］. 北京：中国广播电视出版社，2007：1.

地位等同。这就提升了曾被忽视的中华优秀传统文化的元素，将之加入学术研究的范畴。著名史学家朱希祖认为历史、哲学、文学、政治、法律、制造、建筑、礼教、风俗等各项内容，"皆当由今日以前的古书中抽寻出来，用科学的方法，立于客观地位整理整理"，这些内容成为研究对象或者研究材料。此处"今日以前的古书"主要是指儒家经典的"几部经书"。后朱希祖列举《易经》《诗》《书》《礼》《春秋》《论语》《孝经》这七部经书，认为这些经书的研究应该从历史、哲学、文学、政治、经济、法律等角度按照现代学术分类的方式进行。

在学术研究的过程中，教师们对自身的要求都非常严格，为学生们树立了学习的榜样。对于学术研究，顾颉刚曾说："不做学问则已，如其要做学问，便应当从最小的地方做起。"学者的本分就像农夫和土工一样，须"一粒一粒地播种，一箕一箕地畚土"。又说："我知道学问是一点一滴积起来的，一步不走便一步不到，绝没有顿悟的奇迹，所以肯用我的全力在细磨的工夫上，毫不存微幸取巧之心。"他还说："我以为一种学问的完成，有待于长期的研究，绝不能轻易便捷像民意测验及学生的考试答案一样。"[1] 顾颉刚因为在受教育的早年接受的是非常严格的文言写作训练，所以他在后来撰写文章的过程中仍然比较习惯运用文言进行写作，但是如果文章需要用白话文发表，顾颉刚就会用文言先写一遍，然后根据需要再将文章翻译成白话文，这样一来，一篇文章通常需要写两遍。他曾在写给蔡尚思的信中说："弟幼年习文言文甚久，作文言文反容易，白话则必须易稿数次。"[2] 1926 年，顾颉刚把关于古史论辩的篇章结集成册，这就是《古史辨》的第一册。顾颉刚为这本书精心撰写了长达六万字的自序，在这篇自序中，他将自己对古史进行潜心研究的方法都写入其中，并且对他提出"层累说"的原因进行了阐释。胡适对这本书给予了非常高的评价，他说："这是中国史学界的一部革命的书，又是一部讨论史学方法的书。此书可以解放人的思想，可以指示做学问的途径，可以提倡那'深澈猛烈的真实的精神'；又称顾的自序是"中国文学史上从来不曾有过的自传……不论是谁，都不可不读。"[3]

汤用彤是近现代著名的哲学家、佛学家，他多年深耕于中国佛教史的研究，他将自己多年的研究及教学的讲义进行整理，从 20 世纪 20 年代初就开始撰写著作，用了近十年的时间才完成了初稿。因为总是感觉到不够满意，所以他到

---

① 严敏杰. 北大新语 [M]. 北京：中国广播电视出版社，2007：197.
② 严敏杰. 北大新语 [M]. 北京：中国广播电视出版社，2007：189.
③ 严敏杰. 北大新语 [M]. 北京：中国广播电视出版社，2007：190.

20世纪30年代时又将书稿花了将近四年的时间重新进行修订和完善。后来由于卢沟桥事变，他担心因战事的原因书稿不易保存，为了保护书稿才把其中的一部分付梓印刷，这本书就是非常著名的《汉魏两晋南北朝佛教史》。这部著作为中国佛教史研究开辟了新纪元，受到了学界的高度称赞。胡适称赞这本著作写得非常好，说："锡予训练极精，工具也好，方法又细密，故此书为最有权威之作。"①

　　民国时期的学者们整理出版了众多传统文化著作，其中既有他们在大学任教中多年讲义的整理，也有他们多年在学术研究领域深耕所凝练的成果。如闻一多先生的《古典新义》，就是把对《周易》《诗经》《庄子》《楚辞》等四大著名古籍的研究成果整理汇集而成，是我国对于先秦文学研究和传承的重要代表作品。朱自清先生的《诗言志辨》《经典常谈》是他对于中国古典文学研究的优秀著作，他对《诗经》的专门研究以及大量诗歌与相关内容的引用和论证，内容丰富翔实，文字清新隽永，被公认为经典之作，对我国古典文学的研究产生了深远的影响。鲁迅先生的《中国小说史略》是第一部系统论述我国小说发展的专著，将我国小说起源和发展的脉络完整论述，并进行了深刻的分析，因此也是对于传统文化有着重要传承作用的专著。王瑶先生的《中古文学史论》，用十四章的篇幅，对汉末至梁陈的文学思想、文人生活、文学风貌等做出了精妙论述，使后人能够借助此书实现以史正文，认识中古文学，也对后世传承传统文化做出了重要贡献。民国时期学者们的传统文化著作可以说灿若群星，据不完全统计，这些著作不但数量可观，而且品质卓绝，每一本都可以说是在学术界承上启下，在文化上实现传承的经典著作（表4-4）。

表4-4　民国时期部分学者传统文化著作

| 书名 | 作者 | 发表年代 |
|---|---|---|
| 中国小说史略 | 鲁迅（1881—1936年） | 1923年 |
| 现代吴语的研究 | 赵元任（1892—1982年） | 1928年 |
| 古典新义 | 闻一多（1899—1946年） | 1956年 |
| 谈艺录 | 钱锺书（1910—1998年） | 1948年 |
| 唐诗综论 | 林庚（1910—2006年） | 1987年 |
| 中古文学史论 | 王瑶（1914—1989年） | 1942年 |

---

① 严敏杰．北大新语［M］．北京：中国广播电视出版社，2007：191．

续表

| 书名 | 作者 | 发表年代 |
|---|---|---|
| 中国近三百年学术史（新校本） | 梁启超（1873—1929 年） | 1923—1924 年 |
| 通鉴胡注表微 | 陈垣（1880—1971 年） | 1944—1945 年 |
| 隋唐制度渊源略论稿<br>唐代政治史述论稿 | 陈寅恪（1890—1969 年） | 1942 年 |
| 中国古代社会研究 | 郭沫若（1892—1978 年） | 1930 年 |
| 古史辨自序（上、下） | 顾颉刚（1893—1980 年） | 1926 年 |
| 中国哲学史（上、下） | 冯友兰（1895—1990 年） | 1929—1934 年 |
| 中国话的文法 | 赵元任（1892—1982 年） | 1965 年 |
| 古书通例 | 余嘉锡（1884—1956 年） | 1985 年 |
| 现代中国文学史<br>（外一种：明代文学） | 钱基博（1887—1957 年） | 1930 年 |
| 等韵源流 | 赵荫棠（1893—1970 年） | 1957 年 |
| 经典常谈　诗言志辨 | 朱自清（1898—1948 年） | 1942 年、1947 年 |
| 话本小说概论（上、下） | 胡士莹（1901—1979 年） | 1980 年 |
| 司马迁之人格与风格<br>道教徒的诗人李白及其痛苦 | 李长之（1910—1978 年） | 1941 年 |
| 明清史讲义（上、下） | 孟森（1869—1938 年） | 1937 年 |
| 国史要义 | 柳诒徵（1880—1956 年） | 1948 年 |
| 通史新义 | 何炳松（1890—1946 年） | 1928 年 |
| 魏晋清谈思想初论 | 贺昌群（1903—1973 年） | 1944 年 |
| 中国哲学史大纲 | 胡适（1891—1962 年） | 1918 年 |
| 知识论（上、下） | 金岳霖（1895—1984 年） | 1942 年 |
| 中国文化的展望 | 殷海光（1919—1969 年） | 1966 年 |
| 中国道教史 | 傅勤家（1872—1953 年） | 1937 年 |

续表

| 书名 | 作者 | 发表年代 |
|------|------|----------|
| 文化人类学 | 林惠祥（1901—1958 年） | 1934 年 |
| 马氏文通 | 马建忠（1845—1900 年） | 1898 年 |
| 国故论衡 | 章太炎（1869—1936 年） | 1910 年 |
| 王国维文学论著三种 | 王国维（1877—1927 年） | 《红楼梦》评论 1904 年<br>《人间词话》1909 年<br>《宋元戏曲考》1912 年 |
| 吴梅词曲论著四种 | 吴梅（1884—1939 年） | 《顾曲麈谈》1916 年<br>《中国戏曲概论》1926 年<br>《词学通论》1933 年<br>《曲学通论》1935 年 |

教师们还在学术研究中引导学生传承中华优秀传统文化，注重培养学生的学术研究能力。蒋梦麟在《北京大学二十三周年纪念日演说辞》中就谈到三件需要着力去做的事，其中一件就是要整理国学，并且他认为要认认真真地下功夫去做国学研究。他说："要是随随便便的，拿起中国的什么书籍来看，是没有什么用处的！我们如果有了学问，应当去做乾嘉时代一般学者的功夫，以科学方法去研究的结果，来把国学整理一番，将来好出一部北大的国学丛书。现在商务印书馆，虽说出了一部四部丛书，其中善本虽不少，但未经今人用科学方法整理过的。我们若能够以科学方法研究出来的结果，出一部国学丛书，使将来一般的国民，领会了国学以科学方法来研究的好处，更能使将来的中学中或是一般国民，拿起一部国学丛书来，便可以知个国学的大概，用不着再要拿许多的书来读才知道，这不是求学的经济方法吗？"① 可见蒋梦麟希望高校和学者能够承担起研究国学、传承国学的责任，这样对国学的研究才能深入和系统，并且能够惠及所有国民，使国民能够从国学研究的成果里了解国学，使宝贵的国学能够更好地进行传承。

在中国哲学史、文学概论等科目的考试中，胡适、严锲等学者都选用让学生撰写论文的形式来进行考试，并且不是仅命一题，而是有多道题目，学生可

---

① 蒋梦麟. 蒋梦麟述怀 ［M］. 北京：商务印书馆，2019：15.

以从中任选一题进行作答。这样的考试形式，不但摒弃了僵化死板地让学生死记硬背的传统考试方式，让学生能够对所学知识进行深入的思考，并进行综合运用，还能选取自己更为感兴趣和擅长的题目来作答，这避免了单一题目不能使学生充分发挥自己所学与所长的弊端，激发了学生的思辨活力、培养了学生的学术思维和运用所学知识进行综合阐释的能力。在这样的考试中，学生可以更深入地思考传统文化知识，并能在自身的综合运用中更好地理解、体会，扎实了所学也传承了传统文化与民族精神。

### 三、大学知识分子引领的国学教育运动

从 20 世纪 30 年代开始，由大学知识分子为主导，引领了持续时间长、影响广泛的国学教育的热潮，为中华传统文化的传承和发展做出了历史贡献。

（一）国学教育运动是民族文化自救自觉的必然

中华民族历史悠久、文化源远流长，上下五千年光辉灿烂的历史在晚清这个特殊的时期显得无比黯淡。随着晚清国力的衰退，中华民族不但饱受列强欺压，中华文化同样也处在深深地被压抑的状态。但中华民族历史既然能够绵延几千年，必然有着坚韧的民族品格，面对如此焦灼的时代，有知识、有理想、有热忱的教育界有识之士，没有因此沉沦，他们不但痛心疾首，而且抱有强烈的民族自救意识。如康有为曾在其文章中说："吾中国人民百倍于丹、瑞，而自弃其国文，吾甚耻不如丹、瑞，而恐中国之不能立也。"① 众多有识之士都表现出了他们的担忧。"对于国学在大中小学及社会上地位的失落，一批有强烈忧患意识的教育家、文化名流忧心忡忡，他们担心长此以往，面临的不但是忘国，更是忘文化的问题。"② 于是民国教育界发起了这场前后近 20 年的国学教育运动。"这场运动从中国学术内部看，国学依然是中国学术从经史之学到诸子之学再到东方文明之学的逻辑嬗变。从域外学术看，国学乃是国际汉学在中国的自身身份确认。而从学术外部看，国学乃是源于中国在过渡时期内忧外患的压力之下再造文明的冲动，也是向着中国现代化方向不断自适以发展的结果。"③ 这是知识分子群体在特殊的历史时期，面对"西学东渐"的文化重压，具有强烈的民族自救的信念，并由自身所处环境中生发出的坚定文化自觉，所以这样一

---

① 汤志钧．康有为政论集：下 [M]．北京：中华书局，1981：909.
② 王红艳．民国时期国学教育运动形成过程阐释 [J]．名作欣赏，2013（14）：16.
③ 周泉根．民国高等教育中的国学教育——以无锡国学专修学校为例 [J]．文艺争鸣，2012（07）：58.

场对中华民族传统文化的保护与传承的运动的产生有着其历史的必然。

（二）国学教育和研究机构陆续开办

国学教育运动是在当时的西式教育体制中应运而生的。北京大学和清华大学都是最早行动的。"1922年北京大学筹设的研究所中开辟了国学门，1925年清华学校等国立大学创建研究院国学门或传统文化研究和教育的机构。"① 北京大学的国学门是在蔡元培1921年向北京大学评议会递交了《北大研究所组织大纲提案》后设立的。蔡元培对于国学门也非常重视，他"自己担任委员会委员长。委员包括顾孟余、沈兼士、李大钊、马裕藻、朱希祖、胡适、钱玄同、周作人等。另聘请王国维、陈垣、陈寅恪等为研究所导师。研究方向集中在考古研究、歌谣研究、风俗调查、明清档案整理、方言调查等若干很有发展前景的新学科"②。并且北大的国学门在研究所的各科中是最先开办的，蔡元培回忆说："北大关于文学、哲学等学系，本来有若干基本教员，自从胡适之君到校后，声应气求，又引进了多数的同志，所以兴会较高一点。预定的自然科学、社会科学、文学、国学四种研究所，只有国学研究所先办起来了。"③ 对于如何进行研究蔡元培还做了很多具体的计划："那时候国史馆附设在北大，我定了一个计划，分征集、纂辑两股；纂辑股又分通史、民国史两类；均从长编入手。并编历史辞典。聘屠敬山、张蔚西、薛阆仙、童亦韩、徐贻孙诸君分任征集编纂等务。"④

后来清华也紧随其后设置了国学门，同时当时的东南大学、燕京大学、金陵大学等也都先后设立了自己的国学研究所，如金陵大学设置的是国学特别研究班，招收研究生，并有国学大师黄侃为研究生精心设计课程并讲授。

在这样的风潮中，连教会大学也有所行动。自1926年起，很多教会大学开始聘请中国人担任校长，并且根据政府的相关训令，"设置了中国化的课程，增加了中国传统文化方面的课程……特别是进入南京国民政府时期，不少教会大学增设国学研究院（所）或国学系，加大中国传统文化的教学和研究比重"⑤。

除了在大学里的国学机构，还出现了如无锡国学专科学校、河南河洛国学专修馆这样进行国学研究的专门院校。以无锡国专为例，在管理上沿袭了中国古代书院的形式，对学生的管教非常严厉，并且坚持诵读历代的经典佳作名篇，

① 熊贤君.民国时期的国学教育及价值解读［J］.民国档案，2006（01）：99.
② 熊贤君.民国时期的国学教育及价值解读［J］.民国档案，2006（1）：101.
③ 蔡元培.蔡元培文录［M］.北京：商务印书馆，2019：48.
④ 蔡元培.蔡元培文录［M］.北京：商务印书馆，2019：49.
⑤ 陈康.民国时期高等教育的本土化表现及主要动因探析［J］.河南师范大学学报（哲学社会科学版），2011（11）：260.

使学生了解经史子集，并且要求学生能够贯通经史子集中的一部，才算符合要求。除诵读外，也有进一步学习声韵、文字等国学知识的要求。

无锡国专的校长是国学大师唐文治，他非常赞成以读经而传承国学，他说："吾国经书不独可以固结民心，且可以涵养民性，和平民气、启发民智。故居今之世而欲救国，非读经不可。"并将师专的办学宗旨总结为："以纠正人心，复兴中国文化，发扬民族精神为本。"① 唐文治作为著名的教育家、经学家，所做出的非常重要的贡献就是使传统文化在学校教学中有传承的载体，他精心找寻《十三经》的善本，并加以评点阐释，还附有唐先生所作的《提纲》和《大义》，同时也融入了自身的治学理念和救国理想，倾注大量心血完成了《十三经读本》。《十三经读本》作为教材，系统地编注了国学经典篇目，是大师多年思想积累的精粹，使传统文化的传承在教学环节有了依据，教师讲授课程更加完备，学生学习内容也更加明确。这样的传统文化经典教材为国学的传承和发展起到了重要作用，也推动了无锡国专教学的不断进步。

正是因为有这样的传承中华传统文化的办学理想，唐文治励精图治、潜心治学与办学，遍请名师为学生授课和开设讲座，如高薪聘请大师陈衍直到75岁高龄，请陈衍授课并与年轻老师探讨学术；邀请章太炎等大师为学生举办讲座，并且学术思想非常开明，对不同学术观点的文章亦能同意刊登在《国专月刊》上。在这样的办学氛围下，无锡国专的教师们不但教学精益求精，并且教学中积累的讲义很多都转化为国学经典著作（表4-5）。

表4-5  无锡国专部分教师的国学著作

| 著作 | 作者 |
| --- | --- |
| 《石遗室诗话》续编六卷、《宋诗精华录》 | 陈衍 |
| 《中国现代文学史》《经学通志》 | 钱基博 |
| 《人境庐诗草笺注》《宋诗选》《梦苕庵诗话》 | 钱师 |
| 《中国文化史要义》《东西文化及其哲学》 | 梁漱溟 |
| 《中国戏剧史》 | 周贻白 |

教师们励精治学，使得无锡国专形成了国学传承的丰硕成果，学生中人才辈出，一些优秀学生在毕业学成时就已经在国学研究上崭露头角，一些学生的

---

① 中国人民政治协商会议江苏省委员会，文史资料研究委员会. 江苏文史资料选辑：第11辑［M］. 南京：江苏人民出版社，1983：171.

毕业成果已经非常可观，并且优秀毕业论文还以《无锡国专丛刊》的形式正式出版（表4-6）。

**表4-6　无锡师专部分学生毕业论文或专著**

| 毕业论文或专著 | 作者 |
|---|---|
| 《高忠宪易学》 | 侯堮 |
| 《诗经之社会进化观》 | 王蘧常、毕寿颐 |
| 《整理我国古代名学之方法》 | 唐兰 |
| 《蒋鹿潭年谱初编》 | 冯其庸 |
| 《目录学分类考》 | 王少曾 |

　　在国学教育的热潮中，民国多所综合性的国立大学都设置了国学研究机构或中国文化研究所，连教会大学也参与到了国学的研究当中。蒋梦麟曾回忆说："科学教学和学术研究的水准提高了，对中国历史和文学的研究也在认真进行。教授们有充裕的时间从事研究，同时诱导学生集中精力追求学问，一度曾是革命活动和学生运动漩涡的北大，已经逐渐转变为学术中心了。"[①] 在国学教育火热的进行过程中，教育界做出了巨大的努力，与此同时，学术界对于国学的相关学术研究也不断深入，这也使学术期刊的创办受到了带动，《国学丛刊》《人文》《国学汇编》等学术刊物也被创办出来，成为国学研究的主要阵地。

（三）国际联盟教育考察团促进国学教育运动发展

　　以欧洲国家为主体的国际联盟教育考察团，于1931年应南京国民政府之邀来到中国进行考察。在1932年出版的考察团撰写的报告书《中国教育之改进》中明确指出："中国乃一有悠久传统文化之国家，凡将一国固有之历史上之文化全部牺牲者，其结果未有不蒙其害者也。"并表示："凡一国求生存于世界，固以研究科学为先。然研究科学，必当先使国民自觉。而国民自觉之心之发动，唯有借国学以发扬光大之，而后可以保持各国固有之民族精神，此尤须研究本国历史和固有文化。"报告中还表达出："外国文明对于中国的现代化是必要的，但机械的模仿却是危险的。"但是考察团对无锡国专表示极大的肯定："贵校为研究国学之最高学府，富有保存和固有文化之责，与平台学校之使命不同。""我们来中国看过很多学校，读的是洋装书，用的是洋笔，充满洋气。这里才看

---

①　蒋梦麟. 蒋梦麟述怀［M］. 北京：商务印书馆，2019：217.

到纯粹中国文化的学校，才看到线装书和毛笔杆。"① 这些评价激发了师生们的热情，唐文治后来在《国专季刊》上发文表示："深愿以淑人心，扶世道，救中国。"考察团以客观的视角观察中国教育出现的问题，并提出中肯的建议，使当时中国的教育界更坚定了全力挽救国学的信心。

民国时期的国学教育运动，看似是教育界、学术界为保护国学而发起的，但究其根本是教育界名流因为中国文化的低潮而痛心疾首，努力救国、救文化的一场运动。无论这场运动使用的方法和产生的效果如何，都是民族自救、文化自觉的充分体现。

---

① 刘桂秋. 无锡国专编年事辑 [M]. 北京：中国大百科全书出版社，2011.

# 第五章

## 精神标识与建筑：
## 校园文化与中华优秀传统文化的传承和发展

学校作为培养人的专门场所，除了课堂教学可以实现知识传授和生产之外，课堂之外，校园的文化符号、建筑也会对学生的知识结构、审美情趣和价值倾向等产生潜移默化的影响，是潜在的育人资源。本章将考察民国时期大学的校训、校歌以及校园建筑，前者反映师生的精神文化和价值追求，后者凝结师生对家园建设的美好期许，从两个维度来分析课堂之外的精神标识与建筑当中所蕴含的中华优秀传统文化因素。

### 第一节　民国时期大学的校训、校歌①

校训、校歌是高校的文化符号，代表着师生们共同的价值和理想追求，指引着他们的行为。民国时期大多数高校制定了校训、创作了校歌，本章重点分析民国时期高校的校训和校歌。结合对当时高等教育历史的回顾，发现校训、校歌制定和创作有三方面的动力，即中华传统教育文化是内生动力，办学者强烈的社会动员愿望是历史现实动力，政府教育方针、训令等的推动是体制动力。校训、校歌显示了一些显著特征，即与时代同行的精英式的创作者群体特征，引经据典的语言特征，振兴中华、抵御外侮的时代特征，乡土文化浓郁的地域特征，特色和理念彰显的办学特征。民国时期高校以文"载道"、以歌"咏志"，其校训、校歌蕴含着丰富的中华优秀传统文化因素，传承了中华优秀传统文化的核心思想理念、中华传统美德和中华人文精神。在西学强劲、传统文化几近"崩盘"的特殊年代，民国时期高校体现出深沉的家国情感，对中华传统

---

① 本节内容主要来源于本项目的前期研究成果：邹加倪，王文杰. 文以载道 歌以咏志：民国时期高校校训及校歌研究［J］. 北京联合大学学报（人文社会科学版），2021（04）：39-48.

文化的坚守，彰显了民族自信和传统文化自信。

## 一、文化符号、精神图腾：校训与校歌之概念界定

中文中的"校训"一词源于日语对英文"motto"的译文"校训"，据学者考证，其引入时间在甲午战争后到 1914 年之间，① 并且中日文化同源，对"校训"的内涵理解也基本一致。

《辞海》将"校训"解释为："学校为训育上之便利，选若干德目制成匾额，悬之校中公见之地，是为校训，其目的在于使个人随时注意而实践之。"②《现代汉语词典》对"校训"的解释是："学校规定的对师生有指导意义的词语。"③ 袁贵仁认为："所谓校训，不过是一个大学对其文化传统、文化精神的理性抽象和认同。"④ 蒋树声认为："校训是学校制定的对全校师生具有指导意义的行为准则，是对学校办学传统与办学目标的高度概括。校训对激励全校师生弘扬传统，增强荣誉感、责任感，继续奋发向上，具有特别重要的意义。"⑤ 周谷平分析的"校训"："首先是对学生的一种期望与要求，它体现了整个教育活动的价值追求。同样，大学校训也是一所大学对全校师生员工具有导向性、规范性、勉励性的训示、号召与要求。由于大学校训体现了大学的历史积淀，所以从深层意义上来讲，大学校训是大学对其办学理念、人才培养要求和学校特有精神的一种表征形式，是对其人文传统、治学精神、办学风格的理性抽象，它是凝练后的大学理念的符号表示。"⑥

《辞典》对于"校歌"的定义："代表一校的教育宗旨与特有精神的歌曲。"路畅认为："校歌是学校形象展示的听觉系统，承载着深厚的文化底蕴，具有独特的地域识别内涵""校歌是学校风貌的文化标识，传达着独到的教育理念"⑦。王音认为："高校校歌是最能反映一所大学校风、学风、精神追求的歌唱音乐表

---

① 王彩霞．试探中国近代大学校训的起源 [J]．高教探索，2006（02）：32-35.

② 舒新城．辞海 [M]．北京：中华书局，1999：1493.

③ 中国社会科学院语言所词典编辑室．现代汉语词典 [M]．5 版．北京：商务印书馆，2005：1503.

④ 袁贵仁．加强大学文化研究 推进大学文化建设 [J]．中国大学教学，2002（10）：4.

⑤ 蒋树声．诚朴雄伟 励学敦行——百年传统与南京大学校训 [J]．江苏高教，2002，7（04）：13.

⑥ 周谷平，陶炳增．近代中国大学校训——大学理念的追求 [J]．清华大学教育研究，2005，26（02）：95.

⑦ 路畅．巍巍学府 弦歌不辍——略论近代中国大学校歌的内涵和价值 [J]．山西大学学报（哲学社会科学版），2012，35（06）：138-139.

征形式，是校园文化的有机载体，体现着办学特色和校园风貌。"① 李名方将校歌比喻为一所学校的精神火炬，认为校歌"是全体师生发自肺腑、引以为自豪的心声。是一座学府穿越时空、传之久远的有声旗帜。在校园文化中，有它独特的，无可替代的精神凝聚力和艺术魅力。好的校歌或校园歌曲，甚至可以跨越校园，走向民众，成为一个历史时期的民族文化标志""从文学的角度讲，校歌的歌词必须具备'情、景、理、志'这四个要素""校歌是青年学子之歌，当然也是中、青年教育才俊，德高望重的教育界前辈、专家、教授、大师们共同的歌。因之，把校歌写成纯粹、轻松、活泼、热烈的青年歌曲，或过分成熟、持重、深沉的成人歌曲，都有失偏颇"。进而认为校歌音乐情感的基本要素：朝气、坚毅、宽广、优美。②

综合上述定义，本研究认为对"校训"和"校歌"可以从多个维度进行更深入的解析：（1）从语言表现形式看，校训一般是表述十分精简的字、词或短语，一般或书写于匾额、悬于校门或校内标志性建筑之上，或铭刻于金、石之上，置于校园中显著位置；校歌是代表学校的歌曲，歌词一般较校训篇幅要长很多，内容更加丰富，谱曲多样，有学府乐歌体裁，有进行曲体裁等，一般为合唱。（2）从其受众看，校训"指引行为"的对象，校歌的传唱者，包括学校内的所有人，既包括朝气蓬勃的青年学子，也包括教书育人的青年教师、德高望重的白发先生，以及担负管理服务之责的行政及后勤保障人员，等等。（3）从其本质看，校训与校歌都与文化紧密相连，反映着办学者、教育者的理想、要求、愿望，又有受教育者的感受、追求和成长心声，代表着受众的情感追求和价值取向，是学校办学理念、校园精神和学校特色的集中体现，是校园文化的符号，师生们的精神图腾。（4）从其作用看，"文以载道"，校训对一所学校的办学方向、特色，以及师生的行为都具有较强的指引功能；"歌以咏志"，校歌作为由词、曲合成的听觉系统，既包含着十分深刻的内涵，又通过声音、传唱等形式表达出来，更突出体现对人内心精神世界的感染和熏陶，两者都是一所学校对校内人员的号召和激励，对校外组织及人员的形象展示和宣言。

至此，本研究给"校训"和"校歌"做如下定义，即"校训"是一所学校办学特色、内涵以及师生共同的价值、理想追求的高度凝练，以字、词或

---

① 王音．以歌声之美载校园之道——高校校歌功能的变化与引导［J］．艺术评鉴，2019（11）：83．

② 李名方．校歌，学校品牌的有声旗帜——校歌创作漫议［J］．人民音乐（评论版），2012（01）：87-88．

短语为外在表达方式，一般在木、石、金上书写或雕刻，置于校园显著位置，对学校师生具有内在感化精神世界、外在指引实践行为的功能，是学校办学活动及师生行为的"准则"。"校歌"专指代表一所学校的歌曲，作为学校形象展示的听觉系统，是学校的象征和标志，代表学校全体人员的价值和理想追求，突出对学校师生员工内心世界的感化和熏陶，通常在隆重的典礼、集会等场合演奏（唱）。

**二、继承传统、顺势而为：民国时期大学之校训与校歌制定和创作的动力**

清末西方势力在华创办的教会大学，有的已经有了校训，如圣约翰大学的"Light and Truth"，但教会大学作为西方列强建在中国土地上的高校，其"移植"而来的校训并不能作为我国早期高校的校训，另外，部分国人创办的新式学堂也用一些字、词来表达其办学志向，同时，中国近代音乐在梁启超等全面"启发民智"的思想下得到推动和发展，音乐课逐渐引入学校课程，并在新式学堂引发了"学堂乐歌"的创作活动，培养了一批音乐创作人才。但此时并未出现"校训"一词，"学堂乐歌"也仅是在校园传唱的校园歌曲，不是代表学校的"校歌"，另外，按新学制，多数学堂在层次上并不是我们说的"高等学校"。因此，本文以 1912 年中华民国成立后，高校的校训、校歌为考察对象。

民国时期的高等教育，在以蔡元培为代表的一批卓越教育家的推动下，取得了非凡的成就，1948 年年底，全国共有国立、省立、私立以及教会高等学校218 所。[1] 多数高等学校都有自己的校训和校歌。本文收集了 34 所高校的校训和校歌（附表：民国时期部分高等学校校训、校歌歌词）。查阅文献、回顾历史，笔者拟探寻形成这一局面的动力何在。

（一）中华传统教育文化是校训、校歌制定和创作的内在源动力

中国是数千年未曾间断过历史的文明古国，在夏、商、周时期，即出现了"痒""序""东胶""东序""成均""瞽宗""学宫""大池""射庐"等形式的教育机构。随着时代的发展，封建社会时期，中国的"高等教育"一直以太学、国子监和书院的形式在官学和私学体系中存在。

太学、国子监和书院等，在其"校园"的各门两侧或内部殿堂的左右楹柱上，一般都会有楹联，表现为字数相同、结构相同、平仄协调、对仗工整、言简意深的对偶语句，如岳麓书院的"唯楚有材；于斯为盛"，白鹿洞书院的"日月两轮天地眼；诗书万卷圣贤心"，嵩阳书院的"近四旁惟中央统泰华衡恒四塞

---

① 骆威．南京国民政府时期的高等教育立法［M］．南京：南京大学出版社，2016：146.

关河拱神岳；历九朝为都会包伊洛瀍涧三台风雨作高山"，东林书院的"风声雨声读书声声声入耳，家事国事天下事事事关心"，等等。楹联是中华语言的独特艺术形式，给人以有益的启迪和艺术的享受，体现着读书人的家国志向、个性修为等。

中华"乐教"有数千年历史，远在西周时期"乐"教就已上升为统治阶级"感化"受教育者的重要内容之一，"弦歌不辍"也成为古代学校的代称。"乐"教是教育的一项极为重要的内容，《礼记·文王世子》曰："凡三王教子，必以礼乐，乐所以修内也，礼所以修外也，礼乐交错于中，发形于外，是故其成也怿，恭敬而温文。"①"如果说，礼教侧重于对人的外部约束，则乐教侧重熏陶人的内心精神世界，使人对礼成为内在的主动追求。""音乐给人的影响远远不只是音乐本身，其'乐'教既反映了政治需要，又有教化功能，培养人的自然性情，'乐以载道'，强调音乐与政治、伦理道德等的密切关系。"②

中国传统教育虽然带有浓厚的封建性和历史局限性，但也不乏有价值的成分，包含着丰富的道德伦理、家国情怀引喻。表达着学人志向、志趣的楹联、格言、警句，在我国古代教育机构中长期普遍存在，同时中国古代教育中一直存在着"乐教"基因，在中华传统教育文化中，教育机构的这种"志向"和"志趣"表达有着悠久的历史传统，根植于办学人的内心。1915 年，民国大总统颁定教育宗旨令中提道："吾国开化最先，钟毓独厚，远溯成周学制，人人有士君子之行。"③ 民国初期的教育家群体，多数在清末经历了传统文化的洗礼，本为传统文化的饱学之士，甚至还有"翰林"身份，植根于民国时期教育家们血液中的中华传统教育文化，影响着教育行为，如南开大学校长张伯苓、厦门大学校长林文庆、东南大学校长郭秉文等，都积极推动弘扬传统文化，并在中华古代典籍中提取、凝练本校的校训，可以说，正是延期数千年的传统教育文化，成为民国时期大学办学者制定校训、谱写校歌的内生源动力。

（二）办学者社会动员的强烈愿望是校训、校歌制定和创作的历史现实动力

1912 年成立的"中华民国"，在中国大陆存续 38 年，在封建王朝覆灭后而新生的中华民国并没有根本改变中国贫穷积弱的社会状况，反而使社会矛盾叠加，动荡不堪。北洋政府时期国家军阀割据、战乱频仍，同时饱受西方列强欺

① 佚名. 周礼 礼记 仪礼 ［M］. 扬州：广陵书社，2007：41.

② 王文杰，赵方. 简析西周时期教育中的中华优秀传统文化内涵 ［J］. 北京联合大学学报（人文社会科学版），2019，17（2）：55-64.

③ 中国第二历史档案馆编. 中华民国史档案资料汇编（第三辑）·教育 ［M］. 南京：凤凰出版社，1991：25.

凌，尊严尽失。南京国民政府时期国家更是遭受日本帝国的直接入侵，日本铁蹄所到之处生灵涂炭。

清末新式学堂即因救亡图强而建，民国时期的高等教育在民族和国家命运仍处于危机的历史背景下，肩负着家国理想，承担着救国图强的重任。回顾民国初建时的教育历史，从中央政府、教育部到教育家，对教育之于人、于社会、于国家的关系都有深刻、清醒的认识（当然中央政府的实践是另一回事，在此不叙）。蔡元培上任教育总长不久，即提出"军国民主义教育""实利主义教育""道德教育""世界观教育""美感教育""五育"并举的教育方针，指出教育对于富国、强兵、完善人格等的重要性。1915 年，民国总统颁定教育宗旨令，开篇即道："凡一国之盛衰强弱，视民德、民智、民力之进退为衡，而欲此三者程度日增，则必注重于国民教育。"① 民国时期教育学家舒新城认为："主张教育建国的人……更当彻底了解的是教育对于社会国家的三种责任：第一对于已往的文化负继承的责任；第二对于现在负适应的责任；第三对于未来负开创的责任。"② 周谷城认为："何谓教育之新的历史的使命？一言以蔽之曰，适应新中国之建设，发展新中国之新生活是也。"③

以大学校长为代表的教育家群体有着强烈的教育救国、教育强国的紧迫感和历史使命感，这种使命感落在校训、校歌中，反映着他们强烈的社会动员愿望，发出了抵御外侮、求亡图强的时代呼声。从校训表述和校歌歌词中，我们可以看到，他们投身于教育，扎扎实实办教育，希冀学子勤奋努力读书，掌握本领，以科学和知识改造中华、抵御外侮、挽救民族和国家命运，教育家们崇高的社会动员愿望，成为大学校训和校歌创作的现实历史动力。

（三）政府教育方针、训令等的推动是校训和校歌创作的体制动力

蔡元培《对新教育之意见》提出"五育"并举的新教育方针，指出"以心理学各方面衡之，军国民主义毗于意志；实利主义毗于知识；德育兼意志情感两方面；美育毗于情感；而世界观则统三者而一之""礼为德育，而乐为美育"④ 民国新教育方针，尤其是对"美育"的推崇等，对校训、校歌的制定起到了重要的助推作用。中、小学制中将音乐课列为必修课。1917 年，蔡元培出

---

① 中国第二历史档案馆编. 中华民国史档案资料汇编（第三辑）·教育 [M]. 南京：凤凰出版社，1991：25.

② 许骥，傅国涌. 给教育燃灯 [M]. 北京：清华大学出版社，2013：219.

③ 许骥，傅国涌. 给教育燃灯 [M]. 北京：清华大学出版社，2013：234.

④ 中国第二历史档案馆. 中华民国史档案资料汇编（第三辑）·教育 [M]. 南京：凤凰出版社，1991：20—21.

任北京大学校长，倡导成立了艺术美育研究机构，其中便有音乐研究会，各校创作校歌的活动也十分活跃。

而后来南京国民政府则直接发布训令，对校训、校歌的制定提出具体要求。1938 年 6 月，南京国民政府教育部针对校歌编制之事专门颁布训令："音乐一科，为陶冶青年儿童身心之主要科目，自古列为六艺之一。现在各级学校教授音乐，取材虽未尽趋一致，但自编校歌，以代表各该校之特点，而于新生入学之始，则教之歌咏，以启发爱校之心，影响甚为重大。兹为考察起见，各学校应将所编校歌，呈送本部，以备查核。"① 1938 年 9 月 19 日，教育部通令："各校一律以'忠孝、仁爱、信义、和平'为共同校训，制成匾额，悬挂于礼堂。校还要依其特征制定本校的校训、校歌。"② 在这种情况下，催生了一批新的校训，如西南联大制定了"刚毅坚卓"的校训，西北联合大学确立了"公诚勤朴"的校训，浙江大学提出了"求是"的校训。可没过多久，在 1939 年 5 月 15 日，教育部又发出代电："各级学校校训，经中国国民党蒋总裁建议规定为'礼义廉耻'四字，兹颁发遵照悬挂。"③"礼义廉耻"一统学校。

综上，中华传统教育中惯有的表达志向、志趣的格言、警句，传统教育中对音乐的深刻认知是民国大学校训、校歌制定与创作的内生源动力，民国时期特殊的历史背景激发的学人们强烈的社会动员以及救国图强的愿望是民国大学校训、校歌制定与创作的历史现实动力，民国新式教育方针及政府的法令是民国大学校训、校歌制定与创作的体制助推动力。

### 三、引经据典、妙言要道：民国时期大学之校训与校歌的特征

民国时期高校的校训、校歌（词），语言优美而厚重，情感丰富而深沉，展现出其独有的特征。

（一）创作者特征：与时代同行的教育精英

民国时期高校的校训多由校长直接制定或主持制定，是以校长为代表的办学者办学志向、理念、追求等的集中表达。制定校训的校长多是在那所高校历史上留下浓墨重彩的教育家，有其独特的教育思想、理念，展示出卓越的治校才华，推动了学校的发展。

---

① 刘长唤. 汪东先生年表简编 [J]. 贵州教育学院学报（社会科学），2008，24（11）：59.
② 中央教育科学研究所. 中国现代教育大事记（1919—1949）[M]. 北京：教育科学出版社，1988：399.
③ 中央教育科学研究所. 中国现代教育大事记（1919—1949）[M]. 北京：教育科学出版社，1988：416.

复旦大学校长李登辉 1915 年主持校训制定，经与马相伯等讨论确定了"博学而笃志，切问而近思"的校训；清华大学校长周诒春在梁启超 1914 年 11 月到校做题为《君子》的演讲后，将"自强不息，厚德载物"定为校训；厦门大学校长林文庆 1921 年将"止于至善"定为校训；国立中央大学校长罗家伦 1932 年制定校训为"诚朴雄伟"；南开大学校长张伯苓于 1934 年亲自制定校训"允公允能"；浙江大学校长竺可桢于 1938 年在学校西迁途中提出并确定"求是"为该校校训，并多次对其进行内涵阐释；西南联大校训"刚毅坚卓"则为 1938 年由学者们组成的专门委员会集体确定。

而校歌，其歌词有的是由校长作词，有的则是聘请著名诗人、学者来写词，而校歌的作曲多由高校聘请当时的乐坛世擘来谱写（表 5-1）。

表 5-1  民国时期部分高校校歌词、曲作者

| 学校 | 词作者 | 曲作者 |
|---|---|---|
| 南京高等师范学校 | 江 谦（校长） | 李叔同 |
| 复旦大学 | 刘大白 | 丰子恺 |
| 东北大学 | 刘半农 | 赵元任 |
| 浙江大学 | 马一浮 | 应尚能 |
| 北京大学 | 吴 梅 | |
| 南开大学 | 张伯苓（校长） | |
| 厦门大学 | 郑贞文 | 赵元任 |
| 湖南大学 | 胡庶华 | 萧友梅 |
| 安徽大学 | 程演生 | 萧友梅 |

校训、校歌创作者群体展现出教育精英特征，他们生于清末，童年即深受中华优秀传统文化浸染，后又经历共和，受新思潮的洗礼，有的则是从海外深造回国参与中国的现代高等教育实践，可以说，他们是上继中华文化传统、下开新学祖庭的教育精英群体，为那一时期高校校训和校歌的高质量、高艺术表现力、高文化价值打下了基础。

（二）语言特征：传承悠悠千年古代经典

在语言表现上，校训多为字、词、短语，一般不合平仄，但抑扬顿挫、朗朗上口；校歌语言表现则多种多样，以中华传统的四言诗、五言绝句、七律和

多种词牌宋词体为主。而无论是校训还是校歌，内容多出自中国传统文化经典，或直接引用、化用、提取能够表达儒家核心思想理念的字词，或根据古代典故编成，意境深远。

从各校校训看，引自《周易》《礼记》《论语》《汉书》的最多，也有许多校训由一些能够体现中华优秀传统文化理念的字或词构成，有的则是引用或化用了历史人物的格言、诗句（表5-2）。

表5-2 民国时期部分高校校训出处

| 学校 | 校训 | 出处（引用、化用等） |
|---|---|---|
| 北洋大学 | 实事求是 | 《汉书·河间献王传》 |
| 浙江大学 | 求是 | 《汉书·河间献王传》 |
| 湖南大学 | 实事求是 | 《汉书·河间献王传》 |
| 清华大学 | 自强不息，厚德载物 | 《周易》 |
| 厦门大学 | 自强不息，止于至善 | 《周易》《礼记·大学》 |
| 东北大学 | 自强不息，知行合一 | 《周易》、明王守仁的思想 |
| 中山大学 | 博学、审问、慎思、明辨、笃行 | 《礼记·中庸》 |
| 国立东南大学 | 止于至善 | 《礼记·大学》 |
| 河南大学 | 明德新民，止于至善 | 《礼记·大学》 |
| 武汉大学 | 明诚 弘毅 | 《礼记·中庸》《论语》 |
| 复旦大学 | 博学而笃志，切问而近思 | 《论语·子张》 |
| 交通大学 | 精勤求学 敦笃励志<br>果毅力行 忠恕任事 | 《后汉书》《左传》<br>《尚书》《论语》 |
| 南开大学 | 允公允能 日新月异 | 《诗经》《礼记》 |
| 四川大学 | 为天地立心，为生民立命，为往圣继绝学，为万世开太平 | 北宋张载 |
| 山东大学 | 气有浩然，学无止境 | 文天祥《正气歌》 |
| 东吴大学 | 养天地正气，法古今完人 | 文天祥《正气歌》 |

续表

| 学校 | 校训 | 出处（引用、化用等） |
|---|---|---|
| 西南联合大学 | 刚毅坚卓 | 传统文化思想理念 |
| 西北联合大学 | 公诚勤朴 | 传统文化思想理念 |
| 暨南大学 | 忠信笃敬 | 传统文化思想理念 |
| 中央大学 | 诚朴雄伟 | 传统文化思想理念 |
| 中华大学 | 成德达材，独立进取 | 传统文化思想理念 |

　　校歌的歌词较校训要长得多、内容表现更丰富，情感表现力更强。体例上以《诗经》式的四言诗最多，叠字、叠词常见。语言内容上除运用了古代典籍中的词语外，还常见隐含历史名人、历史典故等的内容，语言意境深远，情感深沉，引起对灵魂的感召，与人内心精神世界的对话，指引人的行为（表5-3）。

表5-3　民国时期部分高校校歌歌词出处

| 学校 | 校歌歌词 | 出处/典故 |
|---|---|---|
| 西南联合大学 | 万里长征，辞却了五朝宫阙，暂驻足衡山湘水，又成离别……待驱除仇寇，复神京，还燕碣。 | 岳飞《满江红》 |
| 清华大学 | 西山苍苍，东海茫茫，吾校庄严，岿然中央。……器识为先，文艺其从，立德立言，无问西东。 | 《礼记》《易传》《新唐书》《左传》 |
| 复旦大学 | 复旦复旦旦复旦，巍巍学府文章焕……复旦复旦旦复旦，日月光华同灿烂。 | 《尚书大传·虞夏传》 |
| 南开大学 | 渤海之滨，白河之津，巍巍我南开精神。汲汲骎骎，月异日新，发煌我前途无垠。美哉大仁，智勇真纯。以铸以陶，文质彬彬…… | 《礼记》《论语》 |
| 中央大学 | 大哉一诚天下动，如鼎三足分，曰知、曰仁、曰勇……吾愿无穷兮，如日方暾。 | 《礼记·中庸》《史记》《论语》 |

续表

| 学校 | 校歌歌词 | 出处/典故 |
|------|---------|----------|
| 中山大学 | 白云山高，珠江水长……博学审问，慎思不罔……振兴中华，永志勿忘。 | 《礼记·中庸》 |
| 浙江大学 | 大不自多，海纳江河……树我邦国，天下来同。 | 《周礼》《庄子》《诗经》《周易》 |
| 湖南大学 | 麓山巍巍，湘水泱泱……振我民族，扬我国光。 | 岳麓书院　朱熹、张栻 |
| 武汉大学 | 黄鹄一举兮，知山川之纡曲，朝斯夕斯，日就月将……学子与翱翔，努力崇明德，藏焉、修焉、息焉、游焉，及时爱景光。 | 《楚辞·惜辞》 |
| 安徽大学 | 潜岳苍苍，江淮汤汤。夏商肇启，雍容汉唐。文化丕成，民族是昌。莘莘多士，跻兹上庠。潜岳苍苍，江淮汤汤。缅怀先哲，管仲蒙庄。高文显学，宋清孔彰。莘莘多士，跻兹上庠。 | 古代学校历史；诸子 |

（三）时代特征：振兴中华、抵御外侮的时代强音

民国时期高校的学人群体秉承教育强国的理念，旨在通过教育培养人才，以建设国家，抵御外侮。校训和校歌都彰显着鲜明的时代特征，包含救亡图强的民族精神，是对全体师生的伟大动员。

在内忧外患的时代，民国时期大学表现出强烈的"天下兴亡、匹夫有责"的家国情怀，在校歌里发出了抵御外侮、救亡图存的呐喊。同时描写中华悠久灿烂的文明体现出对民族的文化坚守、文化自信，表达了民族振兴、追求进步的呼声。

中国公学校歌中"众学生，勿彷徨，以尔身，为太阳。照尔祖国以尔光，尔一身，先自强。修道德，为坚垒；求知识，为快枪。众学生，勿彷徨，尔能处之地位是大战场"表达了强烈的民族意识、报国志向。河南大学校歌中"四郊多垒，国仇难忘"表达了对国家命运的担忧，对外敌的愤恨，投身报国的决心。北洋大学校歌中"悠长称历史，建设为同胞，不从纸上逞空谈，要实地把

中华改造"，抒发脚踏实地、不空谈，以学报国的信念。湖南大学校歌中"楚材蔚起，奋志安壤。振我民族，扬我国光"彰显了反抗外敌、民族振兴、国家强盛的美好愿望。

（四）乡土特征：浓郁人文地理情感

有许多高校在其校歌歌词中，用山水名称等对其所在的地理位置给予了表现，具有显著的地域识别特征，同时也在歌词中引用当地的历史人物或典故来突出学校所在地方的历史文化积淀，将学府置于所在地域深厚、悠久的历史文化之中，表现出浓厚的乡土观念。叠字、叠词的运用，多为合唱，展示出深沉、久远、大气的咏叹调，打动心灵（表5-4）。中华传统文化博大精深，校歌中对学校所在地方的地理、人文、历史文化之唱，给人以心灵震撼，也潜移默化地连接了"人"与"家"的情感，传承了中华优秀传统文化中的乡土意识。

表5-4　民国时期部分高校校歌中对地域特征的描述

| 学校 | 地域 | 校歌对应的歌词 |
|---|---|---|
| 清华大学 | 北京 | 西山苍苍，东海茫茫，吾校庄严，巋然中央 |
| 北洋大学 | 天津 | 花堤蔼蔼，北运滔滔，巍巍学府北洋高 |
| 南开大学 | 天津 | 渤海之滨，白河之津，巍巍我南开精神 |
| 中山大学 | 广东 | 白云山高，珠江水长 |
| 湖南大学 | 湖南 | 麓山巍巍，湘水泱泱。宏开学府，济济沧沧 |
| 四川大学 | 四川 | 岷山峨峨开天府，江水泱泱流今古 |
| 安徽大学 | 安徽 | 潜岳苍苍，江淮汤汤。夏商肇启，雍容汉唐 |
| 河南大学 | 河南 | 嵩岳苍苍，河水泱泱，中原文化悠且长 |
| 东北大学 | 辽宁 | 白山兮高高，黑水兮滔滔。有此山川之伟大，故生民质朴而雄豪；地所产者丰且美，俗所习者勤与劳 |
| 云南大学 | 云南 | 太华巍巍，拔海千寻；滇池森森，万山为襟 |

（五）办学特征：校训和校歌体现着学校办学特色、办学理念

如前文所述，校训是一所学校办学特色、办学理念的集中凝练，校歌则一

般对校训精神做更深层次的表达（表5-5）。校歌"具有现在流行歌曲的流行性、传唱性，但不具有其媚俗性，是大学理想和信念的重要表现形式。从某种意义上讲，民国时期对校歌的重视体现了对大学理念的执着追求"①。

表5-5　民国时期部分高校校歌中对学校办学特色的描述

| 学校 | 校歌对应的歌词 |
|---|---|
| 北洋大学 | 穷学理，振科工，重实验，薄雕虫 |
| 浙江大学 | 念哉典学，思睿观通。有文有质，有农有工 |
| 北平师范大学 | 开来继往道贯其中……宏我教化，昌我民治，共矢此愿务成功 |
| 西北联合大学 | 文理导愚蒙，正法倡忠勇…… |
| 无锡国学专修学校 | 五百载，名世生，道统继续在遗经 |
| 苏州工业专门学校 | 专工传补记，匠心独运，艺术久垂名 |

### 四、文以载道、歌以咏志：民国时期大学校训与校歌对传统文化的传承

中华传统文化在西周时期的教育中已现体系，传统教育以"六艺"为主要内容，其中的"礼""乐"培养学习者发与内心的社会价值认同；"射""御"教人以军事技能，使受教育者可以为国家、社会抵御外侵、平定内乱，维护社会统治秩序；"书""数"教人以识字、计数之能，使受教育者具备为国效力的基本素质。整体上体现了以"和"为内核的文化内涵，强调调整人与社会的关系，追求社会和谐、天下太平；调整人与人的关系，讲究贵贱、长幼、尊卑，人与人以礼相待；调整人自身的关系，追求人的自我完善、内圣外王。民国高校的校训、校歌表达出师生共同的理想和价值追求，与西方大学校训重在学术，求"知"、求"真"不同，民国时期大学校训、校歌在重"学"基础上，更侧重于人文伦理道德，蕴含中华传统文化丰富而深刻的内涵，有"载道""咏志"之功能。

（一）传承中华优秀传统文化的核心思想理念

民国时期高校的校训、校歌十分强调人的修为，对体现传统文化核心思想

---

① 李卯．民国时期的大学校歌及其理念诉求［J］．江汉大学学报（社会科学版），2010，27（01）：92．

理念的"德""诚""勤""仁"等多有强调，注重于"人"格的养成，内外兼修，达到人与自身的和谐，"养天地正气，法古今完人"，与传统文化"重德""修身"以成"君子""内圣外王"的思想理念一脉相承。

"大学之道，在明明德，在亲民，在止于至善""古之欲明明德于天下者，先治其国，欲治其国者，先齐其家；欲齐其家者，先修其身；欲修其身者，先正其心；欲正其心者，先诚其意；欲诚其意者，先致其知，致知在格物。物格而后知至，知至而后意诚，意诚而后心正，心正而后身修，身修而后家齐，家齐而后国治，国治而后天下平。"① 中华传统文化极为重视人之"德"，可以说"德"是中华民族整体民族人性的基本基因，人通过学习来修身养德，增长才干，"齐家、治国、平天下"成为"君子"。

以"德"为例，清华大学校训"自强不息，厚德载物"、校歌中的"立德立言，无问西东"，武汉大学校训"明诚弘毅"、校歌中的"努力崇明德"，河南大学校训"明德新民，止于至善"，中华大学校训"成德达材，独立进取"，无锡国专校歌中"俭以养德，静以养心"，中国公学校歌"修道德，为坚垒"，等等，都表达出办教育者对受教育者"德"的重视。以"诚"为例，南京高等师范学校校长江谦解释校训道："本校校训所用'诚'字，诚者自成，所以成物；先圣至言，实为教育精神之根本。演言之，诚则有信心，有信力……期望学生以信心为体，以信力为用，此本校训育之主旨也。"② 中央大学校训"诚朴雄伟"，西北联合大学"公诚勤朴"，集美学校师范部校训"诚毅"，南京高等师范学校校训"诚"，金陵大学校训"诚真勤仁"，等等，蕴含中华文化"修身、正心、诚意"的理念。

民国时期高校的校训、校歌十分强调革故鼎新、与时俱进、求大同的思想理念。南开大学的"允公允能、日新月异"，北平师范大学的"开来继往道贯其中"等体现着与时代同行的理念；浙江大学"求是"校训，北洋大学"实事求是"的校训和校歌中"不从纸上逞空谈，要实地把中华改造"体现着中华民族脚踏实地的追求；东北大学的"爱校、爱乡、爱国、爱人类，期终达于世界大同"体现着"求大同"的理念；浙江大学马一浮制作《校歌》："大不自多，海纳江河……昔言求是，实启尔求真。习坎示教，始见经纶……念哉典学，思睿观通……成章乃达，若金之在熔……树我邦国，天下来同。"告诫学子不要因循守旧，既要继承又要革新，学会深入思考，增长才干和本领，建设好国家，让

---

① 佚名. 周礼 礼记 仪礼 [M]. 扬州：广陵书社，2007：120.

② 南大百年实录·中央大学史料选 [M]. 南京：南京大学出版社，2002：45.

世界认同。

（二）传承中华传统美德

中华数千年的传统教育中，"射""御"之教旨在使受教育者增长为国家抵御外侵、平定内乱、维护社会统治秩序，以"平天下"的本领，"天下兴亡、匹夫有责"的担当意识，向来是中华传统文化中人的道德理念和行为规范。如前文所述，民国时期高等教育一开始便用浓厚的"报国"意旨，显示着社会功用性，抵抗外敌、精忠报国、振兴中华的爱国情怀在校训、校歌中得到了充分体现。

在本书所收集的 30 余所高校的校歌中，直接表述"国"家的就有 15 所，如西南联大的"多难殷忧新国运"，清华大学的"大同爰跻，祖国以光"，复旦大学的"巩固学校维护国家，先忧后乐交相勉"，中山大学的"明辨笃行，为国栋梁"，浙江大学的"树我邦国，天下来同"，交通大学的"实学培国本，民族得中兴"，河南大学的"四郊多垒，国仇难忘"，东北大学的"痛国难之未已，恒怒火之中烧……爱校、爱乡、爱国、爱人类"，无锡国学专修学校的"乾坤开辟学说何纷纭，唯我中国教化最文明"，中国公学的"照尔祖国以尔光，尔一身，先自强……欲救尔祖国亡，尔先自强"。值得一提的是，在教会大学的校歌歌词中也有"国"，如燕京大学的"人才辈出，服务同群，为国效尽忠"，光华大学的"观国之光远有耀，重任在吾躬"，等等。1928 年，东北大学由刘半农作词、赵元任作曲制作了校歌："痛国难之未已，恒怒火之中烧。东夷兮狡诈，北房兮矫骁，灼灼兮其目，霍霍兮其刀，苟捍卫之不力，宁宰割之能逃？惟卧薪而尝胆，庶雪耻于一朝。"则极其鲜明地表达出对列强欺凌的悲愤和怒火，抒发着强烈的报国雪耻的爱国志向。

1919 年，南开大学谱写的《校歌》中唱道："渤海之滨，白河之津，巍巍我南开精神。汲汲骎骎，月异日新，发煌我前途无垠。"彰显学校对学子们努力学习、改造社会、创建美好未来的展望。1925 年，复旦大学由刘大白作词、丰子恺作曲制作了《校歌》："复旦复旦旦复旦，师生一德精神贯，巩固学校维护国家，先忧后乐交相勉，交相勉前程远，向前，向前，向前进展。"抒发自强不息之志，寄托教育强国的希望。1938 年，西南联合大学制作了那首举世闻名史诗般的校歌："万里长征，辞却了五朝宫阙，暂驻足衡山湘水，又成离别。绝徼移栽桢干质，九州遍洒黎元血。尽笳吹，弦诵在山城，情弥切。千秋耻，终当雪。中兴业，须人杰。便一成三户，壮怀难折。多难殷忧新国运，动心忍性希前哲。待驱除仇寇，复神京，还燕碣。"校歌采用的词式和韵与民族英雄岳飞千古绝唱《满江红》相同，始叹南迁流离之苦，中颂师生不屈之壮志，终寄最后胜利之期望，富有感情的旋律，激扬悲壮，集中反映了联大精神，表达了对中国抗日战争必胜的信念，极大地激励了国难之下的一代学子。

（三）传承中华人文精神

民国时期大学的校训、校歌，既是师生们办学志向、理想、追求的深刻表达，本身也是底蕴深厚、沁润人心的优秀文艺作品，文以载道、以文化人，将丰富的中华人文精神蕴含在文字里、歌曲中。

如校歌中学校地域特征的描述，山川风物充满诗情画意，人文历史述说着先贤的胸襟、情操和气节。德、诚、仁、善、勤等，体现了中华人生哲学、人生智慧以及向上向善的人性追求，富含中国人深沉的人伦情怀。校训、校歌中对国家形势的忧虑，以及学成以报效国家的志向表达，体现着中国人忧国忧民的爱国情感。校训、校歌以古代诗词歌赋的形式展现出来，将中华优秀传统文化中的理念、价值、追求等蕴含其中，以语言文字、歌曲形式得以传承发展，展现出中华人文精神的永久魅力和时代风采。

总之，校训、校歌实现了美学、美德、美文的结合，涵养性情，锤炼人格，为那一代学人打下了鲜明的中国底色，为增强中华传统文化自信提供了有力的支撑。

（四）传统文化的坚守，彰显着珍贵的民族自信、文化自信

民国时期，在中国存续数千年的封建王朝刚刚覆灭，彼时中华传统文化在"共和"新思潮的浩瀚烟海和"西学"之风狂劲之时，已被解构得支离破碎。以国学为例，"中国大学里的国学研究一方面面临着自然科学和应用性专业科目的竞争，另一方面又遭受五四运动以来，新文化在民主和科学的普遍原则下横扫旧俗、抨击传统的挑战"。在此种历史背景下，民国时期的高校显示出对中华传统文化难能可贵的传承和坚守，他们不空有传承传统文化的远大理想，更有积极、扎实的行动，并有颇多的建树。

陈寅恪曾质问其同事："今日大学、高中学生，其本国语言文学之普通程度如此。诸公之殚精竭虑，高谈博引，岂不徒劳耶？"① 南开大学校长张伯苓在《我之教育目的》中说："整理中国固有之文化，摘其适合于现代潮流者，阐扬

---

① 叶文心．民国时期大学校园文化（1919—1937）［M］．北京：中国人民大学出版社，2012：11．

而光大之，奉为国魂，并推而广之，以求贡献于全世界。"① 厦门大学校长林文庆虽然是新加坡华侨，并曾在英国读书，但他从中西方文化的比较中，体会到儒家学说的价值，因而不遗余力地宣传和光大国学，他用《礼记·大学》中的"止于至善"作为厦门大学校训。同样国立东南大学校长郭秉文也将"止于至善"作为校训。

中国公学的"尔祖父，思羲黄"、中央大学的"千圣会归兮，集成于孔"、湖南大学的"承朱张之绪"、河南大学的"中原文化悠且长"、安徽大学的"夏商肇启，雍容汉唐……缅怀先哲，管仲蒙庄。高文显学，宋清孔彰。莘莘多士，跻兹上庠"、无锡国专的"上自黄帝迄孔孟，先知先觉觉斯民"等，如史诗般，讲述中华教育肇始的历史，赞美诸子百家的风范，显示出强烈的民族意识、民族自信和文化自信。

钱穆认为民族的生存力量根植于其文化之中，他曾说，中国人应该对本民族的历史及民族文化持有一种"温情与敬意"，切不可妄自菲薄，要树立民族文化自信心和自豪感。梁漱溟对中国文化的概括是"人生向上伦理情谊"八字。民国时期大学的校训、校歌（表 5-6）展现出中华优秀传统文化核心价值，在"西学"全面袭来、传统文化几近"崩盘"，国家及民族面临危亡的特殊时代，展现了民国时期的高校强烈的爱国主义精神、深沉的国家和民族情怀，彰显了对中华优秀传统文化的坚守与自信，体现了中华气韵、中华风骨。

表 5-6　民国时期部分高等学校校训、校歌（词）

（表中校训校歌整理自各大学校史资料及相关网络资源）

| 学校 | 校训、校歌 | |
|---|---|---|
| 西南联合大学 | 校训 | 刚毅坚卓 |
| | 校歌 | 万里长征，辞却了五朝宫阙，暂驻足衡山湘水，又成离别。绝徼移栽桢干质，九州遍洒黎元血。尽笳吹，弦诵在山城，情弥切。<br>千秋耻，终当雪。中兴业，须人杰。便一成三户，壮怀难折。多难殷忧新国运，动心忍性希前哲。待驱除仇寇，复神京，还燕碣。 |

① 杨波，刘炜茗．现代大学校长文丛·张伯苓卷［M］．合肥：安徽教育出版社，2015：172.

续表

| 学校 | 校训、校歌 | |
|---|---|---|
| 北洋大学 | 校训 | 实事求是 |
| | 校歌 | 花堤蔼蔼，北运滔滔，巍巍学府北洋高，悠长称历史，建设为同胞，不从纸上逞空谈，要实地把中华改造。<br>穷学理，振科工，重实验，薄雕虫，望前驱之英华卓荦，应后起之努力追踪，念过去之艰难缔造，愿一心一德共扬校誉于无穷。 |
| 清华大学 | 校训 | 自强不息，厚德载物 |
| | 校歌 | 西山苍苍，东海茫茫，吾校庄严，峙然中央。<br>东西文化，荟萃一堂，大同爰跻，祖国以光。<br>莘莘学子来远方，莘莘学子来远方。<br>春风化雨乐未央，行健不息须自强。<br>自强，自强，行健不息须自强！<br>自强，自强，行健不息须自强！<br>左图右史，邺架巍巍，致知穷理，学古探微。<br>新旧合冶，殊途同归，看核仁义，闻道日肥。<br>服膺守善心无违，服膺守善心无违。<br>海能卑下众水归，学问笃实生光辉。<br>光辉，光辉，学问笃实生光辉！<br>光辉，光辉，学问笃实生光辉！<br>器识为先，文艺其从，立德立言，无问西东。<br>执绍介是，吾校之功，同仁一视，泱泱大风。<br>水木清华众秀钟，水木清华众秀钟。<br>万悃如一矢以忠，赫赫吾校名无穷。<br>无穷，无穷，赫赫吾校名无穷！<br>无穷，无穷，赫赫吾校名无穷！ |

续表

| 学校 | 校训、校歌 | |
|------|------|------|
| 复旦大学 | 校训 | 博学而笃志，切问而近思 |
| | 校歌 | 复旦复旦旦复旦，巍巍学府文章焕，<br>学术独立思想自由，政罗教网无羁绊，<br>无羁绊前程远，向前，向前，向前进展。<br>复旦复旦旦复旦，日月光华同灿烂。<br>复旦复旦旦复旦，师生一德精神贯，<br>巩固学校维护国家，先忧后乐交相勉，<br>交相勉前程远，向前，向前，向前进展。<br>复旦复旦旦复旦，日月光华同灿烂。<br>复旦复旦旦复旦，沪滨屹立东南冠，<br>作育国士恢廓学风，震欧铄美声名满，<br>声名满前程远，向前，向前，向前进展。<br>复旦复旦旦复旦，日月光华同灿烂。 |
| 南开大学 | 校训 | 允公允能 日新月异 |
| | 校歌 | 渤海之滨，白河之津，巍巍我南开精神。<br>汲汲骎骎，月异日新，发煌我前途无垠。<br>美哉大仁，智勇真纯。以铸以陶，文质彬彬。<br>渤海之滨，白河之津，巍巍我南开精神。<br>渤海之滨，白河之津，巍巍我南开精神。<br>汲汲骎骎，月异日新，发煌我前途无垠。 |
| 厦门大学 | 校训 | 自强不息，止于至善 |
| | 校歌 | 自强！自强！学海何洋洋！谁欤操钥发其藏？<br>鹭江深且长，致吾知于无央。<br>吁嗟乎！南方之强！吁嗟乎！南方之强！<br>自强！自强！人生何茫茫！谁欤普渡驾慈航？<br>鹭江深且长，充吾爱于无疆。<br>吁嗟乎！南方之强！吁嗟乎！南方之强！ |

| 学校 | 校训、校歌 | |
|---|---|---|
| 中央大学 | 校训 | 诚朴雄伟 |
| | 校歌 | 大哉一诚天下动，<br>如鼎三足兮，曰知、曰仁、曰勇。<br>千圣会归兮，集成于孔。<br>下开万代旁万方兮，一趋兮同。<br>踵海西上兮，江东；<br>巍巍北极兮，金城之中。<br>天开教泽兮，吾道无穷；<br>吾愿无穷兮，如日方皦。 |
| 中山大学 | 校训 | 博学、审问、慎思、明辨、笃行 |
| | 校歌 | 白云山高，珠江水长。吾校矗立，蔚为国光。<br>中山手创，遗泽余芳。博学审问，慎思不罔。<br>明辨笃行，为国栋梁。莘莘学子，济济一堂。<br>学以致用，不息自强。发扬光大，贯彻主张。<br>振兴中华，永志勿忘。 |
| 西北联合大学 | 校训 | 公诚勤朴 |
| | 校歌 | 并序联黉，卅载燕都迥；联辉合耀，文化开秦陇。汉江千里源蟠冢，天山万仞自卑隆。文理导愚蒙，政法倡忠勇；师资树人表，实业拯民穷，健体明医弱者雄，勤朴公诚校训崇。华夏声威，神州文物；原从西北，化被南东；努力发扬我四千年国族之雄风！ |

续表

| 学校 | 校训、校歌 | |
|---|---|---|
| 浙江大学 | 校训 | 求是 |
| | 校歌 | 大不自多，海纳江河。惟学无际，际于天地。形上谓道兮，形下谓器。礼主别异兮，乐主和同。知其不二兮，尔听斯聪！国有成均，在浙之滨。昔言求是，实启尔求真。习坎示教，始见经纶。无曰已是，无曰遂真。靡革匪因，靡故匪新。何以新之？开物前民。嗟尔髦士，尚其有闻。<br><br>念哉典学，思睿观通。有文有质，有农有工。兼总条贯，知至知终，成章乃达，若金之在熔。尚亨于野，无吝于宗。树我邦国，天下来同。 |
| 湖南大学 | 校训 | 实事求是 |
| | 校歌 | 麓山巍巍，湘水泱泱。<br>宏开学府，济济沧沧。<br>承朱张之绪，取欧美之长。<br>华与实兮并茂，兰与芷兮齐芳。<br>楚材蔚起，奋志安壤。振我民族，扬我国光。 |
| 交通大学 | 校训 | 精勤求学　敦笃励志　果毅力行　忠恕任事 |
| | 校歌 | 美哉吾校，真理之花，青年之模楷，邦国之荣华。校旗飘扬，与日俱长，为世界之光，为世界之光。<br>美哉吾校，鼓舞群伦，启发我睿智，激励我热忱，英俊济跄，经营四方，为世界之光，为世界之光。<br>美哉吾校，性灵源泉，科学之奥府，艺术之林园。实业扩张，进步无疆，为世界之光，为世界之光。<br>美哉吾校，灿烂文明，实学培国本，民族得中兴，宇土茫茫，山高水长，为世界之光，为世界之光。 |

续表

| 学校 | 校训、校歌 | |
|------|------|------|
| 武汉大学 | 校训 | 明诚 弘毅 |
| | 校歌 | 黄鹄一举兮，知山川之纡曲，朝斯夕斯，日就月将。<br>再举兮，知天地之圆方，念茫茫宇合，悠悠文物。<br>选琭珈胜处，学子与翱翔，任重道远，来日亦何长。<br>学子与翱翔，努力崇明德，藏焉、修焉、息焉、游焉，及时爱景光。 |
| 四川大学 | 校训 | 为天地立心，为生民立命，为往圣继绝学，为万世开太平 |
| | 校歌 | 岷山峨峨开天府，江水泱泱流今古。<br>聚精会神生大禹，近揆文教远奋武。<br>桓桓熊罴起西土，锵锵鸣凤叶东鲁。<br>和神人，歌且舞，领袖群英吾与汝。 |
| 河南大学 | 校训 | 明德新民，止于至善 |
| | 校歌 | 嵩岳苍苍，河水泱泱，中原文化悠且长。<br>济济多士，风雨一堂，继往开来扬辉光。<br>四郊多垒，国仇难忘，民主是式，科学允张。<br>猗欤吾校永无疆，猗欤吾校永无疆。 |
| 东北大学 | 校训 | 自强不息，知行合一 |
| | 校歌 | 白山兮高高，黑水兮滔滔。有此山川之伟大，故生民质朴而雄豪；地所产者丰且美，俗所习者勤与劳；愿以此为基础，应世界进化之洪潮。沐三民主义之圣化，仰青天白日之昭昭。<br>痛国难之未已，恒怒火之中烧。东夷兮狡诈，北虏兮矫骁，灼灼兮其目，霍霍兮其刀，苟捍卫之不力，宁宰割之能逃？惟卧薪而尝胆，庶雪耻于一朝。<br>唯知行合一方为责，无取乎空论之滔滔，唯积学养气可致用，无取乎狂热之呼号。其自迩以行远，其自卑以登高。<br>爱校、爱乡、爱国、爱人类，期终达于世界大同之目标。使命如此其重大，能不奋勉乎吾曹，能不奋勉乎吾曹。 |

| 学校 | 校训、校歌 | |
|---|---|---|
| 北平师范大学 | 校训 | 以身作则 |
| | 校歌 | 往者文化世所崇，将来事业更无穷，开来继往师道贯其中。师道，师道，谁与立？责无旁贷在藐躬。皇皇兮故都，巍巍兮学府，一堂相聚志相同，朝研夕讨乐融融。弘我教化，昌我民智，共矢此愿务成功。 |
| 无锡国学专修学校 | 校训 | 致良知 |
| | 校歌 | 五百载，名世生，道统继续在遗经。<br>乾坤开辟学说何纷纭，惟我中国教化最文明。<br>上自黄帝迄孔孟，先知先觉觉斯民。<br>大道行，三代英，我辈责讵敢轻。<br>勉哉、勉哉，俭以养德，静以养心；建功立业，博通古今；<br>为生民立命，为万世开太平。 |
| 金陵大学 | 校训 | 诚 真 勤 仁 |
| | 校歌 | 大江滔滔东入海，我居江东；石城虎踞山蟠龙，我当其中。三院嵯峨，艺术之宫，文理与林农。思如潮，气如虹，永为南国雄。 |
| 燕京大学 | 校训 | 因真理，得自由，以服务 |
| | 校歌 | 雄哉、壮哉燕京大学，轮奂美且崇；<br>人文荟萃，中外交乎，声誉满寰中。<br>良师、益友如琢如磨，情志每相同；<br>踊跃奋进，探求真理，自由生活丰。<br>燕京、燕京事业浩瀚，规模更恢宏；<br>人才辈出，服务同群，为国效尽忠。 |

续表

| 学校 | 校训、校歌 | |
|---|---|---|
| 东吴大学 | 校训 | 养天地正气，法古今完人 |
| | 校歌 | 葑溪之西，胥江之东，广厦万间崇。<br>凭栏四望，虎丘金鸡，一例眼球笼。<br>东吴东吴，人中鸾凤，世界同推重。<br>山负海涵，春华秋实，声教暨寰中。<br>皇皇母校，共被光荣，羡我羽毛丰。<br>同门兄弟，暮云春树，记取古吴东。<br>东吴东吴，人中鸾凤，世界同推重。<br>山负海涵，春华秋实，声教暨寰中。<br>天涯兄弟，一旦相逢，话旧故乡同。<br>相期努力，敬教劝学，分校遍西东。<br>东吴东吴，人中鸾凤，世界同推重。<br>山负海涵，春华秋实，声教暨寰中。 |
| 辅仁大学 | 校训 | 以文会友，以友辅仁 |
| | 校歌 | 辅仁以友，会友以文，吾校之魂，圣美善真。<br>三知是求，明德日新，蔚起多士，文质彬彬。<br>福音勤播，天下归仁，世进大同，神旨永遵。<br>祝我辅仁，其寿千春，祝我辅仁，其寿千春。 |
| 光华大学 | 校训 | 格致诚正 |
| | 校歌 | 鲲鱼久蛰北溟中，今已化为鹏；去以六月羊角风，重霄一奋冲。我有前圣羲与农，肇造文明启晦蒙；我有后圣周与孔，旁流教泽施无穷。观国之光远有耀，重任在吾躬；中华民气原俊伟，奋起自为雄。<br>平原宽广带长川，有基篑在田；风雨不动安若山，广厦列万千。科分教育冀薪传，更参文明究人天；复以商业扩其用，产才分道扬先鞭。父兄师保瘁心力，乃至美且全；光我中华万亿年，毋让他人先。 |

续表

| 学校 | 校训、校歌 | |
|---|---|---|
| 沪江大学 | 校训 | 信义勤爱 |
| | 校歌 | 我来我校，时曰沪江，共高歌乐赞扬。<br>赞扬之声，遍于四方，我爱我校，爱升其堂，<br>惟我母校，信义勤爱，赞扬母校荣光，<br>使我学行，罔或不臧，增荣名仰沪江。 |
| 集美学校师范部 | 校训 | 诚毅 |
| | 校歌 | 闽海之滨，有我集美乡，山明兮水秀，胜地冠南疆。<br>天然位置，惟序与黉，英才乐育，蔚为国光。<br>全国士聚一堂，师中实小共提倡。<br>春风吹和煦，桃李尽成行。<br>树人需百年，美哉教泽长。<br>"诚毅"二字中心藏，大家勿忘，大家勿忘！ |
| 山东大学 | 校训 | 气有浩然，学无止境 |
| 暨南大学 | 校训 | 忠信笃敬 |
| 国立东南大学 | 校训 | 嚼得菜根，做得大事（两江师范学堂时期） |
| | | 诚（两江优级师范学堂时期） |
| | | 止于至善（国立东南大学时期） |
| 圣约翰大学 | 校训 | 学而不思则罔，思而不学则殆/ 光和真理 |
| 中华大学 | 校训 | 成德达材，独立进取 |
| 齐鲁大学 | 校训 | 尔将识真理，真理必释尔 |
| 安徽大学 | 校歌 | 潜岳苍苍，江淮汤汤。夏商肇启，雍容汉唐。<br>文化丕成，民族是昌。莘莘多士，跻兹上庠。<br>潜岳苍苍，江淮汤汤。缅怀先哲，管仲蒙庄。<br>高文显学，宋清孔彰。莘莘多士，跻兹上庠。 |

| 学校 | | 校训、校歌 |
|------|------|------|
| 中国公学 | 校歌 | 众学生，勿彷徨，以尔身，为太阳。<br>照尔祖国以尔光，尔一身，先自强。<br>修道德，为坚垒；求知识，为快枪。<br>众学生，勿彷徨，尔能处之地位是大战场。<br>尔祖父，思羲黄，尔仇敌，环尔旁。<br>欲救尔祖国亡，尔先自强。 |
| 苏州工业<br>专门学校 | 校歌 | 灵秀毓三吴，风流儒雅，自昔号文明。考工传补记，匠心独运，艺术久垂名。君不见：欧风美雨制造日研精?! 赫然华族起抗衡! 莘莘学子努力簇前程。物质、文化进步兮无量——吾校之光荣。 |

# 第二节　民国时期大学的校园建筑

　　建筑是文化的载体，是最容易影响大众的直观文化符号。作为名词的"建筑"，广义上是指建造房屋、道路、桥梁和一切设施的人造工程，狭义上就是指房屋。① 建筑在给人们提供基本的生活和工作场所的同时，还肩负着满足人们文化、审美需要的功能。作为用结构来表达思想的艺术，它凝聚着社会文化、思想风气，是历史的见证物。而优秀的历史建筑，映射着所诞生的时代，积淀着厚重的文化，是审美情趣与音乐旋律的凝固物，吸引人们去品味、去感悟。

　　学校建筑或者校园建筑作为建筑的一种类型，具体是指学校地面上建设的房屋、走廊和其他附属物如运动场地、看台、讲台、露天游泳池、花坛、亭阁等。民国时期，现代意义上的大学不断涌现，这些大学在成立之初，就非常注重校园建筑景观的设计和建设，由此诞生了在中国近代建筑史上具有独特意义的存在——民国时期的大学校园建筑。这些建筑在建造风格上具有浓郁的中国传统古典建筑的特色，但在材料、技术和装饰上又融合了西方的新理念、新工

---

　　① 陈孝彬，高洪源. 教育管理学 [M]. 北京：北京师范大学出版社，2008：384.

艺，无论从建筑学的角度还是从文化历史学的角度去欣赏，都堪称佳作和典范，很多建筑至今仍是学校的精神标识和文化名片，被列为国家的重点文物保护单位。

对民国时期大学校园建筑的考察可以从多个角度进行，从规划选址到建筑材料，再到建造技术；从主办者到设计者，再到施工者等，不一而足。本文以民国时期大学的建筑为研究对象和载体，重点从文化和教育的角度考察民国时期大学建筑的概况、特征，选取建筑的形态、名称、地域等维度进行剖析，对其中蕴含的思想价值、文化内涵和教育意义予以揭示。

## 一、民国时期大学校园建筑的类型

1931 年 12 月 3 日，民国时期的著名教育家梅贻琦正式就任清华大学校长，在就职典礼上，他留下了中国大学史上著名的一句话："所谓大学之大，非有大楼之谓也，乃有大师之谓也。"梅贻琦的这句名言被后人反复引用，来表达大学最重要的是大师而不是大楼。这一理念固然正确，但对一所大学来说，如果连像样的校舍都没有，很难称为真正意义上的大学。古今中外的知名学府，无一不是学府巍峨、大师云集，两者缺一不可。以大楼为主体的校园建筑，撑起了一所大学的物理空间和总体框架，没有它们，大学的文化、精神就缺乏一个物质基础和固化载体。

民国时期是中国现代高等教育的初创期，创业维艰，筚路蓝缕，尽管面临着场地、资金、技术等多方面的困难，但还是有一批心怀教育救国理想的政治家、教育家为大学的设立、建造奔走呼号、多方筹措，倾注了大量心血，也取得了卓越成效。这一时期的大学校园建筑无论是数量还是质量都迎来了一个大发展的时期，一大批造型优美、设施先进、寓意丰富的建筑如雨后春笋般拔地而起，形成了具有典型代表意义的民国时期大学校园建筑，为中国近代高等教育奠定了发展根基。

受西方现代主义建设思想的影响，这一时期的校园基本上都是按照功能分区理论来规划。功能分区是近现代西方城市规划的主要思想之一，体现在大学建筑中就是将校园生活中内容相同或性质相近的活动相对集中于一个区域，区域之间相对隔离。① 一所校园通常可以分为教学区、办公区、生活区、体育活动区等，各类建筑集中布置在相应区域内，校园建筑总体呈现为若干不同功能区块的组合。具体到各个区域的建筑，会根据实际的不同需求、用途，在形态、

---

① 张奕. 教育学视阈下的中国大学建筑 [M]. 青岛：中国海洋大学出版社，2006：227.

体量、规模等方面又有差异。为了对这些建筑做出更加细致的区分，我们可以按照形态体积的大小，把这些建筑分为三类：体积和规模较大，主要用于办公、教学、生活的楼、堂、馆、舍；体积中等，服务师生学习、生活的亭、台、轩、榭；体积较小，主要用于装饰点缀的雕塑、造型等其他类别。

（一）楼堂馆舍类：巍巍学宫　煌煌上庠

无论是近代还是现代，教学楼、礼堂、图书馆和宿舍都是构成大学校园最核心的功能要素。按照现代汉语词典的解释，"楼"通常指两层和两层以上的房屋。① 楼是民国时期大学校园数量最多，也最常见的建筑类型，包括办公楼、会议楼、教学楼、实验楼等。"堂"意为专为某种活动用的房屋，② 通常是指高大的房子，校园内可以称为"堂"的建筑主要有举行大型集会的大礼堂、大会堂，以及就餐的食堂等。但也有不少教会大学，由于建筑样式效仿西方的教堂，在给建筑物命名时，把用于科研、办公、宿舍的楼宇也都称为"堂"，比如东吴大学的图书馆"孙堂"、科学馆"葛堂"、学生宿舍"维格堂"等。③ "馆"指收藏陈列文献、文物或进行文体活动的场所，④ 包括展览馆、纪念馆、图书馆、科学馆、体育馆等。"舍"指一般意义上的房屋，主要指宿舍。

作为校园的主体建筑，楼堂馆舍往往是民国时期的大学在办学初期就开始兴建的，比如，清华大学从 1916 年到 1920 年，聘请美国设计师墨菲，设计建造了图书馆、体育馆、科学馆、大礼堂等清华历史上著名的"四大建筑"。1923年 7 月，金陵女大在随园开办时，也聘请墨菲设计营造了一组中国古典宫殿式建筑，包括会议楼、科学馆、文学馆、图书馆、大礼堂、学生宿舍等。国立武汉大学的早期建筑群在第一期、第二期先后建设了教授别墅群"十八栋"、图书馆、宋卿体育馆、学生宿舍等一批建筑。民国时期中国最好的医科大学北京协和医学院，于 1904—1925 年间陆续建设了娄公楼、哲公楼、文海楼三座主体建筑和礼堂、教学楼、病房、宿舍、仓库等建筑。由于建筑风格仿清代官式宫殿建筑，而且建筑群规模宏大、质量较高，成为当时的建筑精品，因而有"中国式宫殿里的西方医学学府"之称。⑤

---

① 中国社会科学院语言研究所词典编辑室．现代汉语词典［M］．7 版．北京：商务印书馆，2016：844.

② 中国社会科学院语言研究所词典编辑室．现代汉语词典［M］．7 版．北京：商务印书馆，2016：1273.

③ 李沐紫，杨倩等．大学史记［M］．济南：济南出版社，2010：313.

④ 中国社会科学院语言研究所词典编辑室．现代汉语词典［M］．7 版．北京：商务印书馆，2016：481.

⑤ 李沐紫，杨倩，等．大学史记［M］．济南：济南出版社，2010：216.

（二）亭台轩榭：古色古香　相映成趣

民国时期，负责大学建设的多为深受儒家文化影响的教育家和政府官员，他们在引进西方科技文化等教学内容的同时，又要考虑保留传统的儒家文化思想，因此往往采用他们熟知的中国传统园林的建筑布局方式，大量采用了亭、台、塔、轩、榭、阁、廊等中国古典园林中常见的建筑样式。"亭"多建筑在路旁或花园里，大多只有顶，没有墙，① 供人休息、乘凉或观景用。"台"意为平而高的建筑物，便于在上面远望，② 通常指高出地面而建的平面建筑物，是一种露天的、表面比较平整的、开放性的建筑。"阁"是指风景区或庭园里的一种建筑物，一般两层，周围开窗，③ 作远眺、游憩、藏书之用。"轩"是指有窗的长廊或小屋，④ 与亭相似，同是供游人休息、避雨、观景的地方。"榭"意为建在高土台或水面（或临水）上的房屋，⑤ 是中国园林建筑中依水架起的观景平台。这些建筑小品美化了校园空间，也为校园增添了不少乐趣和情趣，成为民国时期校园景观设计时常采用的样式，例如，燕京大学的斯义亭、博雅塔、临湖轩、南北阁，清华大学的闻亭、气象台，国立武汉大学的珞珈山水塔、天文台、"六一"惨案纪念亭，以及 1928 年由岭南大学惺社同学捐建，为史如坚、区励周、许耀章三位烈士设立的纪念亭等。这些造型古朴典雅的建筑，精巧灵秀，细部做法精美，其间曲栏回廊、青石假山，苍松翠柏错落有致，给校园增添了浓郁的传统文化气息。在这样的校园环境中，这样的文化影响下，会自然而然地激励学生积极进取、勇于创新。

（三）雕塑造型类：精雕细刻　传情达意

除了庞大、壮观的楼堂馆舍，以及造型优雅、美观的亭台楼阁，民国时期的大学校园里还有一类重要的人造景观，那就是以校门、雕塑、造型等为代表的一些小型单体建筑物。从严格意义上讲，雕塑不属于建筑，但是为了对校园内的"人造物"进行统一的研究和考察，粗略地将它们划归为一类。这一类建

① 中国社会科学院语言研究所词典编辑室．现代汉语词典［M］．7 版．北京：商务印书馆，2016：1307.
② 中国社会科学院语言研究所词典编辑室．现代汉语词典［M］．7 版．北京：商务印书馆，2016：1261.
③ 中国社会科学院语言研究所词典编辑室．现代汉语词典［M］．7 版．北京：商务印书馆，2016：440.
④ 中国社会科学院语言研究所词典编辑室．现代汉语词典［M］．7 版．北京：商务印书馆，2016：1482.
⑤ 中国社会科学院语言研究所词典编辑室．现代汉语词典［M］．7 版．北京：商务印书馆，2016：1452.

筑的规模和数量都较少，但绝不是可有可无的。它们装饰、丰富和美化校园环境空间，同时又丰富着师生的精神生活，也体现着学风及办学的精神理念。总的来说，民国时期的大学校门造型大同小异，主要有中国传统的"牌坊式""牌楼式""宫门式"，以及中西合璧的"凯旋门式"，比较有代表性的有国立武汉大学、中山大学的"牌坊式"校门，燕京大学的古典三开朱漆"宫门式"校门，省立河南大学的"牌楼式"校门，中央大学的四柱"凯旋门式"校门等。民国时期的校园雕塑按题材可分为：名人肖像雕塑、历史纪念性雕塑等。伫立在校园里的名人肖像雕塑，多以学校创始人或在某一领域做出突出贡献的学者，例如，中山大学校园内的孙中山铜像、交通部南洋大学的盛宣怀铜像。纪念性雕塑主要是表彰历史人物或纪念重大历史事件题材的雕塑，如交通部南洋大学的五卅纪念柱、燕京大学的魏士毅烈士纪念碑等。

## 二、民国大学校园建筑的特征

民国时期优美的校园建筑反映了整所学校的审美倾向、文化意识形态和深厚的文化气息，可以说，每一个建筑身上都镌刻着时代的烙印，用无声的语言传递着我们民族的历史、文化及地域特征。深入分析这些校园建筑的特征，可以让我们更加深刻地把握其中蕴含的传统文化寓意。

（一）风格形态特征：中西合璧 以中为主

民国时期，正是近代中国社会面对西方思潮冲击的一个时期，东西方理念上的碰撞，加上中国知识分子在历史进程中的文化觉醒，反映到建筑的形态上，就是既有中式风格，也有欧式风格，呈现出东西交融、中外合璧、以中为主的形态特征。中式风格包括仿古宫殿、古典园林、亭台楼阁等建筑样态，学校的主楼、大门、教学楼、宿舍楼等主要建筑都采用这类样式。这些建筑琼楼玉宇，气势恢宏，巍峨壮观，而且装饰考究，雕梁画栋，青砖黛瓦，飞檐斗拱，把丰富的文化内涵和审美情趣相结合，兼具观赏性、功能性、艺术性，置身其中或徜徉其间，都能感受到一种厚重的历史感和深沉的文化感。在保留中国传统建筑风格的同时，民国时期的大学校园建筑也融入了一些西方特色，如爱奥尼亚式柱廊、拱门与开间、山花和檐部装饰等，体现出古罗马、拜占庭、哥特、巴洛克等西洋建筑风格。中西各种建筑流派交相辉映，更加增添了校园的文化气息。

（二）名称寓意特征：引经据典 弘道明德

在中国人的传统观念里，起名字是一件非常重要的事，与人名相似，中国人同样重视给建筑取名。民国时期的大学校园建筑都有一个品味高雅，内涵丰富的名称，体现出了鲜明的文化特征。概括来说，常见的命名的方式主要有两种。

一种是引用古文典籍中的名章隽句来给建筑物命名（表5-7），以准确表达建筑的基本特点或者强调某种文化寓意，给师生员工以启迪。

表5-7　以传统文化命名的校园建筑

| 民国大学 | 建筑名称 | 名称寓意 | 出处/典故 |
|---|---|---|---|
| 复旦大学 | 博学斋、笃志斋、切问斋、近思斋 | 思考、学习和实践 | 《礼记·中庸》 |
| | 思源堂 | 饮水思源 | 北周·庾信《征调曲》 |
| 厦门大学 | 映雪楼、囊萤楼 | 勤学苦读 | 古代勤学励志故事 |
| 燕京大学 | 德斋、才斋、均斋、备斋、体斋、健斋、全斋 | 德才兼备，全面发展 | 1920年由钱穆先生建议将七座斋楼分别命名为"德才均备体健全" |
| 清华大学 | 明斋、善静、静斋、新斋、平斋 | 品德高尚 | 《礼记·大学》 |
| 河南大学 | 博文楼、博雅楼 | 广泛地学习 | 《论语》之《雍也》篇 |

另一种是以人物的名字来命名（表5-8），包括慷慨解囊，捐资建校的社会贤达、爱国华侨等仁人志士，以及学校的创办者、知名学者等。他们胸怀祖国、报效桑梓的民族情感，自强不息、艰苦奋斗的人生经历，勤奋好学、刻苦钻研的精神品质，都是教育学生的良好素材。

表5-8　以人物名字命名的校园建筑

| 民国大学 | 建筑名称 | 建筑功用 | 命名缘由 |
|---|---|---|---|
| 武汉大学 | 宋卿体育馆 | 体育馆 | 黎绍基、黎绍业兄弟捐助，以其父黎元洪之字"宋卿"命名 |
| 复旦大学 | 奕柱堂 | 校办公楼及图书室 | 以捐资者华侨银行家黄奕柱先生命名 |
| | 子彬院 | 教学、科研 | 以捐资者潮州巨商郭子彬命名 |

续表

| 民国大学 | 建筑名称 | 建筑功用 | 命名缘由 |
|---|---|---|---|
| 南开大学 | 木斋馆 | 图书馆 | 由前清学儒卢靖（字木斋）捐建 |
| | 秀山堂 | 办公、教学 | 由北洋时期江苏督军李纯（字秀山）捐建 |
| 燕京大学 | 思义亭 | | 纪念燕京大学副校长路思义 |
| 东吴大学 | 子实堂 | 学生宿舍 | 为纪念东吴大学创办人之一曹子实 |
| | 维格堂 | 学生宿舍 | 为纪念捐资者、中国现代冶金工业的奠基人李维格先生 |
| 交通大学 | 执信西斋 | 学生宿舍 | 为纪念1920年在反对桂系军阀战争中英勇就义的民主革命战士、孙中山先生的忠实追随者朱执信先生 |
| | 容闳堂 | 办公楼 | 为纪念学界先进容闳博士 |

（三）地域环境特征：因地制宜 入乡随俗

中国地域广阔，从南到北，从东到西，气候环境、风俗文化、生活习惯都具有明显的差异，这些差异体现在建筑上就形成了地域性特征。北方地区气候比较寒冷、干燥，地形更为平整，用地相对宽松，所以房屋注重采光，强调厚重、朴实，如协和医学院的早期建筑群，娄公楼、哲公楼、文海楼等，坐北朝南，高大雄伟。南方地区多山多水，气候炎热，丘陵、平原相间，用地狭窄，所以房屋建设多依山傍水，如厦门大学、中山大学。由于南方地区夏天炎热，雨水较多，室内易潮湿，多数校园建筑底层抬高，设置通风孔，并在室外散水处做明沟排水，这点从目前保存完好的中央大学、金陵大学、金陵女子大学建筑群中均有体现。同时，楼宇之间以中国古典式外廊相连，不仅美观，而且实用，晴天可以遮阳，雨天不需要带雨具，学生也可以在外廊活动，形成了校园独特的风景。而厦门大学的群贤楼、博文楼等建筑，还开创了"嘉庚建筑"的独特风格，即以西方古典主义建筑的构图、结构和墙身，加上闽南地域风格的琉璃瓦屋顶，俗称"穿西装戴斗笠"①。

（四）时代历史特征：中体西用 变革图强

建筑折射着当时的社会意识形态和历史文化背景。学校建筑不仅是教育活

---

① 刘文祥．珞珈筑记［M］．桂林：广西师范大学出版社，2019：131.

动的载体之一，而且是社会发展的一种微观标志，它从侧面反映了在一定时代和一定社会条件下教育的价值追求。① 在近代中华民族危机日深、文化碰撞越加强烈的时代背景下，民国时期的每一所大学，都运用建筑语言形成着自己校园独特的人文景观，以致力于环境的改造和精神的表达，并从侧面体现着办学者、建筑师的办学志向、理念、追求，也映射着所处的时代。将民国时期大学校园建筑的发展进程放置于近代社会变迁的大背景下来看，这些校园建筑的产生与发展是当时社会变革、教育文化业的发展、建筑业的发展、人为因素等共同推动下逐步近代化的过程。该时期国立大学采用中国传统宫殿形式与当时国民政府倡导"中国固有之形式"有关。1927 年国民政府定都南京后，为保存国粹，促进中华民族文化复兴，在建筑上大力推行中国固有之形式，在 1929 年颁布的《首都计划》中明确提出："房屋楼宇之建造，经过长久之研究，要以采用中国固有之形式为最宜。"② 而采用西方古典建筑形式与当时西方古典复兴思潮相关，也折射出近代中国政府学习西方、变革图强的决心。

### 三、民国大学校园建筑蕴含的中华优秀传统文化理念

中华文化源远流长、灿烂辉煌。在 5000 多年文明发展中孕育的中华优秀传统文化，积淀着中华民族最深沉的精神追求，代表着中华民族独特的精神标识。建筑是凝固的文化，是一个时代物质文化的产物，也是一个民族精神文明的结晶。民国时期的大学建筑或雕梁画栋、古朴典雅，或依山傍水、大气恢宏，或中西合璧、巍峨壮观，呈现出一派泱泱之势，置身其间让人感触到丰厚的中华传统文化底蕴。这些建筑既是学校教书育人的历史见证，也蕴含着做人做事的深刻道理，是传播中华优秀传统思维方式、价值取向、伦理观念的重要媒介。我们要深入挖掘这些历史建筑传承下来的价值理念，予以继承和发扬。

（一）关于励志勤学的价值理念

在中国的传统文化典籍中，提倡好学、勤学、善学的内容不胜枚举，比如《论语》中讲到"敏而好学，不耻下问"③，"学而不思则罔，思而不学则殆"④；《荀子·劝学》篇中的"锲而舍之，朽木不折，锲而不舍，金石可镂"⑤，都提

---

① 陈孝彬，高洪源．教育管理学［M］．北京：北京师范大学出版社，2008：384.
② 国都设计技术专员办事处．首都计划［M］．南京：南京出版社，2006：60.
③ 杨伯峻．论语译注［M］．北京：中华书局，2006：67.
④ 杨伯峻．论语译注［M］．北京：中华书局，2006：23.
⑤ 荀子［M］．安小兰，译注．北京：中华书局，2016：200.

倡学习要敏于求知，孜孜不倦。《礼记·学记》中的"独学而无友，则孤陋而寡闻①"，就是提倡要勤学好问，谦虚为尚。《礼记·中庸》中讲到"博学之，审问之，慎思之，明辨之，笃行之②"，意在强调学习既要广泛涉猎、审慎探问，还要深思熟虑、明辨是非，然后尽力行之、学以致用。这些穿透时空的真知灼见，既指出了正确的学习态度，还提供了科学的学习方法，成为千百年来指引中国人求学奋进的思想指南。

大学是知识的殿堂，是培养人才的摇篮，学生时代是获取知识的最佳时期。民国时期的大学非常重视用中华优秀传统文化来培养学生的学习兴趣，并倡导勤学好问的学风。民国时期的大学校园建筑，大量运用国学典故命名，并赋予时代的、民族的价值和意义，借以鼓励学生们勤学苦读、奋发向上，比如，厦门大学最早建成的校园建筑群贤楼群，1922 年年底竣工后，陈嘉庚将 1 号及 5 号楼分别命名为"映雪楼"和"囊萤楼"，"映雪""囊萤"二语，出自晋代孙康冬月映雪读书与车胤囊萤照书的励志勤学典故，陈嘉庚以此命名，意在勉励学子要珍惜时光，刻苦学习。

中国古代的书院教育讲求"讲于堂，习于斋"，意为老师讲学论道、授业解惑于讲堂，学生自主学习、自我体悟于斋舍。民国大学时期沿用了这一传统，把学生宿舍多取名为"斋"，按照汉语词典的解释，"斋"既指书房、学舍、饭店或商店等屋舍，还指祭祀前或举行典礼前清心洁身，以示虔诚的意思，意为斋戒。③ 把学生宿舍命名为斋房，意在告诫学生要静心读书、修身养性，比如，1920 年，在钱穆先生的建议下，燕京大学将 7 座学生的斋楼以"德、才、兼、备、体、健、全"进行命名，意在勉励学生要努力学习，成为德才兼备、身心健全的栋梁之材。抗战西迁期间，复旦大学在重庆下坝（后改夏坝）选址，建成博学斋、笃志斋、切问斋、近思斋四幢学生宿舍。武汉大学最早的学生宿舍老斋舍，依狮子山而建，四栋宿舍楼一字排开，每栋宿舍楼依地势高低又分为四层，以《千字文》中的"天地玄黄，宇宙洪荒，日月盈昃，辰宿列张"命名每层每栋，舍屋顶做成了平面，蕴含"地不平天平"的理想追求，即虽然众生起点不一，但通过努力学习，都会达到一样的成就。④

---

① 戴圣. 礼记［M］. 郑州：郑州大学出版社，2017：83.
② 戴圣. 礼记［M］. 郑州：郑州大学出版社，2017：122.
③ 中国社会科学院语言研究所词典编辑室. 现代汉语词典［M］. 7 版. 北京：商务印书馆，2016：1643.
④ 冯刚，吕博. 中西文化交融下的中国近代大学校园［M］. 北京：清华大学出版社，2016：248.

这些建筑名称都带有浓厚的中国传统文化色彩，是学校对学子成长的要求和成才的希冀，同时也体现了学校办学的方向和育人的标准。这一用法也延续至今，时至今日，很多大学的学生宿舍依然称为"斋"，这也是对传统文化的一种继承和弘扬。校园建筑，铺陈着校园的美景，滋养着大学的精神，见证了师长传承文化、教书育人的孜孜不倦，也记录了学子废寝忘食、如饥似渴的精勤不倦。在这样的校园环境中，这样的文化影响下，会自然而然地激励学生积极进取、勇于创新。

（二）做人做事的价值理念

中华民族自古以来就非常重视如何做人的教育，古籍中记录着大量古人关于人与人、人与社会等问题的思考，蕴含着讲仁爱、重民本、守诚信、崇正义、尚和合、求大同等核心思想理念。在个体品德修养方面，中华优秀传统文化讲"仁、义、礼、智、信"，即仁爱、正义、礼仪、智慧、诚信，是儒家提倡的做人的起码道德准则。在个人进取方面，《易经》中的"天行健，君子以自强不息"① 提倡的是刚健自强、奋发有为的进取精神，而"先天下之忧而忧，后天下之乐而乐""天下兴亡、匹夫有责"则彰显着担当精神。在个人行事方面，倡导讲信修睦之道，《礼记》说："选贤与能，讲信修睦。"② 《论语》说："与朋友交，言而有信。"③ 人与人之间，讲求信用、谋求和睦是中华民族历来恪守的行事之道和处世哲学。

民国时期大学校园建筑以独有的形态、名称和历史特征，向学习、生活在其中的学生传递着崇德向善、见贤思齐的社会风尚，孝悌忠信、礼义廉耻的荣辱观念，以及自强不息、刚健为美的传统美德。比如，清华大学的明斋、新斋、善斋、静斋、平斋等学生宿舍都取意自《礼记·大学》，明斋、善斋、新斋取自其中的"大学之道，在明明德，在新民，在止于至善"④，平斋取意其中的"家齐而后国治，国治而后天下平"⑤，静斋取意其中的"知止而后有定，定而后能静，静而后能安，安而后能虑，虑而后能得"⑥。清华大学最早的礼堂"同方部"，其意为"志同道合"者相聚的地方，"同方"二字源于《礼记》，书中有

---

① 刘彬.易经校释译论［M］.济南：山东人民出版社，2019：238.
② 戴圣.礼记［M］.郑州：郑州大学出版社，2017：92.
③ 杨伯峻.论语译注［M］.北京：中华书局，2006：6.
④ 戴圣.礼记［M］.郑州：郑州大学出版社，2017：183.
⑤ 戴圣.礼记［M］.郑州：郑州大学出版社，2017：196.
⑥ 戴圣.礼记［M］.郑州：郑州大学出版社，2017：201.

"儒有合志同方，营道同术，并立则乐，相下不厌"① 句，"方"作道义、法则解。1914 年 11 月 5 日，梁启超曾在此以《君子》为题为师生演讲，他借用《易经》中"天行健，君子以自强不息""地势坤，君子以厚德载物"的诗句，激励清华师生奋发图强，"为社会之表率""作中流之砥柱"，从此，"自强不息、厚德载物"的"君子"品质，便被尊为清华校训。在"自强不息、厚德载物"校训的激励下，在"行胜于言"校风和"严谨、勤奋、求实、创新"学风的熏陶下，一代代清华人无问西东，砥砺前行，成为肩负使命、堪当大任的国之栋梁。

（三）爱国奉献、心系天下的价值理念

自古以来，爱国主义精神就是中华民族的传统美德和经久不衰的坚定信念，中华民族数千年的传统教育中，"爱国"始终是最深沉的话题，也是中国人血液中流淌着的最深厚的情感。中华优秀传统文化中富含"位卑未敢忘忧国""精忠报国"等爱国主义精神，儒家所推崇的价值理念中，也始终倡导"国家至上"的观念。《大学》说："欲治其国者，先齐其家；欲齐其家者，先修其身。"② 修身、齐家、治国、平天下，既强调把个人的命运与国家的命运紧密联系起来，又将"治国""平天下"视为崇高事业。无论是"先天下之忧而忧，后天下之乐而乐"，还是"天下兴亡，匹夫有责"，胸怀家国、兼济天下的爱国主义精神都升华了中华儿女优秀的道德品质，形成了强大的民族凝聚力。

心系国运、报效祖国是校园文化的主旋律，民国大学校园建筑从两方面传承和弘扬了中华优秀传统文化中的爱国精神。一是通过富有传统文化韵味的建筑来增强师生文化自尊心和民族自豪感。民国时期大学系列艺术精湛、风格独特的建筑，气势恢宏，布局精巧，中西合璧，美轮美奂，曲线优美的青瓦屋面，造型舒展的飞檐斗拱，尺度和谐的鸱尾吻兽，展示了中国古建筑特有的雄浑、挺拔、高崇、飞动和飘逸的独特韵律，激发起师生强烈的爱国热情，唤起内心深处的文化自尊心和民族自豪感。二是通过一座座沉默的建筑背后隐藏着的传奇人物和感人故事，激发师生们的家国情怀。民国时期，各级政府都把发展教育作为振兴国家的重要手段，花大力气建设新的大学，忧国忧民的有识之士与海外的华人华侨也是近代大学创办的重要力量。民国时期大学校园的建设过程无不饱浸着这些仁人志士毁家纾难、精忠报国的赤胆忠心，体现着他们筚路蓝缕、开拓创新的奋斗精神，以及兴学育人、定国安邦的远见卓识。无论是这些

---

① 戴圣. 礼记 [M]. 郑州：郑州大学出版社，2017：212.
② 戴圣. 礼记 [M]. 郑州：郑州大学出版社，2017：212.

人物的感人事迹，还是以他们的名字命名的建筑物，都为师生们提供了学习的榜样、努力的方向和前进的力量，激励广大青年学生以先辈为榜样，追求真理，刻苦学习，报效祖国，让中华优秀传统文化中胸怀家国、舍身为国的民族情感得到传承和弘扬。

在那个风雨如晦的年代，千千万万具有强烈爱国心和民族自尊心的大学师生，在自觉传承传统文化的同时，也在努力寻找着变革图强、救国救民的良方。在中国近代史上有重要意义的几次爱国救亡运动，如五四爱国运动、"一二·九"爱国运动，都由高校的爱国青年发起。他们高举反帝反封建的爱国主义旗帜，挺身于民族危难之时，不惜为救国而赴汤蹈火，以疾风骤雨的方式唤起民众觉醒，挽救民族危亡，在中国新民主主义革命史上写下了光辉的一页。这些校园建筑见证了风起云涌的革命时代，也见证了一批又一批青年学子的"觉醒年代"。

建筑是凝固的历史。民国时期的大学校园建筑把中华优秀传统文化熔铸在楼堂馆舍之上，烙印在亭台楼宇之中，沉淀在砖瓦草木之间，使建筑成为文化传承的视觉象征，并通过建筑外部形象的展示、内在功能的发挥、寓意内涵的阐释而不断地熏陶着广大师生，在校园文脉的传承、育人理念的传达中都发挥了至关重要、不可替代的作用，其对中华优秀传统文化的继承和弘扬，展现出了中华优秀传统文化穿透历史的强大生命力，跨越时空的文化感召力。

# 第六章

## 教员与学生：
## 大学新知识分子群体传承发展中华优秀传统文化的实践

本书前几章从教育思想与制度、教学与研究活动、校园文化等维度分析了民国时期大学对中华优秀传统文化的继承与发展，本章则从行动者即"人"的行动角度来考察。主要从民国大学新知识分子群体的构成、主要活动、对中华优秀传统文化的传承与发展等三个方面进行阐释，考察他们在办学理念、人格操守、学术风范、爱国情怀等方面体现的传统优秀品质，展示这一群体的气节、精神。

民国时期，长期以来在中国朝野心目中以"朝贡"为特征的天下体系早已不复存在，备受欺凌的中国被裹挟在由西方列强主导的新的国际秩序之下，以羸弱的"大国"之形而存在。民国新知识分子群体在复杂的社会历史和文化背景之下，对待现代西学和传统本土文化的态度是极为复杂的：在被现代西学"洗礼"之后，新知识分子群体对西方文化整体上持谦虚、开放、吸纳的态度，对于浸润中华民族数千年但近百年来备受质疑、几被摧毁、崩盘的传统本土文化也并不是继续"痛打"，而是潜心整理国故，在"传统"与"现代"的张力之间，对其传承并进行时代性的阐释和转化，积极推动其传播，以抚大国复兴之梦想，新知识分子群体成为上继传统、下立祖庭的一代宗师。

### 第一节 民国时期大学新知识分子群体的构成

有学者将民国新知识分子界定为"那些接受西方社会科学和自然科学文化思想而又服务于当时新兴的资本主义工商企业和新式教育、文化、出版、新闻事业的新型知识分子"①。本人则从研究主题出发，将民国时期的新知识分子定

---

① 潘云成．近代新型知识分子群体的形成及其社会意义［J］．上饶师范学院学报，2009，29（05）：44-48.

义为在民国时期大学或与大学办学活动紧密相关的政府部门从业、关心民族国家命运、在大学治理或学术上有深厚造诣的知识分子群体，包括教育部的官员（重点指跨政学两界的教育部长）、大学校长、大学教授、大学生四类人群。

## 一、大学新知识分子形成的历史背景

马克思说过："人创造环境，同样环境也创造人。"① 清末民初在中国历史上是一个十分重要的时期，这一时期的社会政治、经济、文化思想等方面都发生了深刻的变化，伴随这一变化而来的是中国知识分子的转型，即由封建士大夫中演化产生出一大批具有一定资产阶级政治思想意识，有相当程度的西方文化素养，有强烈的公共关怀和批判精神，积极投身于社会变革实践的新型知识分子，并在自身的演化中逐步形成新知识分子群体。

### （一）洋务运动时期的新知识分子群体

1856—1860 年的第二次鸦片战争，强烈地震撼了清朝统治者和士绅阶层，部分开明官僚和觉悟的知识分子为抵御西方列强侵略，拯救中华民族于危亡，把目光投向西方世界寻找出路，开启了中国走向近代、追赶世界文明的历史进程。从 19 世纪 60 年代开始，一次向西方学习的洋务运动艰难而曲折地开展起来，中国早期的新型知识分子群体由此而产生。② 洋务知识分子群体的来源大致有四类：一是从旧式官僚、传统士大夫接受新思想转换而来。他们既接受过传统教育，又接触了西学，具有强烈的忧患意识和改革愿望，主张学习西方，改革内政，变法自强。二是传教士在华创办的教会学校。第二次鸦片战争后，传教士在内地获得了传教权利，教会学校迅速扩大，由 1860 年的 200 所增加到 1900 年的 2000 所，学生数量近 4 万人。三是洋务派创办的新式学堂。从 19 世纪 60 年代至 19 世纪 90 年代，洋务派创办的洋务学堂有 30 余所，其主要类型包括：外国语学堂，如京师同文馆、上海广方言馆、广州同文馆等，主要培养翻译人才；军事学堂，如福州船政学堂、北洋水师学堂等，主要培养军事技术人才；技术实业学堂，如福州创立电气学塾、山海关铁路学堂等，主要培养电报、铁路、矿务、西医等专门人才。四是来自海外留学。1872 年开始，清政府每年派遣 30 名留美学生，到 1875 年，分 4 批共派出 120 名幼童赴美留学，另外派遣

---

① 马克思, 恩格斯. 德意志意识形态 [M] //中共中央马克思恩格斯列宁斯大林著作编译局. 马克思恩格斯选集: 第 1 卷. 北京: 人民出版社, 1995: 243.
② 荆惠兰. 近代中国新型知识分子群体的形成、发展及作用 [J]. 大连理工大学学报（社会科学版）, 1999, 20（03）: 58-61.

赴欧留学生 79 人，主要学习军政、船政、步算、制造等。这些留学生回国后在各自领域做出了突出贡献。洋务运动时期，在创办企业、引进西方科技、发展文化事业的实践中培养出了一批科技型知识分子、传媒知识分子、人文型知识分子。①

（二）"公车上书"运动到辛亥期间的新知识分子群体

1895 年，清政府在甲午战争中失败，被迫与日本签订丧权辱国的《马关条约》，康有为、梁启超等联合各省 1300 余名举人联名上书反对，史称"公车上书"。这是近代中国知识分子的第一次群众性爱国运动，充分体现了知识分子对国家利益、公共利益的关切，成为新知识分子群体形成的标志。与此同时，洋务时期出现的新知识分子在数量上有了快速增长，新式学堂的学生和出国留学生的数量与日俱增，成为新知识分子群体的主要来源。1898 年各地办的新式学堂至少有 100 所，到 1909 年国内各类学堂约有 5.7 万所，学生 160 万余人，其中中学以上程度者约万余人。民国元年（1912 年），学堂总数增加到 8.7 万多所，其中中学 823 所，高等学堂 122 所，学生总数近 300 万人，另有教会学堂学生约 14 万人。1905 年留日学生猛增到 8 千余人，1906 年又上升到 1 万余人，整个 20 世纪初，留日学生有 2 万余人。留学欧美者近千人。有学者估计，"到清朝末年，我国已出现一个新的知识分子群体，人数已有 15 万乃至 20 万左右"。1905 年清政府下令废除科举，切断了传统士大夫与传统体制的联系，打破了旧士人"学而优则仕"的梦想，促成了带依附性的士大夫到有独立性的现代知识分子的转型。他们把传统士大夫"如欲平治天下，当今之世，舍我其谁""先天下之忧而忧，后天下之乐而乐""天下兴亡，匹夫有责"的入世情怀，转换为现代知识分子的公共情怀，高度关注国家前途和民族命运，成为新知识分子队伍中的精英群体。②

## 二、大学新知识分子的主要构成类型

按现代职业类型，民国时期新知识分子群体大致可以分为以下三种：其一是"正统"的知识分子群体，即拥有科举功名或接受过现代大学教育的读书人，他们或担任政府官员，或任职大学校长，或任教于国内各大高校，出类拔萃者

---

① 俞祖华. 中国现代知识分子群体的形成、世代与类型 [J]. 东岳论丛，2012，33（03）：35.

② 俞祖华. 中国现代知识分子群体的形成、世代与类型 [J]. 东岳论丛，2012，33（03）：35-36.

被聘为教授，或在大学求学，成长为新一代学人；其二是以文字谋生的知识分子，多是为报刊撰稿或以写作出书为生的撰稿人与作家；其三是从事报刊业与出版行业的人。这三种职业之间并非泾渭分明，他们之间的身份多有重合之处，如大学教授同样可以是报纸杂志的撰稿人。本研究聚焦与民国时期大学有关的四类群体：官员、校长、教授、学生。

## （一）教育部官员

民国初期，大量归国留学生进入北洋政府部门工作，这表明了新知识分子在国家政治生活中的参与度不断提升，但由于政权变动频繁，学者纷纷远离政治。南京国民政府成立前后，遭受生活困境与北洋政府政治迫害的部分学者受邀进入国民党政权，出现了"学者从政"的浪潮，代表人物有王世杰、朱家骅、罗家伦、蒋梦麟、谢冠生、钱天鹤等。此后，多数学者又重回教育界任职任教，1928年8月罗家伦任清华大学校长，1929年5月王世杰任武汉大学校长，1930年11月朱家骅任中央大学校长。全面抗战时期，学者群体在国难当头的形势下，关心、关注国家命运，以学术先驱之身进入政界助力抗战。作为学术造诣高深的学者，有的甚至是国内某一学科门类的专家，既具备高超的专业水平，也拥有较高的社会知名度。在国民政府内知名人士的引荐和多种私人关系的作用下，许多学者进入统治者的视线内，进而出任要职。①

1935年，蒋介石力邀地质学家翁文顺任行政院秘书长，其后历史学家蒋廷黻从清华大学历史系调任行政院政务处长，清华大学社会学系教授吴景超也被任命为行政院秘书。有众多的学者包括南开大学经济研究所所长何廉、清华大学政治学系教授陈之迈、南开大学政治系教授张纯明、中央大学行政法教授端木恺等人都曾在行政院供职。而在行政院的各个部门中又以下面两个机构的学者居多。

其一为翁文灏担任部长，经济学家何廉担任常务次长、农本局总经理的经济部。经济部汇集了当时比较多的知识界名流，社会学家吴景超时任经济部秘书，由华洋义赈会的创始人之一章元善担任农本局的合作指导室主任，南开大学会计学教授廖芸皋担任会计处处长。而与马寅初、刘大钧、何廉齐名的著名经济学家方显廷也和农本局保持着密切联系，并负责训练农本局在大学毕业生中选拔出的派往各地的高级人员。由于翁文灏的关系，高平叔也于1942年秋调到经济部从事利用外资研究。在翁文灏与何廉的努力下，经济部成为当时从政

---

① 蒋迪，赵伟. 抗日战争时期南京国民政府"学者从政"研究 [J]. 绥化学院学报，2023，43（05）：97-99.

文人最集中的部门之一。

其二是文人云集的民国教育部。教育部与文人学者的关系不言而喻。国民政府第一任教育部长为蔡元培的学生，后长期担任北大校长的蒋梦麟。1931年，蒋梦麟辞职后，朱家骅继任教育部长。1938年清华大学工学院院长顾毓琇任教育部政务次长。1944年，朱经农亦被任命为国民政府教育部政务次长。清华大学校长梅贻琦担任过国民政府教育部高等教育司司长，并于1948年年底平津形势危急之际担任了几天教育部长。这些学者都是颇具影响力的高校领袖，门生故吏无数，他们的加盟无疑让教育部成为文人的聚集地。

此外，分散在其他部门与机构中的著名学者还包括张伯苓、傅斯年、罗家伦等名者大家。沈仲瑞、左舜生、李万居、姚宝猷、俞叔平、马星野、陈裕光、黄天鹏等一批学人教授也相继从政，给民国政坛带来了一缕难得的清新。① 全面抗战爆发后学者弃学从政的规模广大，据初步估算，抗战期间直接从政的名教授，至少在百人，涉及了教育部、外交部、经济部等众多机构。

表6-1　抗日战争时期国民政府部院中"学者从政"主要人物

| 年份/年 | 人员 |
|---|---|
| 1932 | 翁文灏、张慰慈、邱昌渭、颜任光、高宗武、张平群、吴颂皋、李圣五、彭学沛、许仕廉、张似旭、李崇年、伍叔傥、沈宗翰 |
| 1933 | 董冠贤、王凤喈 |
| 1934 | 端木恺、谭伯羽 |
| 1935 | 蒋廷黻、吴景超、邵毓麟、何凤山、张锐、涂允檀、谢家声 |
| 1936 | 何廉、时昭瀛、周诒春、蔡可选、段茂澜、李惟果、沈惟泰、陈礼江、杨兆龙、陶葆楷 |
| 1937 | 张纯明、周炳琳、卢郁文 |
| 1938 | 陈之迈、张忠绂、顾毓琇、朱契、胡适、陶希圣、燕树棠、吴俊昇、刘季洪、章益、朱玉仑、寿勉成、余肇池 |
| 1939 | 浦薛凤、王化成、邱椿 |
| 1940 | 吴文藻、张彭春、江一平、欧元怀 |
| 1941 | 叶公超、卢峻、曾炳钧 |

---

① 韦陈燮. 南京国民政府时期的学者派官员考察 [J]. 青年文学家，2009（02）：73.

续表

| 年份/年 | 人员 |
|---|---|
| 1942 | 徐淑希、董霖、厉德寅 |
| 1943 | 李卓敏、郭斌嘉、凌其翰、陈钦仁、常道直 |
| 1944 | 张贻惠 |
| 1945 | 吴其玉、贺师俊 |

### （二）大学校长

民国初期，随着 1912 年《学校系统令》（史称"壬子学制"）和 1922 年《学校系统改革案》（史称"壬戌学制"）以及相关法规政策的颁布实施，我国现代化教育体系逐步建立，现代大学制度也得以确立，在大学中涌现出一批成就卓著、名声斐然的佼佼者，如北京大学、北洋大学、山西大学、东南大学等，为我国大学教育开辟了良好的发展局面。民国初期大学教育的发展，离不开大学校长制度的创建以及大学校长群体的努力。1912 年，教育部公布的《大学令》明确规定大学校长"总辖大学全部事务"。1914 年，《教育部直辖专门以上学校职员任务暂行规定》对校长的职权有了更为具体的规定，"校长承教育总长之命，掌理校务、统帅所属职员"。1917 年颁布的《国立大学职员任用及薪俸规程令》又专门对国立大学校长的人事任免权限进行了规定，"正教授、教授、讲师、外国教员、图书馆主任、庶务主任、校医，均由校长聘任之，并呈报教育总长"。此后，大学校长的职权逐渐完善，概括而言，就大学外部来讲，要对教育部、教育总长负责，规划学校发展；对大学内部来讲，则要制定学校规章、经济规划，负责校务、教务、后勤，特别是聘请教职员等。①

大学的发展与大学校长的教育理念和实践密不可分，民国时期大学教育所取得的成就，不是某一所大学某一位校长个体作用发挥的结果，而是得益于蔡元培、梅贻琦、张伯苓、郭秉文等一大批大学校长群体作用的共同发挥。民国时期的大学校长一般都接受传统教育，深受中华优秀传统文化的熏陶，同时，他们又赶上了 19 世纪 90 年代至 20 世纪初中国传统教育的大变革，或迟或早或先或后地进过新式学堂，受到了西方科学技术和社会政治学说的启蒙，并且大部分有过出洋留学或考察的经历，接受了西方现代文明的洗礼。其学术背景总

---

① 王一然，郭婧. 民国初期大学校长制度的创建——以"壬子学制""壬戌学制"颁布实施为背景的考察［J］. 国家教育行政学院学报，2021（08）：56-59.

体具有中西贯通、博物洽闻的特征。

民国时代既是一个政局动荡、风雨飘摇的时代，也是一个大师辈出、教育家校长云集的时代，涌现出了如蔡元培、梅贻琦、张伯苓、竺可桢、郭秉文、唐文治、马君武、熊庆来、萨本栋、陈裕光等这些永远铭刻在中国高等教育史上的著名教育家校长，他们以超人的胆识、教育家的智慧和敢为天下先的使命担当铸就了那个时代中国高等教育的一座座丰碑，为新中国的建设和发展做出了不可磨灭的贡献。①

民国时期的大学校长几乎都是自己所在领域举足轻重的专家，在学术成就方面也都建树甚丰，许多人还是一些新学科、新领域的开山泰斗，是大师级的人物，具有崇高的学术威望。如浙江大学校长竺可桢是气象学家，云南大学校长熊庆来是著名的数学家，武汉大学校长王星拱、金陵大学校长陈裕光是化学领域权威，中央大学校长吴有训、厦门大学校长萨本栋是国际知名的物理学家，北京女高师校长许寿裳是影响很大的传记文学家，四川大学校长任鸿隽是中国现代史上有重要地位的科学家和社会活动家，等等。②

表6-2 民国时期部分大学校长教育背景

| 序号 | 学校 | 姓名 | 任职时间/年 | 教育背景 |
|---|---|---|---|---|
| 1 | 北京大学 | 蔡元培 | 1916—1927<br>1929—1930 | 清末进士，赴德、法留学 |
| | | 蒋梦麟 | 1930—1945 | 清末秀才，赴美留学，哥伦比亚大学博士 |
| 2 | 清华大学 | 罗家伦 | 1928—1930 | 复旦公学和北京大学，赴欧美留学 |
| | | 梅贻琦 | 1931—1948 | 直隶高等学堂，英国伍斯特理工学院学士 |
| 3 | 南开大学 | 张伯苓 | 1919—1948 | 北洋水师学堂，赴日、美考察 |
| 4 | 南洋大学<br>无锡国学<br>专修学校 | 唐文治 | 1907—1920<br>1920—1950 | 清末进士，多次赴日、英、法、美考察 |
| 5 | 浙江大学 | 竺可桢 | 1936—1949 | 唐山路矿学堂，伊利诺伊大学学士、哈佛大学博士 |
| 6 | 东南大学 | 郭秉文 | 1921—1925 | 上海清心书院，哥伦比亚大学教育学博士 |

① 白强. 民国时期教育家校长群体共性特征及启示 [J]. 铜仁学院学报，2018, 20 (12)：6.
② 齐元媛. 民国时期大学校长群体特征研究（1912—1949）[D]. 沈阳：沈阳师范大学，2005.

| 序号 | 学校 | 姓名 | 任职时间/年 | 教育背景 |
|---|---|---|---|---|
| 7 | 四川大学 | 任鸿隽 | 1935—1937 | 清末秀才，留学日本东京高等工业学校，哥伦比亚大学硕士 |
| 8 | 厦门大学 | 林文庆 | 1921—1937 | 福建会馆学堂，新加坡莱佛士学院，爱丁堡大学硕士 |
| 9 | 金陵大学 | 陈裕光 | 1927—1950 | 南京汇文学院，金陵大学堂，哥伦比亚大学博士 |
| 10 | 复旦大学 | 马相伯 | 1905—1906<br>1910—1912 | 徐汇公学，神学博士，因外交和洋务多次赴日、美、法、意 |
| | | 李登辉 | 1913—1936 | 耶鲁大学学士 |
| 11 | 金陵女子大学 | 吴贻芳 | 1928—1951 | 美国密执安大学博士 |
| 12 | 暨南大学 | 何炳松 | 1935—1946 | 清末秀才，浙江高等学堂，普林斯顿大学硕士 |
| 13 | 广西大学 | 马君武 | 1928—1929<br>1931—1936<br>1939—1940 | 广西体用学堂，赴日留学，德国柏林大学博士 |
| 14 | 云南大学 | 熊庆来 | 1937—1949 | 昆明方言学堂，马赛大学理科硕士，法国国家理科博士 |

**（三）大学教授**

1912 年，中华民国临时政府教育部公布《大学令》，规定大学设教授、助教授。1917 年颁布《修正大学令》，规定大学设正教授、教授和助教授。1924年的大学条例，取消助教授一职。1927 年，南京国民政府教育行政委员会公布《大学教员资格条例》，开始规定大学教员分教授、副教授、讲师和助教四级，沿用至今。大学教授制度的出台，标志着中国教授制度开始与西方大学接轨。民国时期的大学教授是当时的学术精英群体，数量少、水平高。他们主要有 4个方面来源：一是传统士人。1905 年清政府废除科举制度后，中断了中国自古以来"学而优则仕"的传统，而当时引进西方高等教育制度创办的大学为他们提供了理想的栖身之所，他们开始从事教学和学术研究，进而实现了从传统士大夫到教授的转化。二是海外留学的归国人员。随着民国时期大学数量的增长，高校师资力量出现短缺，而掌握现代科学文化知识又熟悉传统文化的留学归国人员成了大学教师的理想人选。民国时期的大学教授很多有过出国留学经历，据费正清统计，抗战时期的西南联大，200 名受过国外高等教育的教师中有 170 余名是教授。三是高校优秀毕业生。在急需扩充教师队伍的背景下，大学校长纷纷选拔高校优秀毕业生留校任教，如抗战胜利后，云南大学校长熊庆来从云南大学和西南联大毕业生中，选聘了 20 多位优秀人才，他们后来大都成为知名教授；① 南开大学校长张伯苓延聘一些国内大学的优秀毕业生，如吴大猷、吴大业、吴大任、殷宏章、李锐等，他们很快在自己的岗位上显露头角。② 四是学有专长的知名学者。他们文化程度不高，没有接受过高等教育，如梁漱溟、沈从文、郭绍虞、华罗庚等，但他们在自己擅长的领域做出了成就，被引进大学后又被聘任为教授。③

　　民国初期（1912—1927 年）共有 62 所大学，其中官立大学 29 所、教会大学 17 所、私立大学 16 所，其中以国立北京大学的著名学者最多，蔡元培于 1916—1927 年任北京大学校长的 10 余年间，倡导"思想自由，兼容并包"的办学方针，一时名师辈出。文学方面有文言派的黄侃、刘师培、陈介石等，白话派有胡适、陈独秀、刘半农、鲁迅等，史学方面有信古派的陈汉章，疑古派的钱玄同、沈尹默等。在对文化思想的态度上，有提倡新文化的陈独秀、李大钊、胡适等，也有保守派的辜鸿铭、刘师培、梁漱溟等。此外，还有社会科学方面的马寅初、王宠惠，自然科学方面的李四光、翁文灏、丁文江、任鸿隽，绘画方面的徐悲鸿，以及音乐方面的萧友梅等，这些教授都具有相当的影响力。此外，其他大学也聚集了一批知名教授，如清华大学国学研究院四大导师——梁启超、陈寅恪、王国维、赵元任，南开大学著名教授何廉、蒋廷黻等，复旦大学邵力子、胡汉民、戴传贤等，不胜枚举。④

① 张维. 熊庆来办学思想初探 [J]. 思想战线，2001（03）：122-126.
② 南开大学校史编写组. 南开大学校史 [M]. 天津：南开大学出版社，1989.
③ 张意忠. 民国时期大学教授的学术特征及其生成逻辑 [J]. 学术界，2021（06）：160-169.
④ 张玉法. 民国初期的知识分子及其活动（1912—1928）[J]. 聊城大学学报（社会科学版），2013（01）：45-56.

表6-3 民国时期部分知名教授及专长

| 序号 | 姓名 | 突出事迹 |
|---|---|---|
| 1 | 陈寅恪 | 史学大师，被誉为"教授之教授"，通晓文学、史学、宗教学、语言学、文字学、人类学、校勘学，精于梵文、突厥文、西夏文等古文字，还精通拉丁、希腊、英、法、德等国外10余种语言文字 |
| 2 | 王国维 | 中国近代学术史上的杰出学者，在哲学、文学、戏曲、美学、史学、甲骨学、金石学、敦煌学等多方面均有造诣 |
| 3 | 梁启超 | 中国历史上一位百科全书式人物，近代新史学的开创者，在文学、目录学等学科领域成就突出 |
| 4 | 赵元任 | 中国现代语言学之父，精通英文、德文、法文等多国语言，同时在数学、物理学、哲学和音乐等领域有很深的造诣 |
| 5 | 章太炎 | 民国古文学作家第一人，在朴学、经学、史学、佛学等多方面堪称一流，被誉为"国学大师之首" |
| 6 | 黄侃 | 在史、集、经、儒、玄、子等领域有很深的造诣，考据、义理与辞章，烂熟于心 |
| 7 | 吴宓 | 中国比较文学之父，精通英语、法语、德语及西方文学，研究古希腊罗马历史文化、古代文学，功底深厚 |
| 8 | 刘师培 | 承前启后的经学大师，把近代西方社会科学研究方法引入中国传统文化研究 |
| 9 | 刘文典 | 现代杰出的文史大师，通晓秦、两汉、唐、宋、元、明、清到中国近现代的文学史，熟悉日文、梵文、波斯文和英文 |
| 10 | 钱锺书 | 中国现代著名作家、文学研究家，被誉为"博学鸿儒""文化昆仑"，对中国的史学、哲学、文学等领域有深入研究 |
| 11 | 顾颉刚 | 中国现代著名历史学家、民俗学家，古史辨学派创始人，现代历史地理学和民俗学的开拓者、奠基人 |
| 12 | 钱穆 | 其《先秦诸子系年》被称为是史学界释古派的扛鼎之作和"划时代的巨著"，被誉为"中国最后一位士大夫" |

续表

| 序号 | 姓名 | 突出事迹 |
|------|------|----------|
| 13 | 吕思勉 | 近代历史学家、国学大师，被誉为"白话历史第一人"，开创了用白话文书写历史的先河 |
| 14 | 陈垣 | 中国杰出的历史学家、宗教史学家、教育家，在元史、历史文献学、宗教史等领域皆有精深研究 |
| 15 | 胡适 | 其《中国哲学史大纲》被称为是范式性的变革，《文学改良刍议》被称为"中国文化革命之父"，还提出了具有时代意义的自由主义、大同主义和乐观主义思想 |
| 16 | 辜鸿铭 | 精通英、法、德、拉丁、希腊等多国语言，掌握西方科学、语言和东方知识，最早将《论语》《中庸》翻译为英文、德文传播到西方 |
| 17 | 汤用彤 | 在中、西、印文化与哲学思想研究上，都有独到的造诣 |
| 18 | 金岳霖 | 哲学家、逻辑学家、教育家，现代逻辑学的奠基人 |
| 19 | 贺麟 | 在中国哲学方面有极高造诣，"新心学"的创建者，当代新儒家的代表人物之一 |
| 20 | 冯友兰 | 近代以来泰斗级的哲学大师，被认为是中国现代哲学史上"最先具备哲学史家资格的学者""现代新儒家" |
| 21 | 吴文藻 | 民族学、人类学专业的开创者之一 |
| 22 | 费孝通 | 中国社会学和人类学的奠基人之一 |
| 23 | 顾毓琇 | 电机与无线电方面的专家，也是诗人、戏剧家、音乐家和佛学家 |
| 24 | 闻一多 | 涉足古代文学、诗歌创作、文艺评论、美术与文化研究等领域 |
| 25 | 胡先骕 | 首次创立了"被子植物分类的一个多元系统"和被子植物亲缘关系系统图，发现水杉科植物化石，在植物区系学、古植物学和经济植物学等领域取得了重大成就 |
| 26 | 吴有训 | 发现光子有动量和能量，发展了多原子气体散线 X 射线的普遍理论 |
| 27 | 严济慈 | 在压电晶体学、光谱学、地球物理学以及压力对照相乳胶感光性能的影响等学科领域做出了重要贡献 |

续表

| 序号 | 姓名 | 突出事迹 |
|---|---|---|
| 28 | 苏步青 | 在仿射微分几何、射影微分几何、一般空间微分几何及射影共轭网概论等方面做出了杰出贡献，创建了中国微分几何学派，发展了"K 展空间"理论 |
| 29 | 熊十力 | 以佛教唯识学重建儒家形而上的道德本体，形成了独具一格的"新儒家"体系，被誉为"新儒家"开山祖师 |
| 30 | 罗振玉 | 近代考古学、甲骨学和敦煌学的奠基人 |

## （四）大学生

民国时期，政治黑暗，军阀混战，外敌入侵，民不聊生，争取民主自由和民族独立就成为中华民族反帝反封建斗争的主要内容。作为富有知识，满怀理想，拥有激情和活力的青年大学生充当了其中的重要角色，他们不断走出校门，走上街头，游行示威，发表演说，反抗独裁暴政，号召救亡图存，反对内战，要求民主，勇敢地掀起了一波又一波的学生运动。学生运动是青年知识分子关注国家前途命运的表现，几乎贯穿了整个民国历史，推动了当时的民主革命进程，谱写了中国近代史上的壮丽篇章。民国时期大规模的学生运动肇始于五四爱国运动，到 1935 年的"一二·九"运动时又一次掀起了高潮。抗战胜利后的"一二·一"运动和以"反饥饿、反内战、反迫害"为中心主题的运动则将学生运动推到了一个新的高潮。①"读书不忘救国，救国不忘读书"到"读书不忘革命，革命不忘读书"这一口号的转变充分体现了学生运动的发展趋势。

中华民国成立后的短短十几年间，我国高等学府学习和借鉴西方学生自我管理的理念和手段，由上至下形成了依附国内文化、政治、经济现实状况的"学生自治"的模式，这种西方教育管理制度的本土化过程对我国近代大学制度的形成与发展产生了积极的推动作用。1917 年蔡元培任职北京大学后，大力提倡通过社团活动培养学生的自主精神。他强调学生自治制度有两个好处：一是从纵向上在各级各类学校都具有可实施性；二是从横向上学生自治是国民自治的先导，可激发国人自治精神。在学生参与内部大学治理的管理上，他认为大学管理机构应该设置学生自治委员会，具体负责指导学生自治，并由学生自行

---

① 张军. 民国时期的大学校长与学生运动及其办学理念 [J]. 求索, 2007 (04)：222.

组织，作为"促进学生个人自己努力的机关"，主要达到在普及体育、学习相助、品性勉励等方面的相互促进。以"知中国，服务中国"为教育理念的南开大学校长张伯苓一向注重办学民主，重视发挥师生合作的管理方式。1912年，张伯苓等开会讨论学生参与治理的事项，明确提出三项南开办学方针，即校务公开、责任分担、师生合作。除了蔡元培、张伯苓外，北京大学的蒋梦麟，浙江大学的竺可桢，复旦大学的马相伯、李登辉，东南大学的郭秉文等都明确要求在校内设置学生自治会和学生社团，鼓励支持学生参与学生事务和学校校务管理。①

"学生自治"教育理念在各大学普遍以组建学生社团的形式表现出来。所谓"学生社团"，指的是学生"在自愿基础上结成的群众组织，这些社团可打破年级、系科以及学校的界限，团结兴趣爱好相近的同学，发挥他们在某方面的特长，开展有益于学生身心健康的活动"。民国时期大学学生社团给青年学子搭建了一个展示自我、提升学养的良好平台，既培养了学生的参与精神、团队情怀、独立意识、组织能力，也促进了学校的教学科研和民主管理，还有利于学生和校方的沟通，创建生动活泼、和谐友爱的校园生态环境。北京大学的学生社团中，有许多属于信仰类的社团，学生们参加了相应的社团活动后，对他们未来人生路产生了重要影响，培养了大量的优秀人才，比如北京大学马克思学说研究会，刚开始是一个学术性的学生团体，后来逐步发展成为信仰性的学生社团，最初发起成立该研究会的19人中，有16人加入了中国共产党，张国焘、罗章龙、刘仁静、李梅羹、邓中夏、高尚德、范鸿劼等人均为中共一大之前的党员，均属于北京共产主义小组成员。民国时期北京大学有着许多文学类的学生社团，这些社团的成员中有相当一部分后来成为中国近代文学史上知名的人物，其最终能够在文学艺术上具有较高的造诣，并取得丰硕的文学艺术创作成果和他们在北大期间参与文学类学生社团不无关系，如该时期的《新潮》文学社成员中的朱自清、叶圣陶、俞平伯、孙伏园、李荣第、欧阳予倩等，后来在文学艺术创作上取得丰硕成果。西南联大期间"南湖诗社"学生社团成员中的穆旦、林蒲、向长清、刘授松后来成为近代文学名家。②

---

① 刘梦青. 民国时期学生参与大学内部治理的研究［J］. 教育与考试，2023（02）：67-71.

② 袁金勇. 民国时期北京大学学生社团活动的积极影响探讨［J］. 兰台世界，2015（28）：139.

## 第二节　民国时期大学新知识分子群体的主要活动

民国时期外有列强欺凌、内有连年战乱，国弱民穷，大学里的新知识分子一方面潜心学术，另一方面则为国家及民族前途命运奔走呼号，对他们来说，民国是一个引领民族觉醒的年代。

### 一、积极活动，成立教育社团

中华民国成立后，不少教育精英因共同教育志向联手发起成立了众多联合性质的组织团体，就教育领域而言，主要有国家、地方层面的教育学会，还有不同专业性、功能性的教育组织社团，如留法俭学会、通俗教育研究会、中国科学社、中华农学会、中华教育改进社、中华职业教育社、中华平民教育促进会总会、中华儿童教育社、乡村工作讨论会、中华社会教育社等。这些专业性教育社团由多个志同道合的教育精英联手创办，他们借此人脉资源与教育界内外人士频繁互动，联合开展教育活动。

20 世纪 20 年代初，为了使分散在全国的平民教育运动有统一的组织，当时对平民教育颇为热心的陶行知、晏阳初、朱其慧、黄炎培、胡适、袁希涛、傅若愚等人商议，并先期与蒋维乔、王伯秋等人组织南京平民教育促进会，发表宣言，募集经费，创办平民教育试验学校，在中华教育改进社年会上顺势成立平教会总会，设置总理其事的董事部，选举董事 40 人，推定执行董事 9 人，朱其慧、陶行知、陈宝泉、蒋梦麟等人为董事，朱其慧又被推为董事长、陶行知为董事会书记、晏阳初为总干事。经过这些教育家的共同努力，平民教育运动有了全国性的教育组织，各项活动得以有序推进。

在近代民族工业迅猛发展的背景下，传统教育亟须变革以适应社会之需要，面对实业学校毕业生学非所用以及普通教育脱离社会现实的双重困境，黄炎培、陆费逵、顾树森、俞子夷等人积极倡导职业教育，希冀通过沟通教育与职业，以使人民获得谋生技能进而实现民族自救。其实，在职教社正式成立前，作为重要发起人的黄炎培就已动用深厚的社会人脉联络全国教育界、实业界著名人士运筹成立中华职业教育社，1916 年 12 月，他曾专门致函乃师蔡元培，并将起草的《中华职业教育社宣言书》初稿寄给蔡元培阅示，请其任职教社发起人。在经过精心的酝酿和筹备后，1917 年 5 月 16 日，中华职业教育社在黄炎培、蔡元培、梁启超、张謇、宋汉章等 48 位教育界、实业界知名人士的共同努力下正式成立。中华职业教育社的成立，既离不开蔡元培、严修、范源濂、袁希涛、陈宝泉、张伯苓、周贻春、蒋维乔、邓翠英、顾树森、余日章、郭秉文等教育界翘楚的参与，又不可缺邹韬奋、陈嘉庚、伍廷芳、唐绍仪、汤化龙、王正廷、张元济、陆费逵、史良才、穆藕初等实业界、出版界乃至政界著名人士的加盟和支持。这些人物彼此间存在着地缘、学缘等复杂的人际关系，虽然所受教育背景不同，甚至学术思想也有分歧，但对职业教育的共同情结、期盼和希冀使他们聚集在一起。① 在这批"以倡导职业教育为职志"的社会贤达的努力下，中华职业教育社自创立后，有计划、有组织地开展了大量的职业教育实践和研究活动，开创了我国近代职业教育的先河，对我国近代职业教育事业的发展做出了卓著贡献。除上述社团外，还有实际教育调查社、中华儿童教育社、中华社会教育社、国难教育社、生活教育社、中国教育学会等，都是由多位教育家联合发起成立的教育社团。

### 二、兴办教育，创办知名大学

民国时期由于政局不稳，政权几经更迭，教育行政部门权力不稳，使得政府对大学管理政策不能一以贯之执行或处于松散状态，为大学独立发展、学术自治赢得了一定空间。一批大学校长追求"教育独立""学术自由""教授治校"，他们以宽广的眼界视野、出众的治校理校才华，创建了一批具有世界一流水平的大学，如蔡元培于北京大学、郭秉文于东南大学、张伯苓于南开大学、梅贻琦于清华大学、唐文治于南洋大学、马君武于广西大学等。

北京大学校长蔡元培曾任南京临时政府教育总长，亲自起草《大学令》，对大学设评议会、各科设教授会提出明确要求，1916 年任北京大学校长后开始践行其教授治校的办学理念。他在北大主持设立评议会，作为全校的最高立法机构和权力机构。评议会由校长和文、理、法、工四科的学长，文、理、法科教授各 4 人，以及工科教授 2 人，共 19 人组成，其中无行政职务的教授 14 人。1917 年 12 月 8 日，北大评议会通过《国立北京大学学科教授会组织法》，规定各门的重要学科，各自合为一部，设教授会，教授会对学科内部事务有很大的自主权，不受他人干涉。这一时期建立了较健全的教授会和评议会。1919 年 12 月 3 日，评议会通过北大《内部组织试行章程》，进一步健全学校的领导机构，扩大评议会职能，取消了由各科学长直接担任评议员的规定，此外，设立行政会议，"以各常设行政委员会委员长组织之，校长为议长"，教务处、总务长为

---

① 谢长法. 教育家黄炎培研究 [M]. 济南：山东人民出版社，2016：59-60.

当然会员，执掌全校行政大权，行政委员会的委员长以教授为限，任期一年，个别委员会甚至要求全体会员均为教授。至此，以教授为主要管理者的评议会、教授会、行政会议的构建基本完成，蔡元培"让懂得学术的人来管理大学"的思想基本实现，"教授治校"在北京大学得到全面贯彻。蔡元培提出"囊括大典，网罗众家，思想自由，兼容并包"的办学方针，一改北京大学过于沉闷、保守的气象，在海内外广泛延揽学术人才。他不拘泥于陈规，坚持知人善任、唯才是举，在选拔和使用优秀人才时，不唯年龄、资历、学历，注重任用那些学有所长、能自成"一家之言"的人才，先后聘请了一大批学有专长的专家学者为北京大学教授，如陈独秀、黄节、周作人、胡适、章士钊、吴梅、叶瀚、徐宝璜、张相文、辜鸿铭、俞同奎、陶孟和、张大椿、马裕藻、沈尹默、朱希祖等。其中陈独秀、周作人、胡适、陶孟和等人是新文化的积极倡导者，而黄节、吴梅、辜鸿铭、马裕藻、沈尹默等人在传统学术方面各有所长，是文化传统的坚定拥护者。蔡元培对北京大学进行了一系列的改革，将民主与科学的精神注入北京大学，奠定了北京大学的传统和精神，使北京大学焕然一新，在短短几年内成为中国顶尖的大学。①

东南大学校长郭秉文是我国第一个教育学博士，任南京高等师范学校校长时，大胆改革，引进人才，增设学科，使南高师很快声名鹊起。他极力仿造美国的高等教育思想和模式进行改革，坚持"寓师范于大学"的理念，在南高师校址创办东南大学，并推动将南高师并入东南大学。郭秉文实施训育、智育、体育"三育并举"，将"平"作为治学治事最好的座右铭。他认为办学要达到四个"平衡"：一是通才与专才平衡，大学应设立多种学科，通才与专才相互调剂，培养平正通达的建国人才；二是人文与科学平衡，坚持人文科学与自然科学并重、民族文化与科学知识兼修，培养兼具人文情怀和科学思维的高素质人才；三是师资与设备平衡，所谓大学者，既是大师之谓，亦是大楼之谓，既广聘名师，也筹资改善教学科研条件；四是国内与国际平衡，既广延留洋博士、硕士来校任教，还派遣教师出国进修。郭秉文大力改革行政机构，设立各种委员会，吸收教职员工参加学校管理。他借鉴美国大学模式，首次在全国高校中引入董事会，逐步形成了校董会制、校长制与"三会制"并存的学校治理模式，即校董会决定学校大政方针，校长总事校务，评议会议处学校重大事宜，教授会议处全校教学、研究及学科建设事宜，行政委员会统辖学校行政事宜。郭秉文把延聘优良师资作为办学的首要任务，特别重视从留学生中物色师资，几乎

---

① 张意忠. 民国大学校长 [M]. 北京：北京师范大学出版社，2012：20-23.

每个学科都有一流的教授和学者，使东南大学一时名师荟萃，大师级人物不可胜数，为学校积累雄厚的师资力量。他还提倡学术自由，包容持有各种主张的师生，使东南大学成为自由思想的堡垒，不到10年就发展成为国内一流高等教育学府。①

南开大学校长张伯苓立志"教育救国"，先后创办了南开中学、南开大学、南开女中、南开小学以及重庆南开中学等南开系列学校，并担任南开大学校长近30年，缔造了"允公允能，日新月异"的南开精神，弘扬"爱国、敬业、创新、乐群"的光荣传统。在他看来，唯其允公，才能高瞻远瞩，正己教人，有为公牺牲之精神，消灭自私的本位主义；唯其允能，才能去愚去弱，团结合作，有为公服务之能力，培养建设现代化国家的人才。"允公允能"是将道德与能力相结合，张伯苓创办南开学校的基本理念，体现了他"教育救国"的人生追求。张伯苓目睹国家民族的内忧外患，分析国民因封建遗毒影响而存在的"愚""弱""贫""散""私"五种病态，特别制定了南开训练方针，即重视体育、提倡科学、团结组织、道德训练和培养救国力量。"强国必先强种，强种必先结身"，张伯苓看到柔弱的清朝兵勇和强健的日本武夫，迫切感到培养人才必须首先重视体育，必须培养出具体强健体质的国民。科学与国防紧密相连，南开学校的课程及教学设置特别重视实用科学。张伯苓特别强调："惟是科学精神，不重玄想而重观察，不重讲解而重实验，观察与实验又需有充分之设备。"针对民族"散"病，提出培养学生组织合作能力。张伯苓倡导成立各种学术研究团体，积极开展课外活动，重视学生进行社会调查，强调对中国社会实际问题的研究，通过这些活动培养学生团结合作的精神。张伯苓在道德训练方面特别重视强调人格教育，重视提高学生道德素养。他把爱国作为道德教育的第一要义，教育学生为人第一当知爱国。团队精神和集体观念也是南开学校进行道德教育，建设良好校风的重要内容。培养救国力量是张伯苓创办南开学校的最终目标，在风雨飘摇的中国实现"教育救国"的宏愿，必须培养具有革新精神的救国力量，挽救中国免受欺凌和灭亡。南开训练方针体现了培养"德、智、体、美、群"全面发展的人才教育思想，促使人才培养由重知识向重能力转变。张伯苓终身从事教育事业，构建了著名的南开教育体系，为国家培养了包括周恩来在内的大批优秀人才，为中华民族的教育振兴做出了巨大贡献。②

清华大学校长梅贻琦毕生服务于清华，创造了清华的黄金时期，奠定了清

---

① 张意忠. 民国大学校长［M］. 北京：北京师范大学出版社，2012：76-81.
② 张意忠. 民国大学校长［M］. 北京：北京师范大学出版社，2012：44-47.

华的校格，为清华大学做出了不可泯灭的贡献，被誉为清华的"终身校长"。梅贻琦在就任清华大学校长时的就职演说中提出："办大学应有两种目的：一是研究学术，二是造就人才""我们做教师做学生的，最好最切实的救国方法，就是致力学术，造成有用人才，将来为国家服务"。教育救国是梅贻琦办学、从教最重要的出发点。他以中国古代儒家"大学"教育思想为基础，融合西方教育思想，提出"通才教育"理念，认为大学应培养人格全面发展的通才，而非社会中某一行业的"专才"。梅贻琦进一步继承和发展蔡元培教育思想，在教育实践中提倡德、智、体、美、群"五育"并举，打破了人才培养规格和发展方面的单一性，为学生的终身发展奠定了坚实基础。梅贻琦秉承蔡元培改革北京大学所采取的"思想自由，兼容并包"教育思想，不断丰富学术自由的理念，并落实在办学实践中。他认为学术自由和教授治校是办大学的命脉，学术自由是"教授治校"的根基所在，"教授治校"为学术自由提供制度保障。他非常重视教师在大学中的主导地位，视师资为大学第一要素，提出了著名的"大师论"，即"大学者，非谓有大楼之谓也，有大师之谓也"，多方礼聘国内外著名学者来校任教，使清华大学人才荟萃、大师云集，大大提高了教学质量和学术地位。他成功践行了由教授会、评议会和校务会议组成的行政领导体制，使"教授治校"这一民主管理模式在清华得以贯彻实施。梅贻琦任清华大学校长的17年间，践行"通才教育""教授治校"和"学术自由"的教育思想，使清华大学从一个大学雏形成长为享誉中外、跻身世界著名大学之林的高等学府。①

南洋大学校长唐文治是一位国学大师，精通中国古代典籍，坚守中华民族固有传统道德，其教育思想的一个突出特点是十分重视以德立校和以德树人。他亲自编写学生德育教材，率先开设并亲自讲授"修身课"，锤炼学生的人格和道德品质。唐文治奉行"中学为体，西学为用"的教育方针，亲笔在学校礼堂撰写对联："好学近乎智，力行近乎仁，知耻近乎勇，虽愚必明，虽柔必强；富贵不能淫，贫贱不能移，威武不能屈，所存者神，所过者化"。上联引自《中庸》，指出为学之道，下联引自《孟子》，指出为人要有气节。唐文治认为为国育才首先要解决道德精神问题，并于1910年编写《人格》一书作为道德教育的范本，提出"诚、有恒、有耻、尚志、爱敬、尊师、公德、勤、俭"等作为学生修养德行的基本准则，并亲自制定"勤、俭、敬、信"四字为校训。他解释校训之意及其相互关系：若不能"勤"，将无法生存于世；"俭"以养廉，为立品之始基；"敬"为尊重客观，敬亲、敬师，今日敬学，他日敬业；"信"指交

① 张意忠. 民国大学校长［M］. 北京：北京师范大学出版社，2012：134-146.

际之道，信用为第一义。他再三强调把人品道德放在培养人才的第一位，把学生"如何做人"这一根本问题看成是人生成才与否的终极命题。1913年，他修改学校章程，把"极意注重道德，保存国粹，启发民智，振作民气以全校蔚成高尚人格"作为办学宗旨，突出道德教育。唐文治任无锡国学专修学校校长时，始终把弘扬中华优秀传统文化，弘扬民族精神，经世致用，救国救民作为办学宗旨，亲自为新生讲授范仲淹的《岳阳楼记》，使学生首先认识到作为中国人必须有"先天下之忧而忧，后天下之乐而乐"的胸襟和抱负，体现了"教书先育人"的教育思想。唐文治将"明德为先，科学尚实"作为大学的使命和教育宗旨，为中国工业建设培养了一大批铁路工程、机电工程、铁道管理工程领域的专家、学者。[①]

马君武三任广西大学校长，是中国获得德国工学博士第一人，把毕生精力投身于祖国教育事业，与主张"思想自由，兼容并包"的蔡元培同享盛名，有"北蔡南马"之誉。马君武认为大学在培养公民的道德方面具有责无旁贷之任："欲培养一国人民之公德，舍教育外无第二法也。教育者，改铸社会之机器也"；并把培养学生的"公德"放在首位，主张学生不仅要做好学问，更要先做好人。关于现有的道德标准，他认为，中国传统道德最缺的是"公德"，即为国家为社会着想的道德意识。1927年，马君武受李宗仁邀请创办省立广西大学，并任首任校长。上任伊始，马君武就给广西大学提出了"复兴中华，发达广西"的立校宗旨，后因粤桂战争停办。1931年，马君武第二次任广西大学校长后，向全校师生提出，广西大学教育的目标不但是知识的传授、技术的学习，还应与国运的隆盛、民族的复兴、社会的发展密切联系。他勉励师生"要努力把西大弄成国内有名望的大学，以对得起广西全省的父老"；在其为广西大学亲自撰写的校歌里，"保卫中华，发达广西，是我们立校本意。为国牺牲，为民工作，是我们求学目的……对内团结，对外抵抗，为祖国奋斗到底"，充分体现了他塑造公德人才的内容与目的。马君武在主持广西大学工作期间，从不以势压人，而是以德服人，言传身教，用自己的模范行动影响和带动全校师生，努力实现西大的办学目标。他集"德先生"和"赛先生"于一身，十分重视对学生进行科学教育，培养学生的科学精神，同时还大力倡导加强应用技术教育。他要求教师做好教学工作的同时，要进行科学研究，通过科研充实教学内容。马君武始终认为，教师是学校教学科研工作的主体，是办学的根本。他不拘一格地礼聘学术观点虽有不同，但学有专长的学者、教授到校主持院系工作，讲授主要课程，

---

①　张意忠. 民国大学校长［M］. 北京：北京师范大学出版社，2012：1-15.

同时实行严格筛选考核和奖优惩劣的制度，吸引了很多学术界知名人士到校任教。广西大学在马君武任校长期间达到发展顶峰，学术氛围深厚，师资力量、教学质量以及学生素质，均不逊于国内名牌大学。①

### 三、教书育人，传播科学知识

教学是大学的首要职能，也是大学教师的首要任务。通过教学实现保存、传播高深知识，延续大学生命力。1912 年 10 月，"中华民国"教育部颁布《大学令》，规定大学以教授高深学术、养成硕学闳才、应国家需要为宗旨。民国时期的教授特别关心学生的成长，教授们的责任感、使命感极其强烈，将培育人才视为奉献报国的一个重要环节。教学是大学最古老的职能，伴随着大学的产生而产生。教学活动是大学一切活动的核心，其好坏直接影响大学的人才培养质量。大学教授作为教学者，首要任务便是顺利完成教学任务。民国时期，大学逐步走向正规化，从教学工作量、教学职责、请假等方面规范大学教授教学任务的完成。大学教授为履行"传道授业解惑"职责，课前准备讲义，课间在讲台上挥洒汗水，课外则会抽出时间指导学生，体会"得天下英才而教育之"的快乐！教授在备课时，将编讲义和考虑课堂教授内容融为一体，如钱穆任教燕京大学、北京大学时，"每次上堂必写此一堂之讲授大纲及参考材料"②。胡适初任北京大学教授时，写给母亲的信中曾多次提及编讲义备课之事。胡适曾提到，"今天写讲义，直到半夜后一点半钟。写好了，还高兴"③。他还提道："今天上午做了一个上午的讲义……回来回家吃了晚饭，觉得还有些醉意，便睡了两个钟头。起来喝了一壶茶，吃了一个大萝蔔，又预备了明天的功课。现在差不多到十二点钟了。"④ 钱穆、胡适兢兢业业地编讲义，以详细的备课腹稿为其授课提供了清晰思路和扎实材料。陶行知在南京高等师范学校教授教育学课程时，教科书同样不拘泥于"拉洋车"，其教科书是自己编制的讲义。老舍任齐鲁大学教授期间，对待教书极其认真，从不马虎，平常把精力全部放在教书上，到假期才从事写作，学生们在学校图书馆常碰见老舍，问他又写什么？他总是回答："什么也没写，备课弄讲义。"大学教授在备课、编写讲义的过程中有自己的独立思考和加工，对于深化个人思维和更新学生、社会思想意识有重要的

---

①　张意忠．民国大学校长［M］．北京：北京师范大学出版社，2012：99-106.

②　钱穆．八十忆双亲师友杂忆［M］．北京：九州出版社，2012：149.

③　耿云志，欧阳哲生．胡适书信集：上［M］．北京：北京大学出版社，1996：124.

④　耿云志，欧阳哲生．胡适书信集：上［M］．北京：北京大学出版社，1996：127.

促进作用。此外，传授新知的讲义成为思想大爆炸和学术启发的重要媒介。民国时期，我国学术和思想万象更新，一些怀揣新思想和新观点的大学教师为课堂讲授而编写的讲义，并不仅仅是教案，他们将自己的治学思路和原则贯穿在讲义中，一些新颖、现代的学术和思想以讲义为第一媒介，引发了中国现代学术和思想的更新，如李大钊的《史学概论》促成了马克思主义唯物史观的首次公开。① 有些讲义还会经出版社出版，进一步肯定了大学教师的教学、学术成就，如谢六逸在复旦大学所用的讲义，由开明书店出版，定名为《日本文学（上）》，② 许德珩历年讲义重新整理后，出版了约 30 万字的《社会学讲话》上卷。③

西南联合大学作为一所在战争环境下由清华、北大、南开三校联合而成的临时大学，存续时间只有八年，但至今仍被人津津乐道和怀念，最令人瞩目的是其所取得的教育成就。西南联大的毕业生中，有 2 位获得诺贝尔奖，3 位获得国家最高科技奖，6 位"两弹一星"元勋，90 位两院院士。西南联大之所以能够在物资贫乏、动荡不安的战争年代取得这样的教育成就，与其所开展的通才教育实践是密不可分的。联大教授将大部分精力花在了教学上，他们授课不是照本宣科，人云亦云，而是将自己的研究心得和体会融入教学活动中，这让教学过程不再是单纯的知识灌输，而充满了学术性和探究性。联大教授讲课通常不局限于某一本教材，教学内容都是在阅读大量文献的基础上形成的，他们也特别注重引导学生通过阅读大量的课外文献来拓展知识面和学术视野。王竹溪讲热学课时，都要说明哪一部分要阅读什么参考书，他的每一个观点后面都有好几本参考书。如任继愈所说："联大有个好的传统，那就是相信同学自己的能力，好多课程不是把着手教的，而是自己读，自己看，这个很有好处。"考核的时候自然也鼓励学生要有自己的见解，"不鼓励死记硬背，死记硬背答的卷子，分数都很低的"④。吴大猷讲近代物理时，通常会引导学生在课外看很多文献，"这段你去看某某的一本书，这段你看谁谁的一本书，那段你看另一个人的一本书。他讲一门课，你得看好多本书。这些书都是当时国际上比较成熟的、比较有名的著作"⑤。联大教授不但课堂上传授自己的研究心得，还引导学生在课堂外进行自主学习，拓宽学术视野。

---

① 徐宝琪. 新闻学（老北大讲义）[M]. 长春：时代文艺出版社，2009：前言.
② 陈江，陈达文. 谢六逸年谱 [M]. 北京：商务印书馆，2009：38.
③ 许德珩. 许德珩回忆录：为了民主与科学 [M]. 北京：中国青年出版社，2001：171.
④ 苏智良，毛剑锋，等. 中国抗战内迁实录 [M]. 上海：上海人民出版社，2005：217.
⑤ 张曼菱. 西南联大行思录 [M]. 北京：生活·读书·新知三联书店，2013：243.

联大教授开设的课程大多根据自己的学术兴趣和研究所得，讲授自然别具一格，各有千秋。闻一多从研究古代神话和传说的角度来讲《楚辞》，把自己丰富的想象力加入其中。据郑敏回忆："在讲古典诗词的考证时，他（闻一多）的阐释充满了自己的想象力，让我觉得我们每一个人也能做，就是每个人念古典诗词的时候，也可以打开自己的想象力。"① 罗庸的汉魏六朝文学史和朱自清先生的历代诗选（汉魏六朝段）就各有不同的风格。罗庸先生讲汉魏六朝文学史，是从历史背景、作者身世、生活遭遇来分析作品的，侧重讲典型环境中的人物性格和思想感情。朱自清先生是从作品本身的艺术性来分析作家的思想、性格。如果把他们的教法加以比较，就能发现各自的独到之处，把他们讲的东西学好了，对作家和作品的理解，就会达到一个新的高度和深度。雷海宗、钱穆、吴晗三人都开设过中国通史的课程：雷海宗是斯潘格勒的历史循环论者，他按编年史的方法一个朝代一个朝代地讲；钱穆是士大夫治国论者，他突出士大夫在中国历史进程中的作用，并以此为主线组织教学内容；吴晗则是将中国历史划分为经济、政治组织、文化制度等不同层面来讲授。另外，闻一多、刘文典同开《庄子》课程，金岳霖和贺麟都讲哲学概论，中文系和哲学系都讲授《史记》和《左传》，等等，联大教授尤其是文科教授同开一个课程的有很多。"在联大听了每个教师的讲课，都不会感到他们是照本宣科，灌输知识，而是一种心灵上的享受。它会启发你去思考问题，研究问题。同时，也感到这些大师们讲的，都成为一家之言，各有独到之处。"②

## 四、潜心学术，开创新兴学科

民国时期的大学教授无疑是那个时代渊博学问的代表。他们早期接受的是严格的中国传统教育，大部分来自书香门第，深受中国优秀传统文化的熏陶，有些甚至拥有举人、进士、翰林等功名，具有深厚的国学根基。同时，他们又处于国门打开，西学东渐的大变革时代，受西方文化影响很大，很多具有留学海外的经历，接受过西方现代正规教育和专业训练，有些还取得学士、硕士、博士学位。他们受西学熏陶，在建立新范式、创建新学科的过程中，取得了一批学术成果。正如葛剑雄所言，民国学术在"各个学科几乎都产生了奠基者和创始人，并造就了一批学贯中西、融汇古今的大师"③。

---

① 张曼菱. 西南联大行思录 [M]. 北京：生活·读书·新知三联书店，2013：244.
② 符开甲. 西南联大的教学和科研 [M]. 昆明：云南科技出版社，2009，891.
③ 葛剑雄. 被高估的民国学术 [J]. 决策探索（下半月），2014（10）：75.

在中国传统人文社会学科领域，教授们提出了许多新观点，取得了新成就。王国维创作了《人间词话》《红楼梦评论》《观堂集林》等，被公认是新学术的开拓者、奠基者，他还在敦煌学、甲骨学、考古学、教育学与简牍学等领域取得了学术成就。郭沫若说："王国维的《宋元戏曲史》和鲁迅的《中国小说史略》，毫无疑问，是中国文艺史研究上的双璧；不仅是拓荒的工作，前无古人，而且是权威的成就，一直领导着百万的后学。"梁启超在文学、目录学等学科领域成就突出，其主要作品有《中国近三百年学术史》《中国历史研究法》。刘文典是文史大师、校勘学大师，专注于研究庄子，研究成果丰富。胡适的《中国哲学史大纲》被称为范式性的变革，其《文学改良刍议》被称为"中国文化革命之父"。他还提出了具有时代意义的自由主义、大同主义和乐观主义思想，至今仍有借鉴意义。黄侃在文字、训诂、音韵等方面取得了巨大的学术成就。钱锺书的《围城》出版后受到追捧，一版再版，一时洛阳纸贵。辜鸿铭是西方诗歌翻译的先驱者，其代表作《中国人的精神》在西方国家产生了巨大的影响。钱穆的《先秦诸子系年》被称为史学界释古派的扛鼎之作和"划时代的巨著"。闻一多涉足古代文学、诗歌创作、文艺评论、美术与文化研究等领域，奠定了自己的学术地位。此外，以陶行知为首的一批教育家提出了一系列教育理论，如陶行知的"生活教育"理论、陈鹤琴的"活教育"理论等，促进了教育改革和发展。①

在现代人文社会科学领域，教授对传统的文史学科强调摆脱儒学的桎梏，放弃长期存在的汉宋儒学之争，主张用科学的方法研究中国文化，促进了学科发展。王国维的《人间词话》将康德、尼采、叔本华的哲学思想及禄尔克的心理学结合在一起，在比较文学的基础上提出中方的境界说，开创了中国词话史上的新纪元，他被誉为"中国近三百年来学术的结束人，最近八十年来学术的开创者"②。陈寅恪将清代乾嘉学派重证据和事实与西学的"历史演进法"相结合，根据挖掘史实发展变化来研究史料，发展了中国的历史考据学。此外，他还开辟了不同民族语言与历史比较研究的新领域。汤用彤用"玄学"来概括哲学文化，对促进中国哲学的发展产生了重要作用，改变了重佛学轻玄学的风气，构建了具有现代学术意义的独立学科。金岳霖的《知识论》在中国哲学史上第一次建构了完整、系统的知识体系，他还是近代逻辑研究的开创者。王力通过

---

① 张意忠. 民国时期大学教授的学术特征及其生成逻辑 [J]. 学术界，2021（06）：160-169.

② 何丽娜. 心曲没有终止符：非正常离世作家非常档案 [M]. 天津：北方文艺出版社，2012：63.

运用中外比较的方法，突破西方传统理论，建立了具有中国汉语特色的语法体系。吴宓为中国开创了世界文学和比较文学研究，创建了比较文学学科。王非曼从事家政学研究，形成了独特的研究方法与范式，促进了家政学学科的发展。吴文藻、费孝通、雷洁琼等教授创立并促进了社会学学科的发展。黄维廉对图书馆学科的发展做出了重大贡献。

在自然科学领域，教授借鉴西方科学的理论与方法，同样创建了新学科，特别是许多曾经留学海外的教授先后在中国创建了数学、物理、生物、地学、化工、建筑与电机工程等学科与学系，并成为该学科的开创者。例如，何育杰创建了物理系，姜立夫创建了数学系，竺可桢创办了地学系，庄前鼎创建了机械工程系，顾毓琇创建了电机工程系，苏步青是微分几何学派创始人，吴有训是近代物理学研究的奠基者之一，刘恩兰开创了海洋地理学的新领域，严济慈是现代物理学与光学仪器工业研究的开创者，朱元鼎是鱼类学的开创者，周如松是金属晶体研究领域的奠基者，严彩韵是营养学研究领域的开创者，胡刚复是近代物理学的奠基人之一，丁文江与翁文灏创建了地质学，茅以升创建了桥梁工程学，侯光炯是农业土壤学的开拓者，陈翠贞是国内儿科学的先驱者和奠基人，胡先骕与秉志是植物分类学的创始人，杨崇瑞是中国公共卫生事业的创始人并创办了国内第一所助产学校，王淑贞创建了中国医学史上第一个妇科——西门妇孺医院妇科。

### 五、唤醒民众，宣传先进思想

20世纪初，中国正遭受世界列强的侵略，国家动乱，人民生活艰苦，以孙中山为首的革命派虽然推翻清王朝的专制统治，但并没有完成反帝反封建的任务，中国仍处于军阀混战，民不聊生的悲惨境地。民国时期的大学教授纷纷为拯救危难中的国家而奔走呼号、著书立说、发表演讲，力图唤醒青年，唤醒民众，开发民智，挽救民族于危亡。

中国共产主义运动的先驱李大钊1916年发表名篇《青春》，号召中国青年"为世界进文明，为人类造幸福，以青春之我，创建青春之家庭，青春之国家，青春之民族，青春之人类，青春之地球，青春之宇宙，资以乐其无涯之生"。此后，他又发表《新的！旧的！》《现代青年活动的方向》等文章，呼吁"新青年打起精神，于政治、社会、文学、思想种种方面开辟一条新途径，创造一种新生活"。李大钊积极投身新文化运动，宣传民主、科学精神，抨击旧礼教、旧道德，与封建顽固势力展开猛烈斗争，挺立在民族救亡与振兴中华斗争的第一线。他连续发表《法俄革命之比较观》《庶民的胜利》《布尔什维主义的胜利》《新纪元》等讲演和文章，积极宣传、讴歌马克思主义和苏俄"十月革命"，倡言"试看将来之环球，必是赤旗的世界"，成为中国最早的马克思主义者。① 1919年，李大钊在《新青年》发表《我的马克思主义观》，系统介绍马克思主义理论，对当时的思想界产生重要影响。《我的马克思主义观》是中国最早系统介绍马克思主义三个组成部分的作品，标志着马克思主义在中国进入比较系统的传播阶段。正是李大钊等一批革命家的艰辛努力，使马克思主义在中国得到广泛传播，使大批先进青年接受马克思主义并走上革命道路，也推动马克思主义与工人运动密切结合，使中国工人阶级发展成为用马克思主义武装起来的阶级，为中国新民主主义革命的发展和胜利打下了坚实的基础。② 1920年，李大钊等人在北京大学图书馆成立"共产主义小组"。不久，在李大钊的帮助和指导下，邓中夏等人成立了北京共产主义青年团。青年团的成员到长辛店办工人补习学校，把《工人周刊》等杂志带到学校，帮助工人识字，认清社会现实，建立工人组织。1922年，长辛店工人举行大罢工，并得到唐山等地工人的支持。工人作为一种重要的力量登上了中国的历史舞台，改变了中国革命的面貌。③

中国新文化运动的旗手鲁迅在日本留学期间，意识到国民精神上的麻木比身体上的虚弱更可怕，于是决定弃医从文，转向了他认为最能唤醒民众精神的文艺运动。1918年，鲁迅在《新青年》发表了中国第一篇现代白话文小说《狂人日记》，随后又连续写了《孔乙己》《阿Q正传》《故乡》等十几篇短篇小说，1923年结集出版《呐喊》。《狂人日记》通过被迫害者"狂人"的形象以及"狂人"自述式的描写，揭示了封建礼教"吃人"的本质，表现了对以封建礼教为主体内涵的中国封建文化的反抗。《孔乙己》刻画了一个在封建腐朽思想影响下，精神上迂腐不堪、生活上穷困潦倒的读书人形象，深刻地揭露了封建文化教育对知识分子的毒害。《阿Q正传》的主人公是一个无家无业的流浪汉，他的处境凄惨，却以"精神胜利法"自欺欺人，阿Q的典型形象正是当时中国国民不愿正视现实选择自我麻痹的缩影。④《呐喊》是中国现代小说的开端与成熟的标志，开创了现代现实主义文学的先河。作品通过写实主义、象征主义、浪漫主义等多种手法，以传神的笔触和"画眼睛""写灵魂"的艺术技巧，形象

---

① 李梦溪. 铁肩道义 妙手文章——青年李大钊与五四运动［N］. 科普时报，2021-4-16（3）.

② 代晓灵、秦华. 二十世纪初中国的播火者——纪念革命先驱李大钊［EB/OL］. 人民网，2021-10-03.

③ 李斌. 李大钊与新文化运动［N］. 人民网，2019-04-25.

④ 曾祥芸. 鲁迅：时代的呐喊者与启蒙者［J］. 高中生之友，2021（Z3）：54-56.

生动地塑造了狂人、孔乙己、阿Q等一批不朽的艺术形象，深刻反映了19世纪末到20世纪20年代间中国社会生活的现状，有力揭露和鞭挞了封建旧恶势力，表达了渴望变革，为时代呐喊，希望唤醒国民的思想，奠定了鲁迅在中国现代文学史和现代文化史上的地位。① 鲁迅以封建社会的批判者的身份出现在民众面前，慷慨陈词，大声疾呼，抨击现实中种种鼓吹迷信，胡诌"鬼话"的故事；他驳斥社会上种种捍卫"国粹"，诋毁新学的谬论；极力鼓励年轻人要摆脱冷气，只是往上走。在那个风雨飘摇、动荡不定而又暗含着一种新生力量的时代，鲁迅的文章鼓舞了一代年轻人，他是一位以文学为武器，为民族解放战斗的革命家，是中华民族人民觉醒的呐喊者，是那个时代的爱国英雄。②

民国时期，新闻出版事业得到了广泛发展，有许多新的报纸、杂志、出版社不断涌现，内容涉及政治新闻、社会、文化等多个领域。报纸作为新兴媒体，或报道消息，或评论时势，或传布新思想，以上海的《申报》《新闻报》《时事新报》《民国日报》《商报》，北京的《晨报》，以及天津的《益世报》等最具影响力。其中《民国日报》创刊于1916年，为中华革命党及其后中国国民党的机关报，叶楚伧任总编辑，邵力子为总经理。五四运动发生后辟《觉悟》《救国》两副刊，传布新思想，对知识青年影响颇大。《京报》创刊于1918年10月，邵振青（邵飘萍）主之，无党派色彩，以敢言著称。次年《京报》被封，邵转往日本，在《朝日新闻》工作。1920年邵返国，再办《京报》，评论时政甚力。杂志方面，影响力较大者有北京的《新青年》《新潮》《每周评论》《努力周报》，上海的《解放与改造》《建设》《星期评论》等。《新青年》月刊原名《青年杂志》，1915年创刊于上海，次年改名《新青年》，1917年迁北京，由北京大学教授陈独秀、李大钊、胡适等轮流主编，宣扬民主与科学，反对孔教、"国粹"与旧文学，1922年以后更宣扬马克思主义。《新潮》月刊，1919年创刊，是北京大学学生所办的刊物，先后由傅斯年、罗家伦、周作人等主编，宣扬新文化及自由主义思想。《每周评论》，1918年创刊，陈独秀、李大钊等主之，偏重于政治评论。③

民国初年，由于政论的萎缩和新闻通讯的兴起，诞生了一批以新闻通讯著称的记者，主要有黄远生、邵飘萍、刘少少、徐彬彬、张季鸾等。黄远生曾担任上海《时报》《申报》《亚细亚报》的特约记者，常在《东方杂志》《论衡》

---

① 杨文兵，郑建. 名师全新解读呐喊 [M]. 北京：中国对外翻译出版公司，2010：3-6

② 王晓南. 鲁迅——戴着面具的呐喊者 [J]. 湖南农机，2011，38（05）：207-208.

③ 张玉法. 民国初期的知识分子及其活动（1912—1928）[J]. 聊城大学学报（社会科学版），2013（01）：45-56.

杂志、《国民公报》上发表文章，以深厚的中西学基础、高超的社会活动能力和卓越的采访写作技巧成为民初新闻记者的巨擘，被誉为"报界之奇才"，与刘少少、徐彬彬（凌霄）并称民国初年新闻界"三杰"。黄远生创造了"新闻通讯"这一文体并将其运用得炉火纯青，为新闻业务的发展做出了重大贡献。邵飘萍是民国时期非常著名的新闻记者，以善于采访著称，常能访到独家新闻。张季鸾曾评价说，"飘萍每遇内政外交之大事，感觉最早，而采访必工。北京大官本恶见新闻记者，飘萍独能使之不得不见，见且不得不谈。旁敲侧击，数语已得要领。其有干时忌者，或婉曲披露，或直言攻讦，官僚无如之何也""中国有报纸52年，足当新闻外交而无愧者仅得二人，一为黄远生，一即邵飘萍"。邵飘萍在日常生活和工作中，随时处于临战状态，新闻触觉灵敏，用他自己的话说是"其脑筋无时休息，其耳目随处警备，网罗世间一切事物而待其变"。

### 六、救亡图存，投身革命运动

民国时期，政治黑暗，军阀混战，外敌入侵，民不聊生，争取民主自由和民族独立就成为中华民族反帝反封建斗争的主要内容。作为富有知识，满怀理想，拥有激情和活力的青年大学生充当了其中的重要角色，他们不断走出校门，走上街头，游行示威，发表演说，反抗独裁暴政，号召救亡图存，反对内战，要求民主，勇敢地掀起了一波又一波的学生运动。而作为一校之首的大学校长，他们既是学校正常秩序的维护者，又是学生的导师，还是政府当局授权主持校政的领导者，在学生运动中时常处于尴尬境地，不断地游走于政府、老师、学生之间进行斡旋。

蔡元培是一个极具民族思想的人，面对灾难深重的国家危局，"蔡先生常说'官可以不做，国不可不救'"。主持北京大学工作期间，他倡导新文化运动，倡议组织各种学术和社会团体，使北京大学逐渐成为现代中国思想解放的中心。蔡元培还亲自参与政治活动。1918年11月第一次世界大战胜利后，北京各界在中央公园连续举行三天的演讲大会，蔡元培登台发表了《公理战胜强权，正义战胜邪恶》的演说。

巴黎和会中国外交失败的消息传出后，5月2日，蔡元培就要北京大学召集学生代表一百多人开会，号召大家奋起救国；5月3日，蔡元培听说北洋政府已密令巴黎代表团在和议签字后，立即把消息告诉了《国民》杂志社的许德珩及《新潮》社的罗家伦、傅斯年、康白情、段锡朋等；5月3日晚，在北大法科礼堂召开准备次日举行游行示威的大会，也事先得到蔡元培的首肯。会后，蔡又召集学生代表谈话，对学生爱国活动给予鼓励。① 可以说，正是得力于蔡元培的通消息和大力支持，北京大学才成为五四运动的爆发地。

五四运动发生之后，北洋军阀政府镇压并逮捕学生，北京各大专以上的校长则组成了以蔡元培为首的校长团，周旋于警察厅、教育部、总统府之间，负责营救被捕学生，蔡元培也因此被北洋政府视为倡导怂恿学生运动的"罪魁祸首"，必欲除之而后快，甚至有传言谓政府将焚毁北京大学，严办学生。在此高压之下，蔡元培被迫辞职出走，一面保全学生，一面又不令政府为难，如此始可以保全大学。

1919 年新文化运动后，一些教授提出了"学术救国"口号，希望通过学术破除封建迷信，启发国民心智，解决社会问题，拯救国家。1936 年，任鸿隽倡言"科学是立国的根本"，并且提出了一个完整的理论体系。"九一八"事变后，中国人面临亡国灭种的危险，一些教授强调"学术救国"，重视学以致用。即使一些过去强调"为学问而学问"的教授，其治学态度也发生转变，开始关注现实问题。王国维把学术和国家的存亡联系起来，在《沈乙庵先生七十寿序》中写道："国家与学术为存亡，天而未厌中国也，必不亡其学术。天不欲亡中国之学术，则于学术所寄之人，必因而笃之。"

全面抗战爆发后，中华民族面临生死存亡的关头，中国共产党发起建立抗日民族统一战线，支撑起中华民族救亡图存的希望。爱国青年学生冲破重重封锁，克服千难万险，纷纷奔赴延安——中国共产党领导中国革命的大本营和核心枢纽，投身于中国革命的洪流，成为重要的有生力量。"到延安去"一时成为流行语，成为当时热血青年的梦想与追求。② 为了培养青年干部，党中央在延安先后创办了抗大、陕公、鲁艺等 30 多所干部学校，整座山城俨然成为一所"窑洞大学"，知识青年纷纷进入学校学习。领导干部十分关心学员，经常应邀讲话或讲课。在延安这个革命熔炉中，广大青年逐步成长为具有坚定理想和革命意志的无产阶级战士。仅抗大，从 1936 年到 1945 年的 9 年办学期间共培养了 10 万政治和军事人才。数万奔赴延安的青年，逐渐融入以工农为革命主体的新环境之中，初步实现了知识分子与工农大众的结合，提升了延安干部的知识层次，丰富了延安干部的构成，形成了延安知识分子群体。他们高举爱国主义旗帜，经过革命熔炉锻造茁壮成长起来，成为中国革命的先锋队，他们深入各条战线，为民族独立、人民解放做出了卓越贡献。

---

① 刘克选，方明东. 北大与清华 [M]. 北京：国家行政学院出版社，1998：87-88.
② 马克锋. 延安——革命青年的向往之地 [J]. 党员文摘，2021 (05)：14-16.

## 第三节　民国时期大学新知识分子群体的优秀品质

本书第一章，对中华优秀传统文化在教育中蕴含的"优秀"内涵进行了研究和提炼，本章拟对标这些优秀内涵，结合前文所述民国时期大学新知识分子群体的主要活动实践，来分析这一群体所彰显的与传统文化内核相通的优秀品质。

### 一、责任担当、家国情怀

我国知识分子历来有浓厚的家国情怀，有强烈的社会责任感。"修身齐家治国平天下"，"为天地立心，为生民立命，为往圣继绝学，为万世开太平"，"先天下之忧而忧，后天下之乐而乐"，这些思想为古今中外一代又一代知识分子所尊崇。民国时期列强入侵，社会黑暗，政治腐败，民不聊生，国家面临生死存亡，但大学教授却秉持了几千年流传下来的忧国忧民忧天下的优良传统，对国家社稷的未来深表忧虑，因而寄希望于教育救国、学术救国，这是他们的学术理想与社会责任。因此，他们万众一心，同仇敌忾，致力于学术研究，体现出强烈的学术使命和社会良知。他们想通过自己的知识来改变积贫积弱的国家，因而以学术为志业，献身学术研究，服务国家。哪怕是在艰苦的抗战时期，大学教授认为自己不能上前线，在后方就要努力培养人才，加强科学研究，通过智力劳动报效祖国。正如贺麟所言，为了完成"学术建国"的神圣使命，需要各自领域的代表人物抱着"鞠躬尽瘁，死而后已"的态度，忠于其职，贡献其心血……在必要时，牺牲性命，亦所不惜。①

民国时期的学生以勤奋好学的精神著称，无论是在学术、思想、文化上，还是从事革命工作，都是中国近代史上最优秀的一代。他们关心国家命运和民族前途，敢于斗争，积极投身爱国运动。

发动五四爱国运动。1919 年 1 月，中国作为"一战"战胜国在"巴黎和会"上遭遇耻辱性的外交失败，消息传回国内，倍感屈辱的学生呼吁政府拒绝签字。5 月 4 日，北京大学等三所高校 3000 多名学生云集天安门广场示威，高喊"还我青岛""收回山东权利""拒绝在巴黎和会上签字""废除二十一条"

---

① 张意忠. 民国时期大学教授的学术特征及其生成逻辑 [J]. 学术界，2021（06）：160-169.

"抵制日货"等口号，一场中国人民反对帝国主义、封建主义的爱国运动正式爆发。学生运动遭到暴力镇压后，引起广泛的关注，各界人士给予关注和支持，抗议逮捕学生，广州、南京、杭州、武汉、济南的学生和工人也给予支持。这场五四运动是学生引领的反对帝国主义、封建主义的爱国运动，是中国现代学生运动之始，是中国从旧民主主义革命走向新民主主义革命的转折点，中国革命从此进入了一个新的历史时期。

表6-4　五四运动主要学生领袖①

| 序号 | 姓名 | 就读学校 | 五四运动时期身份 |
|---|---|---|---|
| 1 | 段锡朋 | 北京大学 | 全国学联会主席 |
| 2 | 张国焘 | 北京大学 | 北京学联讲演部长 |
| 3 | 许德珩 | 北京大学 | 五四宣言撰稿人 |
| 4 | 陈剑脩 | 北京大学 | 全国学联会评议长 |
| 5 | 罗家伦 | 北京大学 | 五四宣言撰稿人 |
| 6 | 傅斯年 | 北京大学 | 天安门游行总指挥 |
| 7 | 罗隆基 | 清华大学 | 清华学生会主席 |
| 8 | 王造时 | 清华大学 | 清华学联宣传部长 |
| 9 | 程天放 | 复旦大学 | 上海学联会主席 |
| 10 | 袁玉冰 | 南昌二中 | 南昌学联会主席 |

投身"九一八"事变后爱国救亡运动。1931年9月18日夜，盘踞在中国东北的日本关东军炮轰中国东北军北大营，制造了震惊中外的"九一八"事变，激起民众的反日热潮。在民族危亡的关键时刻，青年学生又一次发挥先锋作用。事变第二天起，上海、北平、南京、天津、杭州、长沙、武汉、西安等十几个城市的上万名学生，组织罢课游行，成立了抗日救国会、救国义勇军、国货调查团和抗日演讲队等。9月20日，北京大学学生呼吁一致抗日，要求民众实行武装，做政府后盾。9月26日，上海大学生开始了罢课行动。9月27日，北平学生抗日救国会发表《告全国民众书》，指责国民政府依靠国联公判的外交政策，主张社会各界广泛联合起来。上海、南京两地学生在南京国民党中央党部

---

① 习罡华．五四运动学生领袖文化基因的思考——以江西地方文化为例［J］．民主与科学，2019（04）：79．

和国民政府请愿，提出了包括希望政府立即出兵驱逐日军，惩办不力外交官、实行革命外交等政治要求。上海大学生请愿团表示，"一日不达目的，一日不回校，亦不停止运动。且拟推代表赴粤，请一致息争御侮，更谋唤醒全国同学同志同胞为整个运动，务须达到全体武装，对日宣战"。中央大学、金陵大学等均组织抗日救国义勇军，开始军训。至此，学生运动逐渐呈现蔓延之状①。

声援"一二·九"抗日救亡运动。1935年下半年，日本帝国主义发动华北事变，但蒋介石政府依然采取不抵抗政策。处在国防最前线的北平学生深感国难当前，于是成立北平市大中学校学生联合会，响应中国共产党发出停止内战、一致抗日的号召。联合会拟定于12月9日以请愿方式，发动一次抗日救国行动。蒋介石政府得知学生清早游行，便提前设下岗哨。学生请愿不成，各校代表当即决定改为示威游行。游行过程中遭到了当局政府的暴力镇压，有30多名学生被捕。12月10日，北平各大中学校发表联合宣言，宣布自即日起举行总罢课，要求反对华北成立防共自治委员会及其类似组织以及释放被捕学生。自12月11日开始，天津、保定、太原、上海、杭州、武汉、广州、成都、重庆等大中城市先后爆发学生的爱国集会和示威游行，支持北平学生爱国运动。12月16日清晨，北平各校学生分为4个大队，分别由东北大学、中国大学、北京大学和清华大学率领，举行声势浩大的示威游行。参加的学生总计1万余人，最后迫使冀察政务委员会不得不延期成立。"一二·九"运动是中国共产党领导的一次大规模的学生爱国运动，公开揭露了日本帝国主义侵略中国，并吞华北的阴谋，打击了国民党政府的妥协投降政策，大大地促进了中国人民的觉醒，揭开了全民抗战的序幕。

掀起"三反"爱国民主运动。抗日战争胜利后，国共两党未能在政治上取得统一，内战即将爆发。学生们不畏高压，慨然请愿。1947年5月20日，南京、上海、苏州、杭州6000余名学生在南京举行了"挽救教育危机联合大游行"，遭到了国民党军警的残暴镇压，造成"五二〇血案"。但学生爱国运动，在广大人民支持下，并没有被镇压下去，以"反饥饿、反内战、反迫害"为口号的学生罢课示威运动和工人罢工、教员罢教等各界人民反蒋反美斗争，遍及六十多个大中城市。"五二〇"学生爱国运动标志着第二条战线的正式形成。这次运动是中国学生运动史上规模最大的一次，沉重打击了国民党的反动统治，为全国解放做出了巨大贡献。

---

① 柳轶. 国民党对学生运动的控制研究（1919—1949年）[D]. 长春：东北师范大学，2013：22.

这些学生爱国运动的规模尽管不尽相同，但都具有十分重大的历史意义。青年学生作为社会思想觉悟较高的社会群体之一，每每在国家存亡、民族灭亡的危难时刻总是站在救国的最前线，用他们的爱国热情唤起社会大众的爱国情怀。

## 二、革故鼎新、与时俱进

民国大学校长的群体性特征之一就是国学底蕴深厚，如北京大学校长蔡元培为晚清进士、翰林院编修，国学功底非一般人可比，他在五四运动期间发表的辞职书，曾经引用汉代典籍《风俗通》中"杀君马者道旁儿"和《诗经》中"民亦劳止，汔可小休"来形容当时自己的心境。清华校长梅贻琦在《大学一解》中的一段名言："所谓大学者，非有所谓大楼之谓也，有大师之谓也"，却往往没注意到它的语境脱胎于孟子："所谓故国者，非有乔木之谓也，有世臣之谓也"。浙江大学校长竺可桢是著名的气候学家、地质学家，但同时也是具有深厚诗学修养的作家，在论述古今气候变迁时，他大量引用古代诗篇作为例证，甚至还对唐诗中"黄河远上白云间"一诗进行过考证分析，他深厚的人文素养令后人赞叹不已。①

同时，民国时期的大学校长深受西方教育管理思想影响，很多有国外大学学习或考察的经历，且大多数时间较长，有些获得学士、硕士，甚至博士学位，有些多次出国考察。他们对考察或求学所在的国的高等教育理念与模式有深入的了解和思考，深受其影响，进而形成了自己的大学教育观。如蔡元培深受德国大学教育思想和体制的影响，遂在主政北京大学后参照德国柏林大学实行全面改革；郭秉文对美国教育理念和大学教育模式有很多借鉴，遂创立了东南大学的教育模式；张伯苓将道德与能力相结合，缔造了"允公允能，日新月异"的南开精神；梅贻琦融合儒家教育思想和西方教育思想，致力于培养人格全面发展的通才；唐文治奉行"中学为体，西学为用"的教育方针，把人品道德放在培养人才的第一位；马君武主张用民主和科学来改造国民，把培养学生的"公德"放在首位。

大学发展的动力在于改革创新。纵观世界一流大学的崛起，在其背后都有一个或几个追求卓越、锐意革新的大学校长。哈佛大学的崛起，与艾略特、洛厄尔、科南特、普西、博克这些充满改革进取精神的著名校长紧密相关。回望民

---

① 蔡世华. 民国与当代：论中国大学校长群体素质历时性差异［J］. 中国矿业大学学报（社会科学版），2013，15（01）：98-99.

国时期著名大学的卓越成就，也与蔡元培、梅贻琦、张伯苓、郭秉文、竺可桢、唐文治、萨本栋、马君武、熊庆来、陈裕光等一大批教育家校长的改革创新紧密相关。这些大学校长以卓越不群的胆识与能力、与众不同的思路与措施对大学进行多方面的改造，使得一所大学在较短时间内面目一新，形成名师荟萃、成就卓然、声誉日隆、影响深远的局面。以北京大学校长蔡元培为例，他以"我不入地狱，谁入地狱"的大无畏担当精神接任北京大学校长，在接下来的治校实践中，锐意革新，重建北京大学，定大学研究高深学问之使命，倡"兼容并包"之思想，开"思想自由"之风气，行"教授治校"之体制，使北京大学从"资格养成之所"转变为"研究高深学问"的圣地。可以说，大学校长的改革勇气和创新精神决定着一所大学的发展状态和前途未来。反思当下中国高等教育，虽取得了举世瞩目的伟大成就，实现了历史性的跨越，但与世界一流大学相比，在教育观念、教学方法、人才培养模式、自身办学活力等方面都还有相当的差距，迫切需要当代大学校长们以"舍我其谁"的革故鼎新精神挑起当下高等教育改革的大梁，在办学理念、办学体制、管理机制等方面大胆革新，勇于创新。①

### 三、追求真理、经世致用

蔡元培认为，大学治理应该坚持德国洪堡创办柏林大学时所体现出来的对自由与科研的追求，因此他提出了北京大学"思想自由、兼容并包"的办学方针。在蔡元培的治理之下，北京大学出现了诸子百家、三教九流汇聚一堂，背后拖着长辫、心里眷恋帝制的遗老与思想激进的新派人物同席论短长的局面，正是这种自由之风，为新文化运动、五四运动提供了精神准备。梅贻琦把大师视为学校发展的根本，提出了著名的"大师论"，他靠坚持这一真理成就了清华。竺可桢视"求是"为治校之真理，他把"求是"作为一种治校理念、一种文化、一种价值，体现在治校的各个方面，并最终成就了浙江大学的一种风格。张伯苓抱定"教育救国"的真理，提出"允公允能，日新月异"的校训。②

大学是教授发现真理，探索未知世界奥秘的理想之地。民国时期的大学教授大多坚守着学术致用的价值取向，将学术作为拯救世道人心的根本途径。在

---

① 白强.民国时期教育家校长群体共性特征及启示［J］.铜仁学院学报，2018，20（12）：9.

② 王争录，任建华.论"士"的精神与民国高校著名校长特质的关系［J］.现代教育科学，2015（07）：7.

他们看来，学以致用是学科产生、发展的必然要求，如果其学说没有"用"，学科就失去了存在的价值和意义。郭秉文认为，学者再也不能一味地脱离现实谈经论道，而是要"所学者皆有所用，所用者皆本所学"，学以致用，学用一致，用其所学。① 钱穆认为，治学志在明道救世，"以事业为其学问之中心者，此即所谓'学以致用'。人之本身，必然期有用。吾人之所以从事于学、学为人，其主要动机及其终极意义，乃对社会人群有用、有贡献"②。

一些教授以学术为业，以研究学问为第一要义，以追求真理为己任，以学问本身为目的。冯友兰曾说："为什么研究学术？一不是为了做官，二不是为了发财，为的是求真理，这就叫'为学术而学术'。"③ 王国维认为："故欲学术之发达，必视学术为目的，而不视为手段而后可。"④ 在他看来，治学是"求知"，是以求真理为宗旨，而不是"求用"，治学"不为利来，不为利往"，否则学术就不能发达。顾毓琇认为："科学并不能救中国"，因为"科学的目的是为知识，科学的任务是求真理……从前利用科学去达到坚甲利兵的情绪，终于为四千年来重知识爱真理的理智压服了。我们将要为科学而研究科学"⑤。梁启超退出政坛，追求学问，也是对学术为本的诠释。总之，民国时期的一些大学教授以学术本身为目的，追求真理，摆脱名利的诱惑，静心研究，促进了学术的发展。

"九一八"事变后，中国人面临亡国灭种的危险，一些教授强调"学术救国"，重视学以致用。即使一些过去强调"为学问而学问"的教授，其治学态度也发生转变，开始关注现实问题。作为书生的王国维，将学术与家国存亡相联系。陈垣一改原有的学术风格："至于史学，此间风气亦变。从前专重考证，服膺嘉定氏；事变后颇趋重实用。"⑥ 教授通过创办刊物，服务社会，让中国人知道自己是中国人，以达到救亡目的，成为"致用"的学问。中央大学教授正是出于"书生报国"的责任，创办了《时代公论》。经世致用与学术为本两者并不矛盾，可以有机结合，而且在一些教授身上也得到了很好的体现。他们在强调学术致用的同时，严守学术标准；重视求真基础上的致用，以防主观判断，失去致用效果。在为学术而学术的同时，强调经世价值，两者相辅相成。胡适、

---

① 王悦芳，曹景国. 郭秉文"教育之关系生活"思想论析论 [J]. 教育与教学研究，2014，28（10）：15.

② 徐有富. 钱穆治学的若干特点 [J]. 古典文献研究，2006（00）：352.

③ 冯友兰，胡适，朱光潜. 那时的大学 [M]. 北京：国际文化出版公司，2015：15.

④ 王国维. 王国维文学美学论著集 [M]. 太原：北岳文艺出版社，1985：54.

⑤ 张意忠. 民国时期大学教授的学术特征及其生成逻辑 [J]. 学术界，2021（06）：162.

⑥ 陈智超. 陈垣来往书信集 [M]. 上海：上海古籍出版社，1985：54.

傅斯年等既强调学术为本，又注重学术的社会价值，发挥学术启迪民智的作用。求真与致用贯穿于胡适学术研究的整个过程，并且相得益彰。① 民国时期的大学教授将学术研究与实践紧密结合，基于社会需要开展研究，将学以致用落到了实处。

---

① 张意忠. 民国时期大学教授的学术特征及其生成逻辑 [J]. 学术界，2021（06）：161-162.

# 结　语

　　本研究将自身置于今天党和国家推进中华优秀传统文化创造性转化、创新性发展的宏大背景下，聚焦民国时期大学，分析其所处时代复杂的历史文化背景，并从思想与制度、教学与研究、物质与标识、教员与学生等几个维度来考察民国时期大学对中华优秀传统文化传承与发展的历史实践，既为了客观呈现民国时期大学对中华传统文化传承和发展所做出的贡献，同时也为了对今天的高等学校开展传统文化教育并将其融入校园生活的各个环节提供一些启示。

## 一、研究结论

　　本研究对我国教育中蕴含的中华优秀传统文化因素进行了探源，认为西周时期是我国传统文化因素系统化地蕴于教育体系的起源，随后，中华优秀传统文化虽然历经3000余年的历史沧桑，但其"优秀"的内核并未因时代的变迁而改变，一直得以延续并被赋予时代性的内涵。这些"优秀"元素内蕴于教育当中，既是教育主办者（统治阶级）意志的体现，同时也反映着被当时社会所普遍认可的、有积极意义的价值元素。

　　民国时期是我国过渡性特征非常显著的一个历史阶段，民国终结了在我国延续了两千多年的封建体制，建立了共和政体，在中西方的强烈而全面的碰撞当中，我国传统的秩序和规范瓦解了，但新的秩序和规范并没有建立起来。民国时期，有识之士在各种繁杂的社会思潮中苦苦探索与建构新的规范，此时如何看待、理解和利用中华传统文化已然成为重大的时代课题。民国时期大学的新知识分子阶层关注国家及民族的前途命运，在强烈的强国富民、推动民族复兴的历史使命感和紧迫感的驱动下，在沉痛的反思与实践当中，他们理性反思，没有放弃本土立场，"一方面吸收输入外来之学说，一方面不忘本民族之地位"，对中国优秀传统文化进行反思，并结合时代之需对其进行创造性转化，将传统文化中的"优秀"内核融入大学的办学实践当中。

　　民国时期以蔡元培首任总长的教育部主导了高等教育立法，后续的各项法

190

律也基本遵循蔡氏的教育思想和主张。宗旨坚持"五育并举"，以《大学令》《大学规程》等为代表的法令规定设立传统文化课程、男女受教育权平等、文实两科均衡发展、注重国民性格陶冶、宣扬爱国民主观念等，都传承和发展了中华优秀传统文化中的积极"基因"，为民国时期大学在实践中进一步传承中华优秀传统文化并进行创造性转化提供了可贵的合法性支持。

大学在具体的办学实践中，将传统儒家经典作为重要课程，在学生入学考试及平时学业考核评价中融入传统文化知识，同时积极开展对中华传统文化的研究，对其进行时代性的阐述并取得了丰硕的成果，引领了持续20多年的国学教育运动，对中华优秀传统文化的延续和光大做出了重要贡献。

除了课堂教学与研究之外，民国时期大学的校训和校歌等文化符号、校园建筑样式及其命名等，处处都浸透着强烈的爱国主义精神，以及积极向上、向善、尚美的中华文化的核心思想理念、传统美德和人文精神。

由大学的校长、教授、学生群体构成的知识分子群体，显示出"天下兴亡、匹夫有责"的强烈的担当意识，或兴办教育、潜心学术，或宣传先进思想，或直接投身于革命运动，彰显了革故鼎新、与时俱进的思想理念，以及精忠报国、振兴中华的爱国情怀，以及向上向善的人文精神，显示出极为珍贵的文化自信和民族气节。

### 二、创新点

本研究吸收了既有的研究成果，同时更加系统地开展研究，在两个方面体现出了一定的创新性。

一是本研究选择了"民国时期大学"这一"过去的主体"以及传承和发展"中华优秀传统文化"这一"当前的客体"，研究主体对客体的传承和发展状况，从现有的研究来看，这方面的内容较少。在当前推动中华优秀传统文化创造性转化、创新性发展的背景下，更多的研究是将目前的各类组织作为行动主体去开展的，较少回望历史，从"过去的主体"视角来讨论传承和发展中华优秀传统文化这一今天的时代课题。

二是更加"全景"地呈现了民国时期大学对中华优秀传统文化的传承和发展状况。现有对民国时期大学与传统文化关系的研究，多是从某一问题切入进行的，缺乏系统性，本文在分析民国时期历史文化背景的基础上，从影响、思想、制度、实践和行动者等多个维度考察民国时期大学传承和发展中华优秀传统文化的状况，更加系统和全面。

### 三、研究的不足及展望

本研究受研究者的研究基础与能力以及时间等方面的限制，虽然付出了极大的努力，但在很多方面仍存在不足，尤其是以下两个方面：一是对于什么是"中华优秀传统文化"、其"优秀"内涵如何界定，本文没有给出清晰的界限，因此在各章从不同视角去研究与讨论的过程当中，会有"优秀的标准"不同之疑；二是对相关历史文献的分析还不足，对有些"结论"的支撑不够有力，因此有的结论之处会有"基于个人经验为基础的意见表达"之嫌。

对于未来的研究，本课题组认为，坚持问题和目标导向，未来关于"高校治理"与"中华优秀传统文化传承和发展"两个话题的研究将在很长一段时间内持续成为热点。文化作为一个民族"更深沉、更持久的力量"，作为国家治理的一个重要方面，研究者从不同主体的视角去研究如何对其进行传承、发展、转化和创新，必然将持续下去。而对于"高校治理"的研究，在"目光向外"学习借鉴西方国家经验的同时，必将有更多的研究将目光"转向本土"、转向"本土历史"，"民国时期大学"将作为与今天情形进行比较的重要主体成为研究对象。对于今天的高校如何传承和发展中华优秀传统文化，已有为数众多的、形式各异的研究成果和实践成果，但与各方的期望还有不小的差距，因此可以预期，在拓展、优化传承和发展的理念思路与实践路径之时，回顾并研究民国时期大学对传统文化的传承、发展和创新情况，将更多地被关注。

# 参考文献

**中文著作**

［1］费正清，邓嗣禹．冲击与回应 从历史文献看近代中国［M］．北京：民主与建设出版社，2019.

［2］叶文心．民国时期大学校园文化（1919—1937）［M］．北京：中国人民大学出版社，2012.

［3］北京大学校史研究室．北京大学史料：第一卷（1898—1911）［M］．北京：北京大学出版社，1993.

［4］蔡元培．蔡元培文录［M］．北京：商务印书馆，2019.

［5］陈独秀．陈独秀文章选编：中［M］．北京：生活·读书·新知三联书店，1984.

［6］陈江，陈达文．谢六逸年谱［M］．北京：商务印书馆，2009.

［7］陈孝彬，高洪源．教育管理学［M］．北京：北京师范大学出版社，2008.

［8］陈智超．陈垣来往书信集［M］．上海：上海古籍出版社，1985.

［9］戴圣．礼记［M］．郑州：郑州大学出版社，2017.

［10］冯刚，吕博．中西文化交融下的中国近代大学校园［M］．北京：清华大学出版社，2016.

［11］冯友兰，胡适，朱光潜．那时的大学［M］．北京：国际文化出版公司，2015.

［12］符开甲．西南联大的教学和科研［M］．昆明：云南科技出版社，2009.

［13］高平叔．蔡元培全集：第2卷［M］．北京：中华书局，1980.

［14］耿云志，欧阳哲生．胡适书信集：上［M］．北京：北京大学出版社，1996.

［15］顾明选．中国教育大系·马克思主义与中国教育：下［M］．武汉：湖北教育出版社，1994.

［16］国都设计技术专员办事处．首都计划［M］．南京：南京出版社，2006.

［17］何丽娜．心曲没有终止符：非正常离世作家非常档案［M］．天津：北方文艺出版社，2012.

［18］河北省晋察冀边区教育史编委会．晋察冀边区教育资料选编：下［M］．北京：北京师范大学出版社，1991.

［19］胡适．胡适文存·卷四［M］．北京：华文出版社，2013.

［20］胡适．胡适文集：第4卷［M］．北京：北京大学出版社，1998.

［21］胡适．胡适自传［M］．南京：江苏文艺出版社，1995.

［22］霍益萍．近代中国的高等教育［M］．上海：华东师范大学出版社，1999.

［23］姜闽红．抗战时期的民国大学招生研究［M］．北京：北京理工大学出版社，2016.

［24］蒋梦麟．蒋梦麟述怀［M］．北京：商务印书馆，2019.

［25］李国钧，王炳照．中国教育制度通史［M］．济南：山东教育出版社，2000.

［26］李华兴．民国教育史［M］．上海：上海教育出版社，1997.

［27］李沐紫，杨倩，刘兆祥．大学史记［M］．济南：济南出版社，2010.

［28］李森．民国时期高等教育史料汇编：第2册［M］．北京：国家图书馆出版社，2014.

［29］梁启超．中国历史研究方法［M］．北京：中华书局，2009.

［30］梁漱溟．中国文化要义［M］．上海：上海人民出版社，2011.

［31］刘彬．易经校释译论［M］．济南：山东人民出版社，2019.

［32］刘桂秋．无锡国专编年事辑［M］．北京：中国大百科全书出版社，2011.

［33］刘克选，方明东．北大与清华［M］．北京：国家行政学院出版社，1998.

［34］刘文祥．珞珈筑记［M］．桂林：广西师范大学出版社，2019.

［35］娄立志，广少奎．中国教育史：第6卷［M］．济南：山东人民出版社，2008.

［36］罗志田．中国的近代——大国的历史转身［M］．北京：商务印书馆，2019.

［37］马建强．民国先生［M］．桂林：广西师范大学出版社，2013.

［38］毛泽东．毛泽东选集：第2卷［M］．北京：人民出版社，1991.

［39］南大百年实录·中央大学史料选［M］．南京：南京大学出版社，2002.

［40］南开大学校史编写组．南开大学校史［M］．天津：南开大学出版社，1989.

［41］钱穆．八十忆双亲师友杂忆［M］．北京：九州出版社，2012.

［42］陕西省档案馆，陕西省社会科学院．陕甘宁边区政府文件选编：第3辑［M］．北京：档案出版社，1987.

［43］陕西师范大学教育研究所．陕甘宁边区教育资料［M］．北京：教育科学出版社，1981.

［44］舒新城．辞海［M］．北京：中华书局，1999.

［45］舒新城．近代中国教育史料［M］．北京：中国人民大学出版社，2012.

［46］舒新城．近代中国教育思想史［M］．合肥：安徽人民出版社，2019.

［47］宋恩荣，章咸．中华民国教育法规选编（1912—1949）［M］．南京：江苏教育出版社，1990.

［48］宋荐戈．中华近世通鉴·教育专卷［M］．北京：中国广播电视出版社，2000：187.

［49］苏智良，毛剑锋，等．中国抗战内迁实录［M］．上海：上海人民出版社，2005.

［50］孙中山全集：第2卷［M］．北京：中华书局，1985.

［51］汤志钧．康有为政论集：下［M］．北京：中华书局，1981.

［52］王国维．王国维文学美学论著集［M］．太原：北岳文艺出版社，1985.

［53］王学珍，郭建荣．北京大学史料：第二卷（1912—1937）［M］．北京：北京大学出版社，2000.

［54］吴家莹．中华民国教育政策发展史［M］．台北：台北五南图书出版公司，1990.

［55］现代江西省档案馆，中共江西省委党校党史教研室．中央革命根据地史料选编：下册［M］．南昌：江西人民出版社，1983.

［56］谢长法．教育家黄炎培研究［M］．济南：山东人民出版社，2016.

［57］徐宝琪．新闻学（老北大讲义）［M］．长春：时代文艺出版社，2009.

［58］许德珩．许德珩回忆录：为了民主与科学［M］．北京：中国青年出版社，2001.

［59］许骥．给教育燃灯［M］．北京：清华大学出版社，2013.

［60］许慎．说文解字［M］．北京：中华书局，1963.

［61］荀子，安小兰．荀子［M］．北京：中华书局，2016.

［62］严敏杰．北大新语［M］．北京：中国广播电视出版社，2007.

［63］杨波，刘炜茗著．现代大学校长文丛·张伯苓卷［M］．合肥：安徽教育出版社，2015.

［64］杨伯峻．论语译注［M］．北京：中华书局，2006.

［65］杨天才．周易［M］．张善文，译注．北京：中华书局，2011.

［66］杨文兵，郑建．名师全新解读呐喊［M］．北京：中国对外翻译出版公司，2010.

［67］佚名．周礼 礼记 仪礼［M］．扬州：广陵书社，2007.

［68］张曼菱．西南联大行思录［M］．北京：生活·读书·新知三联书店，2013.

［69］张晓唯．旧时的大学和学人［M］．北京：工人出版社，2006.

［70］张奕．教育学视阈下的中国大学建筑［M］．青岛：中国海洋大学出版社，2006.

［71］张意忠．民国大学校长［M］．北京：北京师范大学出版社，2012.

［72］郑玄．周礼·注疏：卷二十二［M］．上海：上海古籍出版社，2010.

［73］郑竹园．孙中山思想与当代世界［M］．台北：台北编译局，1996.

［74］中国第二历史档案馆．中华民国档案资料汇编（第三辑）·教育［M］．南京：凤凰出版社，2012.

［75］中国社会科学院语言所词典编辑室．现代汉语词典［M］．5版．北京：商务印书馆，2005.

［76］中国社会科学院语言研究所词典编辑室．现代汉语词典［M］．7版．北京：商务印书馆，2016.

［77］中国史学会．戊戌变法：第4册［M］．上海：上海人民出版社，1957.

［78］中国语言学家编写组．中国现代语言学家：第2分册［M］．石家庄：河北人民出版社，1982.

［79］中央教育科学研究所编．老解放区教育资制（三）［M］．北京：教育科学出版社，1991.

［80］周天度．蔡元培传［M］．北京：人民出版社，1984.

［81］朱有瓛．中国近代学制史料：第3辑：上册［M］．上海：华东师范大学出版社，1990.

［82］朱自清，等．西南联大通识课：第1辑［M］．成都：天地出版社，2021.

［83］朱自清，等．西南联大通识课：第2辑［M］．成都：天地出版社，2021.

**中文译著**

［1］泰勒．原始文化［M］．蔡江浓，译．杭州：浙江人民出版社，1988.

［2］埃德加·沙因．组织文化与领导力［M］．章凯，罗文豪，朱超威，等

译．北京：中国人民大学出版社，2014．

［3］杰西·格·卢茨．中国教会大学史（1850—1950）［M］．曾钜生，译．杭州：浙江教育出版社，1988．

**期刊论文**

［1］白强．民国时期教育家校长群体共性特征及启示［J］．铜仁学院学报，2018，20（12）．

［2］蔡世华．民国与当代：论中国大学校长群体素质历时性差异［J］．中国矿业大学学报（社会科学版），2013，15（01）．

［3］曾祥芸．鲁迅：时代的呐喊者与启蒙者［J］．高中生之友，2021（Z3）．

［4］陈国安．中国文化教育传统的百年回响——唐文治和"无锡国专"论略［J］．苏州大学学报，2017（01）．

［5］陈国峰．高等教育的民族传统：三个维度的思考［J］．高等教育研究，2014，35（07）．

［6］陈康．民国时期高等教育的本土化表现及主要动因探析［J］．河南师范大学学报（哲学社会科学版），2011（06）．

［7］陈鹏．略论民国高等教育立法的特点［J］．理论导刊，1999（06）．

［8］陈永福，陈少平，陈桂香．大学生中华优秀传统文化教育状况调查研究——以福州大学城10所高校为例［J］．思想教育研究，2016（01）．

［9］陈元．民国时期大学研究院所发展规模研究［J］．宁波大学学报（教育科学版），2014，36（03）．

［10］程为民，熊建生．当代大学生中华优秀传统文化认同状况分析——基于国内十余所高校700名大学生的问卷调查［J］．教育研究与实验，2016（04）．

［11］党亭军．民国时期知名大学课程建设路径的探索与启示［J］．延安大学学报（社会科学版），2013，35（05）．

［12］葛剑雄．被高估的民国学术［J］．决策探索（下半月），2014（10）．

［13］郭海军，张旭东．中华优秀传统文化教育与大学语文课程建设［J］．东北师大学报（哲学社会科学版），2015（02）．

［14］贺根民．陈寅恪的中古文化情结［J］．广东技术师范学院学报（社会科学版），2016（07）．

［15］黄林，李卯．诠释古典传统文化，张扬大学独特个性——解析民国时期大学校训［J］．哈尔滨学院学报，2010（09）．

［16］吉灿忠，孙庆祝．民国《大中小学国术课程标准》及其当代启示［J］．

上海体育学院学报，2016，40（02）.

[17] 蒋迪，赵伟. 抗日战争时期南京国民政府"学者从政"研究 [J]. 绥化学院学报，2023，43（05）.

[18] 蒋树声. 诚朴雄伟 励学敦行——百年传统与南京大学校训 [J]. 江苏高教，教育研究，2005（02）.

[19] 荆惠兰. 近代中国新型知识分子群体的形成、发展及作用 [J]. 大连理工大学学报（社会科学版），1999，20（03）.

[20] 李罡. 略论南京国民政府初期的高等教育立法 [J]. 清华大学教育研究，1997（02）.

[21] 李海萍，上官剑. 教授治校与董事会制：民国初期大学内部职权体系之比较 [J]. 自然辩证法研究，2011，27（01）.

[22] 李来容. 欧化至本土化：清末民国时期 学术独立观念的萌发与深化 [J]. 学术研究，2011（01）.

[23] 李卯. 民国时期的大学校歌及其理念诉求 [J]. 江汉大学学报（社会科学版），2010（01）.

[24] 李名方. 校歌：学校品牌的有声旗帜——校歌创作漫议 [J]. 人民音乐（评论版），2012（01）.

[25] 李涛. 民国时期国立大学数量及区域分布变迁 [J]. 华东师范大学学报（教育科学版），2014（02）.

[26] 李宗桂. 试论中华优秀传统文化的内涵 [J]. 学习研究，2013（11）.

[27] 刘超. 中国大学的去向——基于民国大学史的观察 [J]. 开放时代，2009（01）.

[28] 刘梦青. 民国时期学生参与大学内部治理的研究 [J]. 教育与考试，2023（02）.

[29] 刘长唤. 汪东先生年表简编 [J]. 贵州教育学院学报，2008，24（11）.

[30] 路畅. 巍巍学府 弦歌不辍——略论近代中国大学校歌的内涵和价值 [J]. 山西大学学报（哲学社会科学版），2012，35（06）.

[31] 骆威. "壬子癸丑"学制与民国初年高等教育立法评述 [J]. 西安电子科技大学学报（社会科学版），2013，23（05）.

[32] 马克锋. 延安——革命青年的向往之地 [J]. 党员文摘，2021（05）.

[33] 毛维准，庞中英. 民国学人的大国追求：知识建构和外交实践——基于民国国际关系研究文献的分析（1912—1949 年）[J]. 世界经济与政治，2011（11）.

［34］潘云成. 近代新型知识分子群体的形成及其社会意义［J］. 上饶师范学院学报，2009，29（05）.

［35］彭秀良. 民国时期的大学校园［J］. 智慧中国，2018（05）.

［36］桑兵. 民国学界的老辈［J］. 历史研究，2005（06）.

［37］邵佳德. 新时代的中华优秀传统文化：历史定位、理论内涵及价值维度［J］. 江西社会科学，2018（06）.

［38］唐际清. 文科概况［J］. 南开大学周刊，1928（60）.

［39］汪建华，梁岩岩. 民国时期大学通识教育的模式演变及启示［J］. 高教探索，2018（11）.

［40］汪建华. 民国时期大学通识教育课程变革：背景、概况及特征（1928—1937年）［J］. 内蒙古师范大学学报（教育科学版），2019，32（08）.

［41］王彩霞. 试探中国近代大学校训的起源［J］. 高教探索，2006（02）.

［42］王红艳. 民国时期国学教育运动形成过程阐释［J］. 名作欣赏，2013（14）.

［43］王建华，贾佳. 中国大学的文化性格缘起、变迁与省思［J］. 苏州大学学报（教育科学版），2016，4（01）.

［44］王文杰. "松控"与"自治"：论民国初期（1912—1927年）大学与政府的关系［J］. 北京联合大学学报（人文社会科学版），2015，13（01）.

［45］王文杰. 简析民国初期（1912—1927）大学内部治理［J］. 北京联合大学学报（人文社会科学版），2016，14（04）.

［46］王晓南. 鲁迅——戴着面具的呐喊者［J］. 湖南农机，2011，38（05）.

［47］王一然，郭婧. 民国初期大学校长制度的创建——以"壬子学制""壬戌学制"颁布实施为背景的考察［J］. 国家教育行政学院学报，2021（08）.

［48］王艺菲. 民国时期国立大学校园文化价值取向研究［J］. 教育现代化，2018，5（50）.

［49］王音. 以歌声之美载校园之道——高校校歌功能的变化与引导［J］. 艺术评鉴，2019（11）.

［50］王悦芳，曹景国. 郭秉文"教育之关系生活"思想论析论［J］. 教育与教学研究，2014，28（10）.

［51］王争录，任建华. 论"士"的精神与民国高校著名校长特质的关系［J］. 现代教育科学，2015（07）.

［52］韦陈燮. 南京国民政府时期的学者派官员考察［J］. 青年文学家，2009（02）.

［53］闻万春．大学与政府之间教育权力的平衡——基于民国教育的考察
［J］．现代教育科学，2013（02）．

［54］习罡华．五四运动学生领袖文化基因的思考——以江西地方文化为例
［J］．民主与科学，2019（04）．

［55］向黎，李卯．论民国时期大学校徽的文化诉求［J］．哈尔滨学院学
报，2010（08）．

［56］忻福良．"中华民国"时期的高等教育立法［J］．华东师范大学学报
（教育科学版），1988（02）．

［57］熊贤君．民国时期的国学教育及价值解读［J］．民国档案，2006（01）．

［58］徐洁．民国时期（1927—1949）中国大学课程整理过程及发展特点
［J］．江苏高教，2007（02）．

［59］徐有富．钱穆治学的若干特点［J］．古典文献研究，2006（00）．

［60］俞祖华．中国现代知识分子群体的形成、世代与类型［J］．东岳论
丛，2012，33（03）．

［61］袁贵仁．加强大学文化研究 推进大学文化建设［J］．中国大学教学，
2002（10）．

［62］袁金勇．民国时期北京大学学生社团活动的积极影响探讨［J］．兰台
世界，2015（28）．

［63］张岱年．中国文化优秀传统的生命力［J］．中国文化研究，1993（01）．

［64］张建奇，杜驰．民国前期中国现代大学制度的确立［J］．大学教育科
学，2005（06）．

［65］张军．民国时期的大学校长与学生运动及其办学理念［J］．求索，2007
（04）．

［66］张林，葛明镜，董朝升．正中书局与民国时期大学教科书的发展（1931—
1949年）［J］．信阳师范学院学报（哲学社会科学版），2020，40（02）．

［67］张林．民国时期世界书局"大学用书"的出版研究（1932—1937）——
兼与商务印书馆"大学丛书"对比［J］．河南科学学院学报，2020，40（08）．

［68］张维．熊庆来办学思想初探［J］．思想战线，2001（03）．

［69］张晓唯．北洋大学一百一十年祭［J］．读书，2006（06）．

［70］张意忠．民国时期大学教授的学术特征及其生成逻辑［J］．学术界，
2021（06）．

［71］张意忠．民国时期大学教授群体的基本特征分析［J］．山东高等教育，
2020，60（05）．

［72］张玉法．民国初期的知识分子及其活动（1912—1928）［J］．聊城大学学报（社会科学版），2013（01）.

［73］周谷平，陶炳增．近代中国大学校训——大学理念的追求［J］．清华大学教育研究，2005（02）.

［74］周谷平．中国近代大学理念的转型：从大学堂章程到大学令［J］．高等教育研究，2007，28（10）.

［75］周泉根．民国高等教育中的国学教育——以无锡国学专修学校为例［J］．文艺争鸣，2012（07）.

［76］周详．《京师大学堂章程》与清末教育制度的变迁［J］．中国人民大学教育学刊，2013（04）.

**学位论文**

［1］程为民．当代大学生中华优秀传统文化认同研究［D］．武汉：武汉大学，2017.

［2］董成雄．中华优秀传统文化的系统解读和传承建构［D］．泉州：华侨大学，2016.

［3］付艳．民国时期北京大学传承与创新中国传统文化研究（1922—1927）［D］．沈阳：沈阳师范大学，2014.

［4］李燕莉．崇高与平凡——民国时期大学教师日常生活研究（1912—1937）［D］．武汉：华中师范大学，2015.

［5］刘成晓．儒学在民国高等教育中的生存状态研究（1912—1927）——以北京大学为例［D］．北京：中国政法大学，2016.

［6］柳轶．国民党对学生运动的控制研究（1919—1949 年）［D］．长春：东北师范大学，2013.

［7］齐元媛．民国时期大学校长群体特征研究（1912—1949）［D］．沈阳：沈阳师范大学，2005.

［8］秦俊巧．南京国民政府时期教育家办大学研究［D］．保定：河北大学，2013.

［9］王丹．中华优秀传统文化融入大学生素质教育的现状及对策研究——以 H 大学为例［D］．保定：河北大学，2018.

［10］夏兰．民国时期现代大学制度演变研究［D］．上海：复旦大学，2012.

**报纸**

[1] 郝平. 清末三个大学堂章程 [N]. 南方周末，2009-07-15（10）.

[2] 中华人民共和国教育部. 完善中华优秀传统文化教育指导纲要 [N]. 中国教育报，2014-4-2（3）.

[3] 李梦溪. 铁肩道义 妙手文章——青年李大钊与五四运动 [N]. 科普时报，2021-4-16（3）.

[4] 张岱年. 传统文化的发展与转变 [N]. 光明日报，1996-5-4（2）.

**其他**

[1] 张树军. 李大钊与新文化运动 [EB/OL]. 人民网，2019-04-25.

[2] 张树军. 二十世纪初中国的播火者——纪念革命先驱李大钊 [EB/OL]. 人民网，2021-10-03.

[3] 张百熙. 两次修订京师大学堂章程 [N]. 中国教育报，2015-08-20（12）.

[4] 中华人民共和国教育部. 2022 年全国教育事业发展统计公报 [R/OL]. 中华人民共和国教育部网站，2023-07-05.

[5] 中共中央办公厅，国务院办公厅. 关于实施中华优秀传统文化传承发展工程的意见：国务院公报〔2017〕6 号 [R/OL]. 中华人民共和国中央人民政府网站，2017-1-25.

# 后 记

提笔写此后记之时，本应是申请结项、或许可以如释重负之时，但首先袭来的是惭愧不安之感。这项课题立于2018年夏，现是2023年初冬，一晃已将近五年，感觉自己时间管理能力不强，更重要的是给自身施加压力和将压力变成行动力的执行不足。这五年多来，一直在攻读博士学位，"民国时期大学"与"中华优秀传统文化传承与发展"两组词语始终萦绕于头脑之中，但除发表两篇论文外，对于如何建构全书却一直没有实质性的行动。

五年间，围绕本课题的研究问题，课题组成员于2018年、2022年先后发表了两篇CSSCI期刊学术论文，为本书的研究打下了较好的基础。自2022年秋季起，课题组终于将压力转化为行动力，开始进行"有组织的科研"。我和课题组的成员们进行了多次专门研讨，讨论"中华优秀传统文化"的界定，讨论对其传承与发展的"维度"以及传承和发展的"主体"构成，我们分工合作，同时也相互"介入"彼此的研究内容，一直在统一的"线索"下开展研讨和讨论，终于撰成此书稿。

想感谢的对象很多，首先感谢教育部人文社会科学研究规划基金对该书出版的资助。感谢北京联合大学各位领导和同事的关心和鼓励，有多名同事帮助课题组收集资料、校对文稿。

特别感谢课题组的每一位成员，大家在繁忙的工作中，保持对科学研究的热爱，保持对"大学人"传承和发展中华优秀传统文化的责任感，正是这种热爱和责任感支撑着我们完成目标。

"民国时期大学"和"中华优秀传统文化"都是研究的"矿藏"，可以从多个视角去考察和讨论，我们将始终保持一种研究的"好奇"，持续在此耕耘。